Jörg Dendl

Wallfahrt
in Waffen

Jörg Dendl

WALLFAHRT IN WAFFEN

*Der Erste Kreuzzug
ins Heilige Land
1095–1099*

Geleitwort:
Professor Dr. Kaspar Elm

Mit 16 Farbfotos
und 4 Abbildungen

LANGEN MÜLLER

Bildnachweis

Fotos:
Alle Fotos Jörg Dendl.

Abbildungen:
Alle Abbildungen DU.ST Werbung & Promotion Berlin (Dusties.de) nach Entwürfen von Jörg Dendl.

Gedruckt auf chlorfrei gebleichtem Papier

Sonderproduktion
2. Auflage 2000
© 1999 Langen Müller
in der F. A. Herbig Verlagsbuchhandlung GmbH, München
Alle Rechte vorbehalten
Umschlagentwurf: Wolfgang Heinzel
Umschlagbild: Kupferstich von Matthäus Merian d. Ä. (AKG, Berlin)
Satz: Schaber Datentechnik, Wels
Gesetzt aus 11/13 Punkt Stempel Garamond auf Macintosh in Quark XPress
Druck und Binden: GGP Media, Pößneck
Printed in Germany
ISBN 3-7844-2724-3

Inhalt

Geleitwort
Prof. Dr. Kaspar Elm 9

Einleitung 13

I. BUCH
Vor dem Waffengang:
Der Aufmarsch der Mächte im Osten 19

Schwere Jahre für Byzanz 19
Die Seldschuken in Anatolien 24
Byzanz antwortet 25

II. BUCH
Clermont: Krieg im Namen des Glaubens 29

Eine Bitte wird erhört 29
»Vielgeliebte Brüder...« 32
Wohin geht der Zug? 39
Wallfahrt in Waffen? 50

III. BUCH
Der Kreuzzug des Volkes 51

Die Anfänge der Volksbewegung 51
Kreuzzug gegen die Juden 57
Das Ende der Judenschlächter 65
Die Armen auf dem Marsch 67
Ein Ende mit Schrecken 72

IV. BUCH
Konstantinopel: Der Weg in den Krieg 77

Ritterheere auf dem Marsch   77
Allen voran: Der Bruder des Königs   79
Lothringen für das Kreuz   81
Toulouse! Toulouse!   82
Vom Wikinger zum Streiter Christi   85
Nordfrankreichs Fürsten   88
Die Kreuzfahrer in Konstantinopel   91

V. BUCH
Anatolien: Gegen die Seldschuken 99

Nikaia   99
Bewährung bei Doryläum   108
Ein Todesmarsch   111
Kilikische Abenteuer   116
Graf von Edessa   121

VI. BUCH
Antiochia: Der Schlüssel zu Syrien 127

Die Perle am Orontes   127
Die Belagerer   132
Sieg durch Verrat   150
Im Würgegriff   154
Ein Visionär   157
Ablehnung und Glaube   160
Der Befreiungsschlag   164
Herr der Stadt   171
Der Kreuzzug verharrt   173

VII. BUCH
Jerusalem: Das umkämpfte Heiligtum 183

Graf Raimund auf Kreuzzug   183
Wieder vereint   187
Feuerprobe   190

Die Straße nach Jerusalem   193
Jerusalem die Hohe   199
Die Belagerung der Heiligen Stadt   206
Segel der Hoffnung   214
Der Sturm bricht los   222
Der Triumph des Kreuzes   226

VIII. BUCH
Das Heilige Land: Ein neues Königreich 249

Wer soll herrschen?   249
Der Patriarch   253
Sieg bei Askalon   255
Schicksale   258

Anhang 263

Anmerkungen   263
Literatur   272
Abkürzungen   277
Danksagung   278
Register   279

Für meine Frau
PETRA UTE DENDL
in tief empfundener Liebe

Geleitwort

Prof. Dr. Kaspar Elm (Berlin)

Die Kreuzzüge gehören zu den Ereignissen der europäischen Geschichte, die über die Jahrhunderte unvergessen geblieben sind und immer wieder neues Interesse erregen. Es gibt kaum einen Gegenstand, über den sich so viele Menschen eine so feste – positive oder negative – Meinung gebildet haben, daß es schwerfällt, sie zu erschüttern oder auch nur zu modifizieren. Dabei überwiegt die Tendenz, die »bewaffnete Wallfahrt« nach Jerusalem als eine Fehlentwicklung der europäischen Geschichte zu bezeichnen und all das zu betonen, was dafür spricht, sie in das »Grusel-Kabinett« unserer Vergangenheit zu verbannen: die List und Tücke, mit der Urban II. 1095 die Gläubigen zum Zug ins Morgenland aufgefordert haben soll, um mit ihrer Hilfe die Orthodoxie und die Morgenländische Kirche seiner geistlichen Herrschaft zu unterwerfen, die große Mühsal und die schrecklichen Verluste, unter denen die sich aus Bewaffneten und Unbewaffneten, Rittern und Pilgern, Männern und Frauen zusammensetzenden Kreuzfahrerheere auf ihren langen Weg ins Heilige Land zu leiden hatten, die Brutalität, mit der die »Crucisignati« die Bewohner des 1099 eroberten Jerusalems niedermetzelten oder in die Sklaverei verkauften, und nicht zuletzt die Rücksichtslosigkeit, mit der Kreuzfahrerfürsten und Seestädte ihre politischen und wirtschaftlichen Interessen verfolgten, womit sie sich in die große Zahl der Exponenten eines Europas einreihten, die ihre tatsächliche oder angemaßte Superiorität gegenüber anderen Kontinenten, Kulturen und Rassen auf gewalttätige Weise zum Ausdruck brachten. Es wäre ein Irrtum, anzunehmen, solche Argumente seien neu. Schon vor Jahrhunderten stand es für aufgeklärte Historiker und Philosophen fest, daß ein Unternehmen mit Begleiterscheinungen und Folgen wie die angedeuteten nichts anderes gewesen sein könne, als ein Ausdruck von Irrtum und Verblendung, als eine Abirrung vom Entwicklungsgang einer sich auf die volle Entfaltung ihrer Humanität hin bewegenden Menschheit.

Wer sich heute als Historiker mit den Kreuzzügen beschäftigt und dabei zu einer zutreffenden Einschätzung zu kommen versucht, hat sich nicht nur von solchen und anderen Voreingenommenheiten freizumachen, sondern auch mit zeitgenössischen Quellen auseinanderzusetzen, die, was Zweck, Ziel und Einschätzung des Unternehmens angeht, oft nicht weniger voneinander abweichen als die Historiographie der späteren Jahrhunderte.

Neben der unverändert hohen Aktualität, die Kreuzzüge und andere Formen religiös oder ideologisch motivierter Kriege auch heute noch besitzen, sind es die nicht wenigen quellenkritischen und hermeneutischen Probleme, die Kreuzzüge und Kreuzfahrerstaaten in aller Welt zum bevorzugten Gegenstand mediävistischer Forschung und Lehre zu machen, auch wenn damit nur die Erwartung verbunden sein kann, im Sinne Leopolds von Ranke, alles genau so erkennen zu können, »wie es gewesen ist«, zudem lediglich die Hoffnung, Verständnis für die Motive und Handlungen derjenigen zu wecken, die sich auf den Weg nach Jerusalem und ins Heilige Land begaben.

Das von meinem Schüler Jörg Dendl verfaßte Buch spiegelt das Bemühen von Lehrenden und Lernenden des Friedrich-Meineke-Instituts der FU Berlin wider, gemeinsam in Vorlesungen und Seminaren sowie auf Exkursionen zu einem solchen Verständnis zu kommen. Ich würde mich freuen, wenn es ihm gelänge, mit seinem Werk viele derjenigen, die sich um ein möglichst unvoreingenommenes Verständnis der Kreuzzüge bemühen, zu erreichen.

Einleitung

Auch in unserer Zeit können wir uns kaum einen friedlicheren Menschen vorstellen als einen Wallfahrer. Wer an einen der großen Wallfahrtsorte der verschiedenen Weltreligionen zieht, sei es ein Muslim auf dem Weg nach Mekka, ein Christ, der nach Jerusalem pilgert, oder ein Hindu, der einen der großen indischen Tempel aufsucht, hat sich der Welt und ihrem hastigen Treiben entzogen. Der Wallfahrer sucht Kontakt mit seinem Gott. Dabei dient ihm der zurückzulegende Weg zur Konzentration auf sein Ziel. Ja, der Weg zum Wallfahrtsort wird selbst zu einer wichtigen spirituellen Erfahrung. Alle großen Religionen, die Wallfahrten kennen, fordern von dem Wallfahrer Demut auf seinem Weg. Christliche Wallfahrer verzichten auf wesentliche Bequemlichkeiten, muslimische Wallfahrer legen in Mekka einfache weiße Gewänder an. Aggressionen sind verpönt. Die Wallfahrt soll friedlich angegangen werden. So ist ein bewaffneter Wallfahrer kaum vorstellbar.
Und doch hat es bewaffnete Wallfahrten gegeben. Es begann mit dem Ersten Kreuzzug, von dem dieses Buch berichtet. Die Geschichte dieses Ersten Kreuzzuges ist die Geschichte eines Kriegszuges, der getrost unter die größten militärischen Unternehmungen der Geschichte eingereiht werden kann. Doch daneben ist sie auch ein Teil der Geschichte des christlichen Glaubens. Zum ersten Mal in der Geschichte wurde ein Krieg begonnen, um ein rein religiöses Ziel zu erreichen.
Bevor die Schilderung der Ereignisse des Ersten Kreuz-

zuges beginnen kann, sind die Quellen zu betrachten, durch die wir von den 900 Jahre zurückliegenden Ereignissen erfahren. Es sind Berichte von Augenzeugen, aber auch spätere historische Auseinandersetzungen mit dem Geschehen. Dabei liefern natürlich die Augenzeugen die beeindruckendsten Informationen, denn sie waren vor Ort. Doch haben auch ihre Berichte manchen Makel, der erst von späteren Historikern wettgemacht wurde. Alle Augenzeugenberichte sind auch gefärbt von den persönlichen Ansichten, Vorlieben und Kenntnissen der Autoren.

Drei Chroniken der Ereignisse wurden von Autoren geschrieben, die selbst aktiv am Kreuzzug teilnahmen. Es sind die Werke der beiden Priester Fulcher von Chartres und Raimund von Aguilers und eines Unbekannten, dessen Werk den Titel »Gesta Francorum et aliorum Hierosolymitanorum« trägt.

Der Unbekannte war mit einiger Sicherheit einer der Ritter und gehörte dem Heer der süditalienischen Normannen an. Sein Werk lag schon im Jahr 1101 in Jerusalem vor. Ein Kreuzfahrer aus dem Poitevin namens Peter Tudebodus schrieb dieses Buch ab und sorgte für seine Verbreitung. Später diente dieser Augenzeugenbericht als Grundlage für die Kreuzzugschroniken der Autoren Balderich von Dol, Guibert von Nogent und Robertus Monachus.[1]

Fulcher von Chartres war mit einiger Wahrscheinlichkeit von Anfang an Zeuge der Ereignisse um den Ersten Kreuzzug. So wird davon ausgegangen, daß er schon auf dem Konzil von Clermont anwesend war und den Aufruf des Papstes zum Kreuzzug hörte. Als die Heere in den Osten aufbrachen, schloß er sich den nordfranzösischen Kontingenten an. Doch blieb er nicht bis zur Eroberung Jerusalems beim Heer. Als ein Teil des Kreuzfahrerheeres nach Edessa zog, ging er mit und kam erst nach der Eroberung nach Jerusalem. Die Arbeit an seiner Chronik mit dem Titel »Gesta Francorum Iherusalem Peregrinantium« begann Fulcher wohl im Jahr 1101 und schloß sie um 1127 ab.

Raimund von Aguilers war ebenfalls ein Geistlicher. Er war Kaplan bei Graf Raimund von Toulouse. Noch während des Kreuzzuges verfaßte er einzelne Teile seines Werkes, womit er 1098 begann. Vollendet wurde seine »Historia Francorum qui ceperunt Iherusalem« schon im Jahr 1099.[2]

Diese beiden Priester zeigen viel von ihrer kirchlichen Bildung. Sie verwenden mit Vorliebe biblische Floskeln und ziehen Vergleiche mit biblischen Ereignissen. Dabei kranken ihre Schilderungen der Schlachten oft an fehlenden militärischen Details. Doch gibt es auch Ereignisse während des Kreuzzuges, die nur sie allein anschaulich schildern konnten. So stellt Raimund von Aguilers in aller Ausführlichkeit die Auseinandersetzung der Kreuzfahrer mit den Visionen und Wundern auf dem Zug dar. Fulcher ist deshalb bedeutend als Berichterstatter, weil er einen der »Abweichler« des Kreuzzuges begleitete und zahlreiche Details aus dieser Sonderunternehmung berichtet. Alle drei Berichte sind auch deshalb von Interesse, weil die Autoren verschiedenen Gruppen angehörten, als sie nach Konstantinopel zogen. So schildert jeder die Abenteuer eines anderen Heeres auf seinem schweren Weg zum Sammelpunkt der Kreuzfahrer. Hier schließen die Berichte Lücken in der Berichterstattung.

Neben diesen drei Augenzeugen, die ihre Erlebnisse in den Jahren nach dem Kreuzzug in Buchform niederlegten, standen die Briefschreiber. Sie verfaßten Texte, die noch unter dem Eindruck des soeben Erlebten entstanden und dabei nicht für eine wie auch immer geartete Nachwelt gedacht waren, sondern Zeitgenossen das Erlebte berichten sollten. Leider sind nur Briefe von zwei Autoren erhalten. Der eine, Stephen de Blois, war selbst einer der Führer des Kreuzzuges. Er schrieb zwei Briefe an seine daheim gebliebene geliebte Frau Adele. Der zweite Briefschreiber war Anselm von Ribemont. Er sandte aus Antiochia zwei Briefe an Manasses, den Bischof von Reims. Ein weiterer Brief wurde aus hochoffiziellem Anlaß geschrieben und hatte einen wichtigen Adressaten. Nach den ersten Erfolgen sandten die Kreuzzugsführer diesen Brief an Papst Urban II. Sie sprachen darin von ihren Schwierigkeiten und von ihrer Vorstellung, daß sich der Papst selbst an die Spitze ihres Zuges setzen solle.

Nach dem Kreuzzug machten sich weitere Autoren daran, dessen Verlauf niederzuschreiben. In Deutschland war es der Chorherr Albert von Aachen, der auf der Grundlage von Augenzeugenberichten seine »Historia Hierosolymitana« verfaßte. Er schrieb seine Chronik zwischen 1119 und der Mitte des 12. Jahrhunderts. Dabei enthält sein umfangreiches Werk zahlreiche Einzelheiten, die sich in anderen Chroniken nicht finden, aber für echt und zuverlässig anzusehen sind. Auch Albert von Aachen war nicht frei von Voreingenommenheiten. So stellte er Gottfried von Bouillon, den Herzog von Niederlothringen und ersten Herrscher Jerusalems, als den eigentlichen Helden des Kreuzzuges dar. Daneben lieferte er als einziger Autor eine genaue Darstellung der von den Haufen des Volkskreuzzuges angerichteten Greuel. Was diesen Teil des Kreuzzugs angeht, blieben auch Berichte der Opfer erhalten.

Zwei jüdische Gelehrte legten in den Jahrzehnten nach den Übergriffen schriftlich nieder, was sie an Berichten von Überlebenden finden konnten. Salomo bar Simson sammelte Berichte anderer Autoren und arbeitete sie im Jahr 1140 zu einer geschlossenen Darstellung der Ereignisse im Rheinland um. Der zweite jüdische Chronist, Eliezer ben Nathan, wurde im Jahr 1090 geboren. Demnach kann er als Junge die Judenverfolgungen der Kreuz-

fahrer miterlebt haben. Er berichtet vor allem über die Ereignisse in Köln.[3]
Auch der Mönch Robert, allgemein bekannt unter seiner lateinischen Namensform Robertus Monachus, machte sich daran, vom Kreuzzug zu berichten. Er verwendete als Vorlage den Bericht des unbekannten Ritters, die »Gesta Francorum«, schuf aber auf dieser Grundlage einen Bericht, der ebenfalls historisch wichtige Einzelheiten überliefert.
Aber nicht nur die Geschichtsschreiber in Europa schilderten die Ereignisse des Ersten Kreuzzugs. Der Anfang des 12. Jahrhunderts im Heiligen Land geborene Wilhelm von Tyros, der Erzbischof von Tyros, verfaßte eine Geschichte des Heiligen Landes, in der er dem Ersten Kreuzzug breiten Raum gab.
Aus allen diesen verschiedenen Aufzeichnungen läßt sich ein Gesamtbild des Ersten Kreuzzuges zusammenfügen. Es entsteht so ein Einblick in die Welt des ausgehenden 11. Jahrhunderts, in der die Menschen zerrissen zwischen ihrem tiefen Glauben und ihrer kriegerischen Lebenswelt einen Weg suchten, der ihrem Leben einen Sinn geben sollte.

I. BUCH

Vor dem Waffengang: Der Aufmarsch der Mächte im Osten

Schwere Jahre für Byzanz

Historische Ereignisse geschehen nie ohne einen Zusammenhang mit der bis zu ihrem Eintritt abgelaufenen Geschichte. Und so ist auch der Erste Kreuzzug und sein Verlauf nicht zu verstehen, ohne einen Überblick über die auf ihn hinführende Vorgeschichte. Den Punkt zu setzen, an dem die Schilderung einzusetzen hat, ist allerdings nicht leicht.
Völlig unbemerkt von der übrigen Welt war in den ersten Jahren des 7. Jahrhunderts im Inneren Arabiens eine Kraft entstanden, die alsbald die Grundfesten der christlichen Herrschaft im Nahen Osten erschüttern sollte.
Mohammed, ein Kaufmann aus der Stadt Mekka, hatte nach langen Jahren der religiösen Betrachtungen die Einsicht gewonnen, der von Allah berufene Prophet zu sein. So hatte er begonnen, seine Lehre, den Islam, die Ergebenheit in Gott, zu verkünden. Nur wenige Jahre brauchte er, bis er eine fest verschworene Anhängerschaft um sich gesammelt hatte. Aus dieser religiösen Bewegung erwuchs eine Nation. Die den im Koran niedergelegten Lehren des

Islam folgenden Araber trugen ihre Überzeugung mit dem Schwert über die Grenzen ihrer Heimat. Eines der ersten Ziele der Feldzüge der auf Mohammed folgenden Kalifen war Palästina.

Hier hatte erst kurz zuvor der byzantinische Kaiser Heraklios (Ks. 591–628) in mehrjährigen schweren Kämpfen die eingefallenen Perser vertrieben. Doch nach seinem Tode war kein Feldherr mehr imstande, die Provinz zu halten. Unter dem Ansturm der muslimischen Araber gingen auch Syrien und Ägypten dem Byzantinischen Reich verloren.

Erst das 10. Jahrhundert sah die Byzantiner wieder in der Offensive. Das zwischenzeitlich entstandene Kalifat in Bagdad hatte den Zenit seiner Macht durchschritten und war durch seine inneren Probleme abgelenkt. Lokale muslimische Herrscher machten sich unabhängig vom Einfluß des Kalifen. So nutzte die in Ägypten ansässige Dynastie der Ikschiden die bürgerkriegsähnlichen Zustände, um ihre Herrschaft auch über Palästina und den Süden Syriens auszudehnen. Nun erstarkt, ging im Jahr 909 aus den Ikschiden die Dynastie hervor, die von nun an Ägypten beherrschen sollte: die Fatimiden. Der Bruch mit Bagdad wurde festgeschrieben, als die Fatimiden ab dem Jahr 972 auch den Kalifentitel für sich beanspruchten. Aber auch die Byzantiner hatten die Schwäche des Kalifats in Bagdad erkannt.

Unter dem Feldherren und späteren Kaiser Nikephoros II. Phokas (Ks. 963–969) kam es zu einer Reihe von durchschlagenden Erfolgen. Im Jahr 961 eroberte er Kreta, 962 kämpfte er in Kilikien erfolgreich gegen die Muslime. Nach seiner Kaiserkrönung schloß er seine Kilikienfeldzüge ab, auch Zypern wurde wieder byzantinisch. Das Jahr 969 sah den Kaiser an der syrischen Front. Im Oktober fiel Antiochia (h. Antakya), Aleppo am Ende des Jahres. Diese Erfolgsserie wurde jäh unterbrochen, als der Kaiser ermordet wurde. Der Auftraggeber des Mordes bestieg als Johannes I.

Tzimiskes (Ks. 969–976) den Thron. Sein 974 unternommener Feldzug in Syrien führte die Armee über Galiläa, Tiberias und Nazareth bis zur Küste bei Caesarea. Bis nach Jerusalem zu marschieren, scheiterte an den Fatimiden. Kaiser Basilios II. (Ks. 976–1005) verzichtete auf weitere militärische Auseinandersetzungen. Er schloß im Jahr 1001 einen auf zehn Jahre befristeten Waffenstillstand mit den Fatimiden. Die Grenzziehung in Palästina wurde verbindlich festgeschrieben. Dieser Grenzverlauf sollte 98 Jahre später eine wichtige Rolle in den strategischen Überlegungen der Fatimiden gegenüber den Kreuzfahrern spielen.

Dieser Vertrag gab dem Byzantinischen Reich nur eine kurze Zeit der Ruhe. Im Osten war ein neuer Gegner erstanden und hämmerte mit schweren Schlägen an die Tore Europas: die Türken. Der von den Oghusen abgespaltene Stamm der Seldschuken hatte sich unter seinem legendenumrankten Führer Seldschuk auf den Weg nach Westen gemacht. Im Jahr 1046 überschritten sie den Oxus (h. Syr-Daja) und setzten sich in Khorassan fest. Die Brüder Thugril Bey und Tschaghri Bey wurden Emire der Städte Nischapur und Merw. Einen letzten Versuch, den Seldschuken Einhalt zu gebieten, unternahm Mas'ud von Ghazni. Doch in der Schlacht von Dandanquan wurden seine Truppen vernichtend geschlagen. Khorassan war nun fester Bestandteil des Seldschukenreiches. Doch der Drang der Seldschuken nach Westen war nicht aufgehalten. Nun weckten die Provinzen des Byzantinischen Reiches ihre Begehrlichkeit. Und niemand konnte sie aufhalten.

Armenien, durch die Auflösung seiner Grenzwacht unter Kaiser Konstantin IX. Monomachos (Ks. 1042–1055) strategisch geschwächt, wurde zum Einfallstor der seldschukischen Invasion Anatoliens. Im Jahr 1048 eroberten die Türken zunächst die Stadt Arzan. Von dieser Zeit an gab es jährliche Überfälle auf Armenien. Erst ein Waffenstillstand

zwischen Konstantin IX. und Thugril Bey beendete für kurze Zeit diese Kämpfe.
Die folgende Ruhephase nutzte Thugril Bey zur Gründung eines eigenen Reiches, das Persien und Khorassan umfaßte. Die Hauptstadt war Isphahan.
Den Höhepunkt seiner Macht erreichte Thugril Bey im Jahr 1055 mit dem Sturz der Bugiden in Bagdad. Diese hatten dem schwachen Kalifen seine weltliche Macht genommen und wurden in dieser Rolle nun von den Seldschuken abgelöst. Thugril Bey wurde vom Kalifen zum »Sultan und König von Ost und West« ernannt.
Nach dem Tode Thugril Beys übernahm sein Neffe Alp Arslan (Slt. 1063–1072) die Macht. Er vereinte alle von den Seldschuken eroberten Gebiete unter seiner Herrschaft. Das Großseldschukische Reich war entstanden. Der Sultan drängte nun mit aller Macht auch entschieden über die Grenzen des Byzantinischen Reiches. Vor den seldschukischen Vorstößen des Jahres 1064 flohen große Teile der armenischen Bevölkerung in das Gebiet des Taurus, wo sie sich wieder ansiedelten. Hier sollten 30 Jahre später die Kreuzfahrer auf sie treffen. In den Kämpfen des Jahres 1066 fiel Armenien den Seldschuken zu. Ihr Vormarsch konnte erst 100 Kilometer vor der Stadt Ankyra (h. Ankara) zum Stehen gebracht werden.
Als Kaiser Konstantin X. Dukas (Ks. 1059–1067) starb, war der Thron zunächst verwaist. Als Regentin des minderjährigen Thronerben Michael übernahm die Witwe des Kaisers, Eudokia Dukaina, die Regierung. Ganz Politikerin, die ihre persönlichen Bedürfnisse hintanstellte, wählte sie den bewährten Feldherren Romanos Diogenes zum Gemahl und ließ ihn zum Kaiser krönen. Doch Romanos IV. Diogenes (Ks. 1068–1071) war nur eine kurze Zeit des Herrschens und ein bitteres Ende beschieden.
Nach einigen auf seine Thronbesteigung folgenden Kämp-

fen mit Alp Arslan schloß der Kaiser mit dem Sultan einen Waffenstillstand. Romanos IV. brauchte die Ruhe, um sein Heer zu reorganisieren und auszubauen. Doch in dieser Zeit brachen die Turkmenen immer wieder die Bestimmungen des Waffenstillstands, wogegen auch Alp Arslan nichts unternahm. So sah sich der Kaiser gezwungen, die Entscheidung auf dem Schlachtfeld herbeizuführen. Im März 1071 brach er mit einem Heer von 100 000 Mann nach Armenien auf. Die Truppen bestanden zum größten Teil aus unzuverlässigen Söldnern und auch auf die Generäle war kein Verlaß. Die zunächst noch halbherzig aufgenommenen Verhandlungen wegen einer Erneuerung des Waffenstillstands und eines Gebietstausches zwischen dem Sultanat und dem Byzantinischen Reich verliefen im Sande.
Und so stellte sich nach einigen Vorgeplänkeln Kaiser Romanos IV. am 26. August 1071 mit seinem durch Desertionen geschwächten Heer in der Ebene bei Mantzikert zur Schlacht. Die Seldschuken lockten die Byzantiner mit ihrer Rückzugstaktik weit in die Ebene hinein. Als der Kaiser das Signal zur Umkehr gab, glaubten die Söldner die Schlacht verloren. Die in Panik fliehenden Söldner wurden nun erst von den Seldschuken angegriffen. Allein Romanos IV. und seine Garde kämpften bis zum bitteren Ende. Doch der Tag war für ihn verloren. Als Gefangener wurde er zu Alp Arslan gebracht. Die Forderungen des Seldschuken waren gewaltig. Die Städte Antiochia, Mantzikert, Edessa und Hieropolis sollten ihm zufallen, dazu ein Lösegeld von 1,5 Millionen Goldstücken für die Person des Kaisers und ein jährlich zu zahlender Tribut von 360 000 Goldstücken.
Romanos IV. erschien nach dieser Niederlage als Kaiser nicht mehr tragbar. Eudokia wurde ins Kloster gezwungen und ihr Sohn wurde feierlich als Michael VII. Dukas (Ks. 1071–1078) inthronisiert. Romanos Diogenes nahm den Kampf um seinen Thron auf, doch in zwei Schlachten ge-

schlagen und grausam geblendet, starb er am 4. August 1072.
Sultan Alp Arslan starb ebenfalls im Jahr 1072 auf einem Feldzug. Seine Nachfolge trat sein Sohn Malik Schah I. (Slt. 1072–1092) an. Sein Reich erstreckte sich von den Westgrenzen Chinas bis an die Ostküste des Mittelmeeres. Als sich die turkmenischen Stämme Richtung Westen in Bewegung setzten, ließ er sie gewähren, doch durften sie sich nicht in den Gebieten des Kalifats festsetzen. Die Ebenen des Mittleren Anatolien erschienen als lohnendes Siedlungsgebiet. Doch mußten sie es sich noch erobern.

Die Seldschuken in Anatolien

Die seldschukische Invasion Anatoliens begann im Jahr 1073. Der Aufstand des normannischen Söldnerführers Roussel de Balieul bot dazu die beste Gelegenheit. Michael VII. sah keine andere Möglichkeit, dem Aufstand Herr zu werden, als die Seldschuken um Hilfe zu bitten. Sultan Malik Schah I. hatte seinen Vetter Suleiman dazu befugt, den Krieg nach Anatolien hineinzutragen.[4] Und so sagte dieser seine Hilfe zu, unter der Bedingung, daß er die bis dahin schon besetzten anatolischen Gebiete behalten dürfe.
Nach der geglückten Niederwerfung des Aufstands begannen im ganzen Byzantinischen Reich Unruhen. Nikephoros Botaniates erhob sich im Jahr 1078 in Anatolien und unternahm mit Unterstützung seldschukischer Truppen einen Eroberungszug in Richtung auf Konstantinopel. Als der Aufrührer die Hauptstadt erreichte, dankte Michael VII. ab. Der Söldnerführer bestieg als Nikephoros III. Botaniates (Ks. 1078–1081) den Thron. Sofort erhoben sich Gegenkaiser. Damit war das Chaos im Reich perfekt. Der Feldherr Alexios Komnenos mußte ständig die Kriegsschauplätze wechseln.

Zuerst bekämpfte er auf dem Balkan den Gegenkaiser Nikephoros Bryennios, dann zog er nach Thessalien, wo sich Basiliakios zum Kaiser ausgerufen hatte. Auch die Seldschuken hielten nicht mehr still. Die von Nikephoros III. in Nikaia (h. Iznik) stationierte Garnison erhob sich. Da ging Nikephoros Melissenos mit Unterstützung Suleimans in den Aufstand. Endlich konnte der Seldschukenfürst in Bithynien einmarschieren, begrüßt von den seldschukischen Garnisonen der zuvor eroberten Städte. Als Melissenos an der Eroberung Konstantinopels scheiterte, fiel Suleiman von ihm ab. Noch im Jahr 1078 begründete er das seldschukische Sultanat in Anatolien mit Nikaia als Hauptstadt. Von hier aus bestimmte er als Sultan Suleiman I. (Slt. 1078–1086) seit dieser Zeit die Geschicke seines Reiches.

In Konstantinopel kam es nun zum entscheidenden Umsturz. Nikephoros III. wandte sich gegen die Brüder Alexios und Isaak Komnenos, seine treuen und fähigen Feldherren. Er vertraute mehr den Hofintrigen als seiner Kaiserin, die auf seiten der Brüder stand. Als sie sich in ihrer Sicherheit bedroht sahen, gingen die Komnenenbrüder in den Aufstand. So errang Alexios, der von seiner Familie als der Fähigere angesehen wurde, den Kaiserthron. Alexios I. Komnenos (Ks. 1081–1118) sollte in den folgenden Jahren zur Schlüsselfigur des kommenden Kreuzzuges werden. Letztendlich war er es, der den Anlaß zum Aufbruch der Kreuzfahrerheere gab und das Ziel des Feldzuges nannte: Jerusalem.

Byzanz antwortet

Die Seldschuken bereiteten die endgültige Niederwerfung des Byzantinischen Reiches durch Fühlungnahme mit den an der Donau ansässigen Petschenegen vor. Auch dieser

Stamm war türkischer Herkunft und somit ein natürlicher Verbündeter für die Seldschuken Anatoliens. Die Petschenegen hatten ursprünglich nördlich das Schwarze Meer umgangen, waren in die Ukraine eingedrungen und hatten sich mit den von den Byzantinern verfolgten Paulikianern an der Grenze zum Ungarischen Königreich verbündet. Durch die Verbindung der beiden Stämme gerieten die wenigen verbliebenen Gebiete der Byzantiner in eine gefährliche Situation. Es drohte ein Zweifrontenkrieg; wie die beiden Wangen einer gewaltigen Zange umfaßten die türkischen Armeen nun das Byzantinische Reich. Im Frühjahr des Jahres 1091 begannen koordinierte Angriffe von beiden Seiten. Doch hatten die Türken nicht mit den militärischen Fähigkeiten des neuen Kaisers Alexios I. gerechnet. Schon am 29. April 1091 stellte er die Petschenegen bei Lebunion in Mazedonien zur Schlacht. Der Sieg der byzantinischen Truppen war derartig umfassend, daß dieser Türkenstamm nach dieser Schlacht fast spurlos aus der Geschichte verschwand. In der folgenden Zeit dienten die petschenegischen Krieger als treue Söldner in der Armee des Kaisers. Sie versuchten nie wieder, sich zu erheben. Die Armeen der Kreuzfahrer sollten im Jahr 1096 einige unliebsame Begegnungen mit des Kaisers neuen Untertanen haben.
Gegen die Seldschuken Kleinasiens konnte Kaiser Alexios I. militärisch nichts ausrichten. Dazu war sein Heer noch nicht stark genug. So mußte er sich darauf beschränken, im Jahr 1092, dem Todesjahr Malik Schahs, einen Vertrag mit Kilidsch Arslan (Slt. 1032–1107), dem neuen Herren Westanatoliens, zu schließen. Für beide Seiten brachte das Abkommen eine Ruhepause.
Alexios I. erlangte so Sicherheit vor seldschukischen Angriffen. Der Sultan war dagegen in der glücklichen Lage, seine Stellung festigen und seine junge Herrschaft in Anatolien ausbauen zu können. Seit 1092 nannte sich Kilidsch

Arslan »Sultan von Rum«, er nahm also für sich in Anspruch, ein Herrscher im »Land der Römer« zu sein.[5] Der Kaiser begann unter dem Schutz des Vertrages damit, seine Armee wiederaufzubauen. In ihm erwuchs der Plan, die verlorenen Gebiete des Byzantinischen Reiches auf einen Schlag zurückzugewinnen. Die Hoffnung auf eine Rückeroberung war keinesfalls unberechtigt. Der Zerfall des Großseldschukischen Reiches nach dem Tod Malik Schahs und der Streit unter dessen Erben ließ den Kaiser wohl ahnen, daß an eine gemeinsame Verteidigung Anatoliens nicht zu denken sein würde. Doch nach den schweren Verlusten in den Kriegen der vergangenen Jahrzehnte mangelte es in Byzanz an kriegserfahrenen Soldaten, um ein solch gewaltiges Unternehmen durchzuführen. Und in dieser Situation erinnerte sich Alexios I. an das alte Reservoir für Söldner, dessen sich seine Vorgänger schon seit Jahrhunderten bedient hatten: an die Länder Westeuropas.
Als direkten Ansprechpartner wählte Alexios I. den seit dem Jahr 1088 amtierenden Papst Urban II. (PM 1088–1099). Schon 1089 hatte dieser eine Gesandtschaft nach Konstantinopel geschickt, um eine Aussöhnung mit Byzanz zu erreichen. Die noch von Papst Gregor VII. ausgesprochene Exkommunizierung des byzantinischen Kaisers wurde aufgehoben. Die neu aufgenommenen diplomatischen Beziehungen betrafen aber nicht das seit 1054 bestehende Schisma zwischen den Patriarchaten Rom und Konstantinopel. Aus dieser Uneinigkeit entstanden keine politischen Schwierigkeiten. Wichtiger war für den Papst, daß Alexios I. seine Kontakte mit dem gebannten Kaiser Heinrich IV. (Ks. 1084–1106) abbrach. Und so machte sich im Jahr 1095 eine byzantinische Gesandtschaft auf in Richtung Westen. Sie sollte dem Papst die Wünsche des Kaisers vorlegen.

II. BUCH

Clermont:
Krieg im Namen des Glaubens

Eine Bitte wird erhört

Die von Kaiser Alexios I. ausgesandten Boten erreichten den Papst, als dieser am 1. März 1095 in der italienischen Stadt Piacenza das erste Konzil seines Pontifikats abhielt.[6] Bernold von St. Blasien berichtet darüber in seiner Chronik: »Ferner kam zu dieser Synode eine Gesandtschaft des Kaisers von Konstantinopel, der den Herrn Papst und alle Christgläubigen inständig anflehte, ihm einige Hilfe gegen die Heiden zur Verteidigung der Heiligen Kirche zu bringen, welche die Heiden in jenen Gegenden schon fast vernichtet hatten, da sie jene Gegenden bis an die Mauern von Konstantinopel eingenommen hatten.«[7] Es ist nicht bekannt, in welcher Form die Byzantiner die Wünsche ihres Herrschers in Worte faßten. Sie haben aber wohl sehr eindringlich die Bedrängnis geschildert, in der sich das Byzantinische Reich seit dem Eindringen der Seldschuken befand. Dabei sprachen sie offensichtlich auch davon, welche Nöte die östliche Christenheit nun durch die muslimischen Invasoren zu leiden habe. Diese Schilderungen sollten im Westen wohl das christliche Gewissen wecken, die östlichen Glaubensbrüder nicht im Stich zu lassen.
In der im 13. Jahrhundert verfaßten »Synopsis Chronike«

des byzantinischen Historikers Theodoros Skutariotes findet sich ein Hinweis auf die Hintergründe für die Entscheidung des Kaisers. Demnach ersuchte Alexios I. hier in Italien bei Papst Urban II. und den versammelten Bischöfen um Hilfe, »... weil er es für eine Gottesgabe hielt, daß dieses Volk die Herrschaft der Perser über Jerusalem und das lebengebende Grab unseres Retters Jesus Christus für unerträglich hielten, und dies sah er als Vorteil an«.[8] Weiter teilt Theodoros mit, Alexios I. sei es gewesen, der das große Ziel vorgab: Jerusalem. Die Glaubwürdigkeit der Quelle in diesem Punkt wird nicht angezweifelt.[9] Dabei ist zu beachten, daß die Eroberung dieser Stadt keinesfalls in der Absicht des Kaisers lag. Er bat nicht um Hilfe für die Rückeroberung von Jerusalem, das geht deutlich aus der Darstellung bei Bernold hervor. Dieses hochgesetzte Ziel zu erreichen, konnte der Kaiser nicht hoffen. Ihm ging es, und das betont Bernold ausdrücklich, allein um die Rückeroberung Anatoliens. Hinter dem Hinweis auf die Herrschaft der Seldschuken, von den Byzantinern als Perser bezeichnet, über Jerusalem versteckt sich nichts als schlaue byzantinische Diplomatie. Und der Funke zündete.
Alexios I. hätte seine so formulierten Bitten an kein besseres Publikum als die in Piacenza versammelten Bischöfe richten können. »Wenn die Bischöfe nur in der Überzeugung heimreisten, daß die Sicherheit der Christenheit noch immer bedroht war, würden sie von selbst eifrig bedacht sein, Angehörige ihrer Gemeinden ostwärts zu entsenden, um in den christlichen Heeren zu kämpfen.«[10] Die Bischöfe würden die Bitte um Heereszuzug wohl nicht weitergegeben haben, hätte Alexios I. einfach nur um Söldner gebeten. Den Kirchenfürsten mußte er mit der Bedrohung der Christenheit durch die Ungläubigen kommen, um deren Aufmerksamkeit zu erregen. Die Boten hatten ihre Schuldigkeit getan, sie reisten zurück nach Konstantinopel. Was sie nicht

ahnten und was auch Alexios I. in seiner fernen Hauptstadt nicht vorhersah, war der große Eindruck, den sie mit ihrer Darstellung der Zustände im Osten hinterlassen hatten.

Nach dem Zeugnis Bernolds von St. Blasien hatte Urban II. schon in Piacenza von sich aus die Idee eines Kriegszugs nach Anatolien unterstützt. Der Chronist schreibt: »Zu dieser Hilfe hat der Papst viele ermuntert, so daß sie sogar eidlich versprachen, sie würden mit Gottes Beistand dorthin gehen und selbigem Kaiser nach ihren Kräften treulichst Hilfe leisten gegen die Heiden.«[11] Doch ging von Piacenza noch nicht die Bewegung aus, die sich später bilden sollte. Der Papst muß aber, nachdem er die Rede der Byzantiner gehört hatte, einen Plan erwogen haben, der weit über die Vorstellungen des Kaisers hinausging. Alexios I. konnte nicht wissen oder nahm es nicht wahr, daß in der Kirche des Westens schon seit über einem Jahrzehnt erwogen wurde, einen großen Kriegszug nach Jerusalem unter Führung der Kirche zu unternehmen.

Die Idee zu einem solchen Zug ging auf Urbans Vorgänger auf dem Stuhl Petri, Gregor VII. (PM 1073-1085), zurück. Im Zuge seiner diplomatischen Kontakte mit dem byzantinischen Kaiser Michael VII. hatte er von der damals sehr bedrohlichen militärischen Lage in Kleinasien erfahren. Der nach Konstantinopel entsandte Legat Dominicus von Grado brachte die Nachricht nach Rom, der Pilgerverkehr sei ernstlich behindert, Palästina mit den wichtigsten heiligen Stätten zwar noch zugänglich, bei einem Erfolg der Seldschuken-Invasion würde die Reise dorthin aber unmöglich werden. Der auf der Iberischen Halbinsel so erfolgreich verlaufende Krieg gegen die Mauren mag Gregor VII. den Gedanken eingegeben haben, eine solche Art von Heiligem Krieg auch in Asien zu führen. Dabei verband er diese Vorstellung mit dem Gedanken, im Anschluß an die Abwehr der Heiden die Einheit der christlichen Kirche wiederherzustellen. Nach dem von ihm geführten erfolgreichen Heerzug gegen die Seldschuken sollte in Konstantinopel ein allgemeines Konzil stattfinden. Dort wollte er die für die Befreiung von der Türkengefahr dankbare Ostkirche wieder in den Schoß der Christenheit aufnehmen.

Dieser große Orientplan kam nie zur Ausführung. Die politischen Umstände, die Gregor VII. selbst herbeiführte, verhinderten dies. Als Kaiser Michael VII. im Jahr 1078 den Thron verlor, tat Gregor VII. den Usurpator Nikephoros Botaniates (Ks. 1078–1081) in den Kirchenbann. Der Papst blieb auch unnachgiebig, als schließlich Alexios I. Komnenos den Thron errang. Der Bann wurde aufrechterhalten. Obwohl der neue byzantinische Kaiser in einem Brief um das Wohlwollen des Papstes bat, erhielt er keine Antwort. Als Gregor VII. auch noch die Normannen, die von Unteritalien aus gegen byzantinische Besitzungen vorgingen, unterstützte, schlug die Stimmung in Konstantinopel vollends gegen ihn um. Auch die Wut des Papstes auf die Byzantiner nahm zu, denn diese traten nun offen auf die Seite des deutschen Kaisers Heinrich IV. Schließlich starb Papst Gregor VII. im Jahr 1085. Zehn Jahre sollte seine Idee vergessen sein, bis sich Urban II. wieder auf sie besann.

»Vielgeliebte Brüder...«

Nach dem Ende des Konzils in Piacenza setzte Papst Urban II. seine Reise fort. Er nahm den Weg in die südlichen Gebiete des heutigen Frankreich. Das nördlich gelegene Einflußgebiet des Königs Philipp I. von Frankreich (Kg. 1060–1108) konnte er nicht betreten. Am 5. August 1095 weilte er in Valence, am 11. desselben Monats traf er in der Stadt Le Puy ein. Hier wurden die Briefe abgefaßt, mit denen er die Bischöfe Frankreichs und anderer Länder zu einem Treffen in Clermont im November einlud. Seine weitere Reise führte den Papst nach Süden, in die Provence, wo er im September in Avignon und Saint-Gilles Station machte. Im Oktober zog er weiter nach Lyon und Burgund. Der weitere Weg führte Urban II. nach Cluny, wo er am 25. Oktober 1095 den Hochaltar der im Bau befindlichen großen Basilika weihte. An diesem Ort lagen die Wurzeln Urbans II., die Wurzeln seiner Karriere und seines Denkens.

In Sauvigny bei Moulins nahm ihn der Bischof von Clermont in Empfang und geleitete ihn in seine Bischofsstadt. In Clermont war alles bereit für das Konzil.

Als am 18. November 1095 die stattliche Anzahl von 14 Erzbischöfen, 250 Bischöfen und 400 Äbten in Clermont zusammentrat, ahnte unter ihnen wohl keiner wirklich, welche einzigartige historische Wirkung von ihrem Treffen ausgehen sollte. Niemand wird sich bewußt gewesen sein, daß die eigentlich zu besprechenden Themen in den Augen des Volkes und der nachfolgenden Generationen völlig verblassen würden vor dem Inhalt der Papstrede am letzten Tag der Versammlung: dem Aufruf zum Kreuzzug.

Daß sich große Dinge anbahnten, hatte sich allerdings schon zuvor im Land verbreitet. Papst Urban II. hatte ausstreuen lassen, daß er am letzten Tag des Konzils eine Rede halten würde, die sich mit dem Schicksal der Christenheit befassen würde. Die schon vor dem Konzil in seine Pläne eingeweihten Bischöfe, Priester und Fürsten werden ihr übriges getan haben, für Publikum zu sorgen. Als der 27. November 1095 kam, strömten solch gewaltige Menschenmassen in Clermont zusammen, begierig, dem Papst zu lauschen, daß die Rede auf das freie Feld verlegt werden mußte. Der Thronsessel des Papstes wurde auf einem Podium vor dem Osttor der Stadt aufgestellt. Der Ort der Rede wird heutzutage entweder mit dem Place Delille oder

dem Place Champ-Herme gleichgesetzt.¹² Wie viele Menschen es waren, deren Gemurmel langsam verstummte, als ihnen dies bezeichnet wurde, weiß keine Aufzeichnung genau anzugeben. Es werden Tausende gewesen sein. Nachdem auf dem weiten Feld auch die letzten sich beruhigt hatten, erhob sich Urban II. von seinem Thron. Dann begann er seine aufwühlende Rede:
»Vielgeliebte Brüder!« rief er über die Köpfe der Menschen, »Durch Gottes Gnade mit der päpstlichen Krone über die ganze Welt gesetzt, wurde ich, Urban, als der Botschafter der göttlichen Ermahnung durch einen unvermeidlichen Anlaß gezwungen, hierher zu kommen, zu euch, den Dienern Gottes.« Zunächst wandte er sich an die versammelten Kirchenfürsten, die er dazu aufrief, sich an die Beschlüsse des Konzils zu halten. Sie sollten Vorbilder für die einfachen Gläubigen sein und sich aller Einflußnahme weltlicher Mächte auf die Kirche entgegensetzen. Dann rief er sie auf, den Frieden unter den Christen zu wahren und zu schützen. Jedem Friedensbrecher drohte er mit der Exkommunikation, dem Ausschluß vom Abendmahl.
Nachdem der Papst so nicht nur die Bischöfe, sondern auch die zuhörenden weltlichen Fürsten angesprochen hatte, bot er diesen ein neues Feindbild. Er kam auf den Heidenkampf im Osten zu sprechen.
»Da nun ihr, o Söhne Gottes, euch selbst Gott geweiht habt, nachdrücklich Frieden unter euch zu halten und die Gesetze der Kirche gewissenhaft zu erhalten, ist ein Werk zu tun, denn ihr müßt die Kraft eurer Aufrichtigkeit, nun da ihr durch die göttliche Bestimmung erhoben seid, einer anderen Angelegenheit zuwenden, die euch betrifft und Gott.«
Nach diesem nur Andeutungen machenden Satz kam Urban II. dann auf den Punkt: »In aller Eile müßt ihr euren Brüdern, die im Orient leben, helfen, die eure Hilfe

benötigen, wegen der sie schon mehrere Male aufgeschrien haben.
Denn, wie den meisten von euch berichtet wurde, haben die Türken, eine Rasse von Persern, die innerhalb der Grenzen des Byzantinischen Reiches bis zu dem Punkt vorgedrungen sind, den man den ›Arm von St. Georg‹ nennt, indem sie mehr und mehr vom Land der Christen besetzten, diese, bereits Opfer in sieben Schlachten, besiegt und haben sie getötet und gefangengenommen, haben Kirchen zerstört und haben Gottes Königreich verwüstet. Wenn ihr dies gleichgültig lange erlauben solltet, werden Gottes Gläubige weiterhin unterliegen.
Diese Angelegenheit betreffend, ermahne ich mit demütiger Bitte – nicht ich, sondern der Herr – euch, die Herolde Christi, alle, von welcher Klasse auch immer, beide, Ritter und Fußvolk, beide, reich und arm, in zahlreichen Erlassen, danach zu streben, diese gottlose Rasse aus den christlichen Ländern zu verjagen, bevor es zu spät ist.
Ich spreche zu den Anwesenden, ich sende Nachricht zu denen, die nicht hier sind; überdies befiehlt dies Christus. Die Vergebung der Sünden wird denen gewährt, die dorthin gehen, wenn sie ein gebundenes Leben entweder zu Lande oder beim Überqueren der See beenden, oder im Kampf gegen die Heiden. Ich, bekleidet mit diesem Geschenk Gottes, gewähre dies denen, die gehen.
O was für eine Schande, wenn ein Volk, so verachtet, degeneriert und versklavt von Dämonen, würde also ein Volk überwinden, ausgestattet mit dem Vertrauen des allmächtigen Gottes, und strahlend im Namen Christi! O wie viele Übel werden euch vom Herrn selbst zur Last gelegt werden, wenn ihr nicht denen helft, die wie ihr das Christentum bekennt!
Laßt diesen, die es gewöhnt sind, Privatkriege zu führen, verschwenderisch gerade gegen Gläubige, in einen Kampf

gegen die Ungläubigen vorangehen, würdig, jetzt unternommen und siegreich beendet zu werden. Nun, laßt diese, die bisher als Plünderer lebten, Soldaten Christi sein; nun, laßt die, die früher gegen Brüder und Verwandte stritten, mit Recht Barbaren bekämpfen; jetzt, laßt die, die unlängst für einige wenige Silberstücke gemietet wurden, ihren ewigen Lohn gewinnen. Laßt diese, die sich selbst zum Nachteil von Leib und Seele langweilen, arbeiten für eine zweifache Ehre. Nein, viel mehr, der Sorgenvolle wird hier glücklich sein, der Arme hier wird reich sein, und die Feinde des Herrn hier werden Seine Freunde sein.
Laßt keinen Aufschub die Reise derjenigen, die bereit sind zu gehen, verzögern, aber wenn sie Geld beisammen haben, das ihnen gehört, und die Ausgaben für die Reise, und wenn der Winter geendet hat und der Frühling gekommen ist, laßt sie die Scheidewege betreten, mit dem Herrn voranziehend.«[13]
Noch während der Papst davon sprach, in den Osten zu ziehen, brachen in der Menschenmenge die ersten Rufe der Zustimmung los. »Deus vult! Gott will es!« scholl es schließlich über den Plan, als Urban II. seine Rede beendete. Ob dieser Ruf spontan in der Masse aufkam oder beauftragte Schreier die Begeisterung anstachelten, wird nie zu klären sein.
Die bewegenden Worte des Papstes ergriffen die Anwesenden zutiefst. Sie fühlten sich persönlich angesprochen, persönlich verantwortlich für das Schicksal der Christenheit, für ihr eigenes Seelenheil. Und wenn der Papst vom Kampf sprach, vom Krieg gegen die Ungläubigen, die plündernd und brandschatzend durch christliche Lande zogen, mordend und schändend, dann war dies die Sprache, die so mancher Ritter sofort verstand. Die Ritter und Söldner, die Kämpfer, waren es, für die Urban II. gesprochen hatte. Gerade hatte das Konzil ihnen durch die umfangreichen

Fehdeverbote die Betätigung genommen, da bot ihnen der Nachfolger Petri einen Kampf, der ehrenvoller war als jeder kleinmütige Fürstenstreit. Es sollte um das Ganze gehen, um den Glauben. Nun endlich konnten sie für ihr Seelenheil kämpfen, nicht länger stand nur den Nichtkämpfern das Tor zum Himmel weit offen. Der Tod war eine Nebensache. Sterben mußte man sowieso. Ein Ritter hatte nur die Sorge, ob dies ehrenvoll geschah. Nun aber sterben zu können, ob unterlegen oder siegreich, und der Gnade Gottes gewiß zu sein, war eine Erhöhung des Rittertums, wie sie vorher undenkbar gewesen war.

Und wenn der Papst davon sprach, daß die Fahrt in ferne Länder gehen sollte, kamen noch weitere Anreize hinzu. Wessen Glaube allein nicht reichte, sich zu der Fahrt zu entschließen, brauchte nur an die gewaltigen Schätze zu denken, die der Orient bot. Man würde reich werden können auf diesem Zug, eigenen Besitz, der immer Landbesitz war, erwerben, eine Herrschaft, Macht. Ruhm und Ansehen waren für den christlichen Streiter ein ebenso wichtiger Grund, zum Kreuzzug auszuziehen, wie sein Seelenheil.

Begierig griffen Tausende von Händen nach den roten Stoffkreuzen, die Urban II. als Zeichen der Kreuznahme längst hatte vorbereiten lassen. Die zum Zug ins Heilige Land Entschlossenen hefteten sich diese Kreuze an der rechten Schulter auf die Ärmel ihrer Gewänder.[14] Schließlich wollten so viele das Kreuz nehmen, daß Mäntel, Decken und andere Kleidungsstücke zur Anfertigung weiterer Kreuze herhalten mußten.

Da trat aus der Gruppe der Bischöfe Adhémar von Monteil, der Bischof der Stadt Le Puy, hervor. Balderich von Dol beschreibt, was dann geschah:

»Wir sahen, wie der Bischof von Puy strahlenden Angesichts auf den Papst zutrat, das Knie beugte und die Erlaubnis mitzuziehen und seinen Segen erbat; überdies bestimmte der Papst, daß alle ihm gehorchen sollten und er im Heer über alle die Führung haben sollte...«[15]

Mit dem Bischof von Le Puy nahm der erste geistliche Würdenträger das Kreuz. Seine Ernennung zum Führer des Kreuzzuges in Clermont zeigt deutlich die Absicht des Papstes, aus dem Unternehmen einen Kriegszug unter Führung der Kirche zu machen. Ein geistlicher Herr sollte die Leitung übernehmen, die weltlichen Scharen ihm folgen. Dabei war Adhémar für diese Aufgabe der richtige Mann. Der aus dem Geschlecht der Grafen von Valentinois stammende Kirchenfürst war bereits im Jahr 1086 im Heiligen Land gewesen. Daneben war er auch in militärischen Dingen nicht unbeschlagen. Die Quellen sagen über ihn, daß er »elegant zu Pferde und in Rüstung« keine schlechte Figur machte.[16] In einem Brief, den Urban II. zur Kreuzzugswerbung im Dezember 1095 an die Flandern sandte, bezeichnete er Bischof Adhémar ausdrücklich als den Befehlshaber des Kreuzzuges. Auch werden die Aufgaben des Bischofs auf dem Zug deutlich umrissen: »Wir haben den geliebten Sohn Adhémar, den Bischof von Puy, an unserer Stelle zum Führer dieser Reise und der Mühen eingesetzt...«[17]

Schon kurz nach der Rede des Papstes, nach Balderich von Dol noch am gleichen Tag, anderen Quellen zufolge am 1. Dezember 1095, erklärte sich der erste große weltliche Fürst zur Kreuznahme bereit. Raimund von Saint-Gilles, der Graf von Toulouse, sandte Boten nach Clermont, die dem Papst die Bereitschaft ihres Herrn mitteilten, an dem Kreuzzug teilzunehmen.

Der frühe Termin des Eintreffens der Boten beweist, daß Graf Raimund von Toulouse schon vor der Rede Urbans II. vom Kreuzzug gewußt haben muß. Ebenso wie mit Adhémar von Le Puy hatte der Papst auf seiner Reise nach Clermont mit ihm über das geplante Vorhaben gesprochen.

Wohin geht der Zug?

Mit Jerusalem hatten Alexios I. und Papst Urban II. ein Schlagwort gewählt, zu dem tatsächlich jeder Christ etwas zu wissen glaubte. Kleriker und Laien kannten die Geschichte dieser Stadt aus den Berichten der Bibel. Und damit wußten sie weitgehend ebensoviel wie die moderne Geschichtswissenschaft. Die modernen Historiker und Archäologen können sich nur in einigen wenigen Punkten sicherer sein als ihre mittelalterlichen Kollegen.
Die früheste Nachricht über Jerusalem stammt aus dem 19. Jahrhundert v. Chr. Ein ägyptischer »Verfluchungstext« nennt die Stadt unter den Feinden Ägyptens. Durch das Zerschlagen solcher Tafeln im Rahmen magischer Handlungen sollten die Gegner vernichtet werden. Ein deutliches Zeichen der militärischen Unsicherheit. Aus der Folgezeit gibt es keine weiteren Funde, erst in den »Amarna-Briefen«, die sich in den Resten von Pharao Echnatons (Ph. 1364–1347 v. Chr.) Residenzstadt Achet-Aton (h. Tell El-Amarna) fanden. In einem dieser Briefe bittet der Stadtfürst von Jerusalem um militärische Hilfe. Ob die Ägypter je eine Truppe aussandten, ist nicht bekannt. Jerusalem versinkt jedenfalls erneut für Jahrhunderte im Vergessen. Erst die alttestamentlichen Bücher der Bibel liefern für die Zeit nach dem Eindringen der Hebräer in Palästina neue Nachrichten. Die Stadt nannte sich zu dieser Zeit »Jebus« und gehörte den Jebusitern. Die strategisch günstige Lage, die sich auch in den folgenden Jahrhunderten immer wieder zum Vorteil auswirken sollte, verhinderte eine Eroberung durch die halbnomadisch lebenden Hebräer. König David (Kg. 1004–965 v. Chr.) war es schließlich, dem es mit einer genialen Kriegslist gelang, die Stadt zu erobern und seinem Reich einzuverleiben. Wegen der günstigen Lage der Stadt zwischen den beiden israelitischen Herrschaftsgebieten Juda

und Israel wählte er Jerusalem zur Hauptstadt. Hier sollte die Residenz der Könige sein und auch der Tempel des JHWH stehen. Nach langer Zeit der Wanderschaft sollte nicht nur das Volk seine Ruhe finden, sondern auch sein Gott. Doch war es David nicht vergönnt, den geplanten Tempel selbst zu errichten.
König Davids Sohn Salomo (Kg. 965–926 v.Chr.) war es, der den Bau ausführen ließ. Unter der Anleitung des aus Tyros stammenden Architekten Hiram wurde das Tempelgebäude errichtet. Das Allerheiligste fand seinen Platz über einem rohen Felsen, der seit Urzeiten aus dem Plateau des Berges ragte.
Der Tempel war dreiteilig angelegt. In Richtung Osten schloß sich an das Allerheiligste das »Heilige« an, das nur durch einen davor liegenden Vorraum betreten werden konnte. Draußen neben dem Tempeltor ragten rechts und links zwei gewaltige bronzene Säulen auf, Jachin und Boas genannt, beide das Werk des Hiram. Vor dem Tempeleingang erhob sich der große Brandopferaltar. Als Wasserspeicher ließ Salomo das »eherne Meer«, ein Kupferbecken von gewaltiger Größe, aufstellen. Neben dem Tempel ließ Salomo auch einen Palast für sich selbst errichten.
Von nun an spielte Jerusalem eine zentrale Rolle in der Politik des Reiches Juda. Schon gleich nach dem Tod Salomos zerbrach die von David aufgerichtete Doppelmonarchie. Juda mit seiner Hauptstadt Jerusalem und Israel, mit der neugegründeten Hauptstadt Samaria, gingen eigene Wege. Neben den beiden jüdischen Staaten erstarkten im Laufe der Zeit die vorderasiatischen Reiches wieder. Auch Ägypten im Süden überwand seine Schwäche. Für die Israeliten war die Zeit der Ruhe und Expansion zu Ende. Das Machtvakuum, in dem sich die Reiche von Israel und Juda hatten entwickeln können, verging.
Zum ersten Opfer der aggressiven Eroberungspolitik der

Babylonier wurde das Reich Israel. Im Jahr 721 v. Chr. wurde die Hauptstadt Samaria geschleift und die Bevölkerung verschleppt. Juda allein blieb übrig. Es begann für die in Jerusalem residierenden Könige eine Zeit wechselnder Bündnisse, gebrochener Verträge und wiederholter Plünderungen. Die Tributforderungen der mesopotamischen Potentaten gingen so weit, daß selbst die Tempelschätze herhalten mußten. Daneben geriet der Glaube in eine schwere Krise. Der JHWH-Kult verfiel, die Bevölkerung wandte sich den Götzen der fremden Eroberer zu. Gegen diese innen- und außenpolitischen Schwierigkeiten traten nun die Propheten auf. Sie forderten vom Volk die Umkehr zum rechten Glauben und auch von den Königen Schritte in religionspolitischen Fragen. Nur die Hinwendung zu JHWH würde garantieren, daß Juda gegen die von außen drohenden Feinde bestehen könne. Die von König Josia (Kg. 639–609 v. Chr.) durchgeführte Kultreform im Tempel brachte zwar den alten JHWH-Kult zurück und festigte den Einfluß der levitischen Priesterschaft, aber außenpolitisch ging es weiter bergab. Josia fiel in einer Schlacht gegen die Ägypter bei Megiddo. Das Ende Judas folgte rasch. Durch hohe Tributforderungen bedrückt, suchten die Könige Hilfe bei der jeweiligen Gegenpartei. Diese Politik erhöhte nur die Begehrlichkeit der Fordernden.
Das Ende kam, als im Jahr 587 v. Chr. der babylonische König Nebukadnezar (Kg. 605–562 v. Chr.) nach Juda vorstieß und Jerusalem eroberte. Bei der folgenden Plünderung der Stadt durch seinen Heerführer Nebusaradan wurde der Tempel völlig zerstört. Die noch vorhandenen Schätze wurden, wie die Mitglieder der führenden Familien Jerusalems, nach Babylon entführt.
Siebzig Jahre blieb Jerusalem verödet. Juda war ein Teil des Persischen Reiches geworden, nachdem die Perser Herren in den alten Grenzen des Babylonischen Reiches geworden

waren. Nun endlich änderte sich die Lage der Juden. Der Prophet Esra erhielt von König Kyros (Kg. 559–529 v. Chr.) die Erlaubnis, mit seinen Glaubensbrüdern nach Jerusalem zurückzukehren. An der Stelle der Ruine des alten Tempels erbauten sie ein neues Heiligtum für JHWH. Doch seine Eigenständigkeit hatte Juda nicht zurückerhalten. Es blieb eine Provinz des Persischen Großreiches, bis im Jahr 332 v. Chr. der Makedonenkönig Alexander III. der Große (Kg. 336–323 v. Chr.) Syrien eroberte.

Ein letztes Mal erlangte das jüdische Volk im 2. Jahrhundert v. Chr. seine staatliche Autonomie. Unter den Hasmonäern schüttelte es die drückende Last der Seleukidenherrschaft ab. Es folgte eine kurze Phase, in der ein Staat unter der Führung von Priesterkönigen blühte.

Doch im Westen erwuchs dem kleinen Volk ein Feind, dem der Staat der Juden schließlich nach harten Kämpfen völlig erliegen sollte. Das *Imperium Romanum*, das Römische Reich, hatte sich seit der Mitte des 2. Jahrhunderts v. Chr. in Windeseile von Mittelitalien aus über das Mittelmeer ausgedehnt. Schließlich war es für die Staatenwelt des Mittelmeeres politisch bestimmend. Als es im jüdischen Herrscherhaus zu Unstimmigkeiten wegen der Erbfolge kam, rief man den Feldherrn Cn. Pompeius Magnus an, um diesen Streit zu schlichten. Er legte den Streit bereitwillig bei, doch im Endergebnis war Rom die Siegerin. Die Römer ließen von Judäa nicht mehr ab. Zwar entfalteten die Könige der Juden nochmals große Macht in ihrem kleinen Land, doch nur von Roms Gnaden. Höhe- und Endpunkt dieser Entwicklung war die strahlende Herrschaft des Königs Herodes des Großen (Kg. 37–4 v. Chr.). Als Nichtjude beim Volk unbeliebt und politisch ohne wirkliche Macht, sicherte er sich seine Unsterblichkeit durch aufwendige Bauten. Jerusalem wurde prachtvoller denn je ausgestattet. Die Umbauten am Tempel dauerten Jahrzehnte, über den Tod des Planers hinaus. Herodes der Große ließ sich aber darüber hinaus noch Paläste in Jerusalem, Caesarea und auf der Festung Masada bauen. Weitere bedeutende religiöse Bauten erhoben sich in Mamre und über den Patriarchengräbern von Hebron.

Als Herodes der Große im Jahr 4 v. Chr. starb, übernahm Rom vollends die Kontrolle über das Land. Die prokuratorische Provinz Judäa wurde eingerichtet und ein Ritter als Prokurator eingesetzt. In diese Umbruchsphase hinein wurde nach den Berichten der vier biblischen Evangelien in Bethlehem der Mann geboren, dessen Name und Werk einst Weltbedeutung erlangen sollte: Jesus von Nazareth. Die Bibel berichtet wenig über seine ersten drei Lebensjahrzehnte. Allein die drei Jahre zwischen seiner Taufe durch Johannes den Täufer im Jordan und seinem Tod am Kreuz werden ausführlich geschildert. Auf seinen Wanderungen durch Galiläa, das zu seiner Zeit dem König Herodes Antipas (Kg. 4 v. Chr.–39 n. Chr.) unterstand, verbreitete er seine Lehre und sammelte zahlreiche Anhänger um sich. Im Jahr 33 entschloß er sich schließlich, nach Jerusalem zu gehen. Und hier kam es zu den Ereignissen, die schließlich 1000 Jahre später zum Ersten Kreuzzug führen sollten. Daher ist es notwendig, näher auf die Umstände des Todes Jesu einzugehen.

Der galiläische Wanderprediger war vielen hochrangigen Juden aus dem Umfeld der Tempelpriesterschaft ein Dorn im Auge. Schon während seiner Wanderjahre wird von Versuchen berichtet, ihn zu beseitigen.[18] Als Jesus aber nun nach Jerusalem ging, um dort das Passah-Fest zu begehen, sahen seine Feinde ihre Stunde gekommen. Die Gelegenheit war günstig, den unliebsamen Friedensprediger einem offiziellen Verfahren zu überantworten. Nur dieses schien die Gewähr zu bieten, daß er und seine Lehre auch in den Augen seiner Anhänger der Verdammung anheimfiel. Alle zu einer Anklage, Verurteilung und Hinrichtung nötigen Instanzen waren in der Stadt versammelt: Pontius Pilatus, seit dem Jahr 26 *Praefectus Iudaeae* und damit Herr über die Blutgerichtsbarkeit, Herodes Antipas, der Landesherr des zu Verurteilenden und das Synhedrion, das höchste politische Gremium der Juden. Nur mußten die Verschwörer schnell handeln, sollte ihnen die kurze Zeit des Festes für ihr Vorhaben reichen. Reiste der Präfekt wieder ab, wäre die Gelegenheit verpaßt gewesen.

Eine schwerwiegende Anklage war schnell erhoben. Jesus hatte sich als der Messias, als der so lang ersehnte und von den Propheten vorhergesagte Sohn Gottes und König der Juden bezeichnet. In den Augen der Tempelpartei eine ungeheuerliche Blasphemie. Und darauf stand nach jüdischem Recht der Tod. Nach römischem Recht war der Anspruch, König in einem zum *Imperium Romanum* gehörenden Territorium zu sein, Hochverrat und damit ebenfalls todeswürdig. Diese Karte mußten die Verschwörer ausspielen, da sie wußten, daß ihre rein religiöse Anklage vor dem römischen Präfekten keinen Bestand haben würde. Aber nur dieser konnte das Todesurteil vollstrecken lassen. Dies behielt Rom seinen Statthaltern vor.

Jesus sah und akzeptierte nach den Berichten der Evangelien sein Schicksal. Und so wurde er in der Nacht nach dem gemeinsam mit seinen engsten Jüngern eingenommenen Passah-Mahl auf dem Ölberg von einem Trupp bewaffneter Tempelwächter verhaftet. Uneinig sind sich die biblischen Berichte, wann er angeklagt wurde, noch am selben Tag oder erst am Morgen des folgenden Tages. Jedenfalls fällte das Synhedrion nach einem kurzen Verhör das Todesurteil. Anschließend wurde Jesus dem Präfekten überstellt, der über die Vollstreckung zu befinden hatte. Pontius Pilatus sah sich in einer schwierigen Lage. Das Passah-Fest hatte wie jedes Jahr eine nach Zehntausenden zählende Menge in die Stadt gezogen. Hier bestand die Gefahr von Aufruhr. Aus diesem Grund zog der Präfekt mit seinen Truppen jedes Jahr zum Passah-Fest hinauf nach Jerusalem. Pilatus war sich seiner Lage zwischen den Parteien bewußt. Einerseits barg die Hinrichtung des Angeklagten die Gefahr eines Aufstands seiner Anhänger, andererseits würde deren Ablehnung ebenso Schwierigkeiten mit seinen Gegnern bedeuten. Der Präfekt sah eine Lösung: Da der Angeklagte Galiläer war, sollte König Herodes Antipas entscheiden. Doch dieser fand keine Schuld an Jesus und schickte ihn zu Pilatus zurück. Der Präfekt mußte nun selbst eine vertretbare Lösung des Problems finden. Er mußte dringend herausbekommen, welche Handlungsweise mehr Risiko barg: Jesus hinzurichten oder ihn freizulassen.

In dieser Lage muß Pilatus auf den Gedanken gekommen sein, die Anhänger und Gegner Jesu entscheiden zu lassen. Wie stark die Anhängerschaft des Mannes war, der sich als der Messias bezeichnete, war durch eine direkte Konfrontation mit dem Volk zweifelsfrei festzustellen. Pilatus ließ also aus den Kerkern einen schon länger inhaftierten Aufrührer holen: Jesus Barrabas. Dieser muß eine gewisse Popularität besessen haben, da gerade er ausgewählt wurde. Pilatus bot nun dem versammelten Volk an, einen der beiden Festgenommenen freizulassen. Was folgte, ist aus der Bibel bekannt: Das Volk entschied sich für Barrabas. Der Präfekt konnte Jesus den Henkern übergeben, ohne seine Anhänger fürchten zu müssen. Sie waren allem Anschein nach nicht zahlreich und einflußreich genug, um sich gegen seine Gegner durchzusetzen. Nun dem Druck der Tempelpartei sich beugend, ordnete er schweren Herzens die Hinrichtung an.

Noch im Prätorium, dem Jerusalemer Sitz des Präfekten, wurde Jesus schwer gegeißelt. 40 Hiebe des *flagellums*, einer mit drei Schnüren versehenen Peitsche, trafen seinen

Körper, wobei die an den Schnüren befestigten Bleistücke schwere Wunden verursachten. Diese Geißelung gehörte nach römischem Recht zur Strafe der Kreuzigung dazu, war also keine besondere Härte im Falle Jesu. Doch dann begannen die Soldaten den in sein Schicksal ergebenen Hilflosen zu verspotten. Bei den Legionären handelte es sich um Juden, die um der guten Besoldung und der Aussicht auf das römische Bürgerrecht von ihrem Volk abtrünnig geworden waren. Sie kühlten ihr Mütchen an Jesus. Eine aus Dornenzweigen geflochtene Haube drückten sie ihm auf das Haupt – seine Krone. Ein Rohr wurde ihm in die Hand gegeben – sein Zepter. Ein Mantel wurde ihm umgeworfen – die lächerliche Nachahmung des Königspurpurs. So machten sie sich nach den Worten der Evangelisten lustig über den Mann, der von sich gesagt hatte, er sei der König der Juden. Von dem spirituellen Inhalt seiner Lehre hatten sie wohl nie etwas gehört, nie etwas verstanden.
Nach den schweren Mißhandlungen wurde Jesus der Querbalken des Kreuzes auf die Schultern geladen, an das er geschlagen werden sollte. Die Legionäre machten sich mit ihm und zwei weiteren Verurteilten, Schwerverbrechern und Aufrührern, auf den Weg zum Hinrichtungsplatz. Sie führten die Prozession des Elends auf dem kürzesten Weg hinaus vor die Tore der Stadt, zu einem Ort namens Golgotha, der Schädelstätte. Der Weg des Kreuzes, von dem die Evangelien einige Stationen verzeichneten, wurde in christlicher Zeit Jerusalem aufgeprägt, und bis heute ziehen jeden Freitag Prozessionen mit Kreuzträgern diesen Kreuzweg, die *via dolorosa*, den Weg der Schmerzen, entlang.
An der Hinrichtungsstätte wurde Jesus niedergeworfen und an das Kreuz genagelt. Als es aufgerichtet wurde, ließ Pontius Pilatus eine Tafel anbringen. Sie trug die Inschrift »Iesus Nazarenus Rex Iudaeorum, Jesus von Nazareth, König der Juden«. Eine solche Tafel wurde jedem zum

Kreuzestod Verurteilten auf seinem letzten Weg vorangetragen, sie nannte das ihm vorgeworfene Verbrechen.
Jesus starb schnell. Drei Stunden, nachdem das Kreuz aufgerichtet worden war, kamen Legionäre, um ihm die Unterschenkelknochen zu brechen. Der Gekreuzigte würde dadurch nicht mehr in der Lage sein, sich auf dem durch seine Füße getriebenen Nagel abzustützen und so durchatmen zu können. Hing er frei an seinen Armen, bedeutete dies innerhalb kürzester Zeit den Tod durch Ersticken, da so die Muskulatur des Brustkorbs in der »Einatemstellung« fixiert wurde. Die Hinrichtung sollte abgekürzt werden, da der Tag zu Ende ging und der Leichnam nicht über den Sabbat am Kreuz hängen sollte. Doch die Legionäre fanden Jesus nur noch tot. Sie stießen mit einer Lanze in seine Seite. Als Blut und Wasser aus der Wunde traten, stand der Eintritt des Todes fest.[19] Dieser »Heilige Speer« sollte im Ersten Kreuzzug noch große Bedeutung erlangen. Den Leichnam ließ sich der jüdische Ratsherr Joseph aus der Stadt Arimathia aushändigen. Dieser veranlaßte die Beisetzung in seinem eigenen Grab. Der Tote wurde gesalbt und in ein riesiges Leintuch eingeschlagen. Dann wurde er auf die steinerne Bank im Grab des Joseph gelegt, das sich in nächster Nähe zur Hinrichtungsstätte befand. Vor den Eingang des Grabes wurde ein riesiger Stein gerollt. Hier sollte der Tote bleiben, bis einige Jahre später seine Gebeine hervorgeholt werden würden, um in einem sogenannten Ossuarium, einer Gebeinkiste, beigesetzt zu werden. Diese Form der Bestattung war zur Zeit Jesu in Palästina die übliche.
Doch das Grab blieb nicht unberührt. Das die Christenheit begründende Wunder der Auferstehung, das den Platz des Grabes über alle Orte der Welt hinaushob, fand in der Nacht auf den dritten Tag nach der Beisetzung Jesu statt. Die Evangelien berichten, am Morgen dieses Tages seien Frauen aus der Jüngerschar Jesu zum Grab gezogen, um

den Leichnam nochmals zu salben. Als sie den Ort erreichten, mußten sie feststellen, daß der riesige Stein vom Eingang des Grabes fortgerollt war. Das Grab war leer. Zurückgeblieben war nur das Leintuch. Später, so erzählen die Evangelien, berichteten die Frauen den Aposteln, ein Engel habe zu ihnen gesprochen, der verkündet habe, Jesus sei von den Toten auferstanden. Nun war es für seine Anhänger eine tiefe Gewißheit: Jesus war der Christus, der Messias, der König der Juden, der Sohn Gottes, der den Tod überwunden hatte, wie es die alten Propheten vorhergesagt hatten. Die Schrift war erfüllt.

Diese innige Glaubensgewißheit der kleinen Gemeinde strahlte in der folgenden Zeit aus, viele andere fanden sich, die sich von der Botschaft Jesu angezogen fühlten. Doch noch war die Zeit der Christen nicht gekommen, ganze 300 Jahre sollte es dauern, bis die Zeit der Verfolgungen überwunden war und die christliche Botschaft zur allein gültigen Religion im *Imperium Romanum* wurde.

Kaiser Konstantin I. der Große (Ks. 306–337), obwohl selbst kein Christ, machte das Christentum zur Staatsreligion. Er schloß alle heidnischen Tempel. Die Götterbilder wurden zerschlagen oder, wenn sie als Kunstwerk besonders bedeutend waren, nach Konstantinopel gebracht, um dort Paläste und Plätze zu schmücken. Jerusalem, das für lange Zeit nur eine von vielen orientalischen Städten des Imperiums gewesen war, wurde nun als die Stadt des Leidens Christi zu einer Pilgerstätte. Den Platz des Todes und der Auferstehung Jesu fand Kaiserin Helena (257–337), die Mutter Konstantins, persönlich. Der Ort war von Kaiser Hadrian absichtlich mit einem Venus-Tempel in der Absicht überbaut worden, um einen christlichen Pilgerverkehr zu verhindern. Doch vergaßen die Christen nie den Platz des Todes und der Auferstehung Christi. Er wurde, so berichtet Eusebius in seiner Kirchengeschichte, im Jahr 325 von Bischof Makarius im

Schutt des Venustempels von Jerusalem wiedergefunden. Kaiserin Helena ließ die Reste des heidnischen Tempels beseitigen. Die Legende berichtet auch, ganz in der Nähe des Grabes und der Kreuzigungsstätte habe die Kaiserin in einer alten Zisterne drei Kreuze gefunden, das Wahre Kreuz Christi und die der beiden Schächer. Das Kreuzesholz bildete fortan die heiligste Reliquie der Christenheit.

Die Baumeister des Kaisers machten sich nun daran, den Ort mit einem Bauwerk zu schmücken, das seinesgleichen im *Imperium Romanum* suchte. Das Grab selbst wurde aus dem Felsen herausgearbeitet, so daß es von allen Seiten bequem zugänglich war. Um diesen Felsen herum wurde ein kreisrundes Bauwerk errichtet. Dieses nannte man auf griechisch »Anastasis«, Auferstehung. Die sich daran anschließende Basilika, die den Sterbeort Jesu umfaßte, trug dagegen den griechischen Namen »Martyrion«, Ort der Marterung. Einige Schritte vom Grab entfernt war Golgotha lokalisiert worden, der Felsen, der einst das Kreuz Christi trug. Eine eigene Kapelle bewahrt bis heute diesen Ort für die Verehrung. Die Grabeskirche war entstanden. Sie sollte von nun an über die Jahrhunderte Anziehungspunkt für Pilger aus allen Teilen Europas werden. Große Beschwernisse nahmen die zumeist zu Fuß reisenden Pilger auf sich, um einmal im Leben an der Stelle zu stehen, an der Jesus Christus auferstanden war.

Dreihundert weitere Jahre waren Jerusalem Ruhe vergönnt: Die Pilgerströme rissen nicht mehr ab. Doch drehte sich das Rad der Geschichte unaufhaltsam weiter. Der Stern des einst so mächtigen Römischen Reiches sank. An allen seinen Grenzen machten sich fremde Völker daran, sich ihren Teil des sterbenden Riesen zu erobern. Auch Jerusalem blieb nicht unberührt von Eroberung und Plünderung. Mit dem Zerfall des *Imperium Romanum* wurde die Heilige Stadt ein Teil des muslimischen Herrschaftsbereiches. Die heiligste Stadt der Christen war in der Hand der Anhänger einer anderen Religion. Über 400 Jahre sollte der Name Jerusalem ein Fanal sein, eine Pilgerfahrt dorthin ein lebensgefährliches Unterfangen. Aber bisher hatte der zündende Funke gefehlt, der aus dem schwelenden Traum, die Heilige Stadt den Muslimen zu entreißen, das Feuer eines gewaltigen Krieges machen würde.

Wallfahrt in Waffen?

Das Mittelalter kannte den Begriff »Kreuzzug« noch nicht. Der zur Befreiung Jerusalems ausziehende Ritter war ein »miles Christi«, ein Streiter Christi. Bewaffnet auf eine Wallfahrt zu gehen, war am Ende des 11. Jahrhunderts keinesfalls ungewöhnlich. Der Weg war weit und gefährlich. Die Pilger waren oft in ihrem Leben bedroht durch Überfälle von Räuberbanden oder feindlichen Muslimen. So verzeichnet der Chronist Berthold von Reichenau, der die Chronik Hermanns von Reichenau weiterführte, folgende Episode für das Jahr 1065:
»Zu dieser Zeit zogen Sigifrid Erzbischof von Mainz, Wilhelm Bischof von Utrecht, Gunthar Bischof von Bamberg und Otto Bischof von Regensburg mit großer Pracht und starkem Gefolge nach Jerusalem und hatten auf dieser Reise vieles von den Heiden zu erdulden; denn sie waren sogar genötigt, sich in einen Kampf mit denselben einzulassen.«[20]
Dieser Bericht zeigt deutlich, daß man ohne weiteres bereit war, sein Leben auf der Pilgerfahrt zu verteidigen. Dies beinhaltete auch die Bereitschaft, sich den Weg zur Heiligen Stadt freizukämpfen. Unter diesem Blickwinkel ist es zum eigentlichen Kreuzzug, zur militärischen Eroberung der heiligen Stätten, nur ein kleiner Schritt.

III. BUCH

Der Kreuzzug des Volkes

Die Anfänge der Volksbewegung

In seiner Rede hatte Papst Urban II. nicht allein die Ritter als Adressaten seines Aufrufes genannt, er hatte ausdrücklich auch die Armen, die *pauperes*, angesprochen, als er sagte: »Aus diesem Grund bitte und ermahne nicht ich, sondern der Herr bittet und ermahnt euch als Herolde Christi, die Armen wie die Reichen, daß ihr euch beeilt, dieses gemeine Gezücht aus den von euren Brüdern bewohnten Gebieten zu verjagen und den Anbetern Christi rasche Hilfe zu bringen.«[21] Wenn sich schon die Ritter angesprochen gefühlt hatten, die von den sozialen Problemen ihrer Zeit und ihres Standes bedroht waren, so mußte der Aufruf erst recht bei den Armen Gehör finden.
Wenn Urban II. von einem Auftrag Gottes sprach, der auch an die Armen zur Befreiung des Heiligen Grabes erging, so enthielt dies eine sehr starke religiöse Motivierung für die Massen. Den Armen kommt nach dem Neuen Testament eine ganz besondere Stellung in der Welt zu. Sie sind es, denen der wahre Gläubige in Christi Namen helfen soll. So heißt es: »Was ihr dem Geringsten tut, das habt ihr mir getan.«[22] Aber nicht nur als Empfänger von Wohltaten hatten die Armen ihre Bedeutung in der christlichen Heilslehre, sondern sie sollten es auch sein, die, wenn sie im

Glauben fest blieben, das Reich Gottes erben sollten. »Hat nicht Gott erwählt die Armen in der Welt, die im Glauben reich sind und Erben des Reiches, das er verheißen hat denen, die ihn liebhaben?« wird im Brief des Jakobus gefragt.[23] Die Hoffnung auf dieses Erbe war es, die den Armen am Ende des 11. Jahrhunderts die Kraft gab, ihr Los zu tragen. Aber war das versprochene Erbe nicht das himmlische Jerusalem? Sollten etwa die Armen jetzt ihr Erbe antreten können, wenn sie bereit wären, um Gottes Vermächtnis zu kämpfen? Endlich würden sie den Beweis für ihren Glauben erbringen können.

Im realen Leben hatten die Armen überhaupt nichts zu verlieren. Sie waren zwar als Bauern, Tagelöhner und Handwerker die wirtschaftliche Stütze der adeligen Gesellschaft, blieben aber immer unterdrückt. Brachen Hungersnöte aus, verursacht durch Naturkatastrophen oder die endlosen Kriege des Adels, waren immer nur sie die Verlierer. Abgaben drückten, viele Mäuler waren zu stopfen, die Kindersterblichkeit war riesig. Dabei waren die Arbeitsbedingungen extrem schwer. Die Böden mußten mit schwerfälligen Pflügen bearbeitet werden und waren nach wenigen Jahren zu ausgelaugt, um noch weitere Frucht hervorzubringen. Nur langsam setzte sich die Neuerung der Dreifelderwirtschaft durch, bei der ein Drittel des zur Verfügung stehenden Bodens jedes Jahr brachliegen mußte, um sich zu erholen. An eine Verbesserung der Böden durch Düngung war kaum zu denken, nur vereinzelt war das Ausstreuen von Mist oder Asche bekannt. Das Vieh war durch die schlechte Versorgung nur klein, die Kühe gaben wenig Milch. Wie die Bauern die Abgaben erwirtschafteten, die die Grundherren jedes Jahr einforderten, interessierte die hohen Herren nicht.

Die Jahrzehnte vor dem Ersten Kreuzzug waren insbesondere für die Landbevölkerung sehr schwer gewesen. Die

Chroniken aus dieser Zeit berichten immer wieder von schweren Naturkatastrophen. So schreibt Bernold von St. Blasien zum Jahr 1077: »Sehr viel Schnee bedeckte das Reich vom 31. Oktober des vorigen Jahres bis zum 26. März dieses Jahres.«[24] Das Jahr 1085 brachte eine sehr schwere Hungersnot in Italien, bei der es selbst zu Kannibalismus kam. Bei einer folgenden Sterbewelle, deren Ursache nicht erkennbar war, kamen zwei Drittel der Bevölkerung um.[25] Im Jahr 1093 hatte es noch im Mai bis hinunter nach Lyon geschneit. Die Ernte fiel aus. Im folgenden Jahr wurde die Ernte von Regenfällen vernichtet, die Ende Juni begannen. Ebenso war es im Jahr 1095, diesmal verdorrte die Frucht am Halm, weil von Mai bis Oktober kein Regen fiel. Die hungernde Landbevölkerung wurde dazu noch von ungewöhnlichen Himmelserscheinungen geängstigt. Es begann mit Scharen von Meteoren im Herbst 1094. Zehn Tage lang zogen diese mit feurigen, rot-goldenen Spuren über den Himmel. Dann kam es 1095 zu einem besonders spektakulären Nordlicht. Aus ganz Europa, von Schottland bis Italien und von Spanien bis weit in den Osten wurde die Sichtung gemeldet.

Papst Urban II. und die von ihm beauftragten Bischöfe sollten nicht die einzigen Prediger des Kreuzzuges bleiben. Trotz aller Beschwernisse verbreitete sich die Nachricht vom Aufruf des Papstes, nach Jerusalem zu ziehen, in Windeseile an die Reichen und Armen.

Hauptsächlich stützte sich die Werbung um Zuzug für das geplante Militärunternehmen im Namen Gottes auf die Predigt. Diese Aufgabe hatten zum Teil die Bischöfe übernommen, aber auch wandernde Volksprediger. Von diesen Volkspredigern, die der Armutsbewegung der unteren Schichten nahestanden, sollte eine Wirkung ausgehen, mit der die Angehörigen des hohen Klerus nicht gerechnet hatten. Hatte schon die Ansprache Urbans II. in Clermont bei den Anwesenden ein starkes Echo gefunden, so fand die Idee des Zuges gegen die Heiden im Osten auch in den Unterschichten, bei den Bauern, Tagelöhnern, Handwerkern und Städtern, Annahme. Der aus der Pikardie stammende Prediger Peter von Amiens, allgemein als »Peter der Einsiedler« bekannt, verhalf dem Kreuzzugsgedanken bei den Unterschichten zum Durchbruch.

Dieser charismatische Prediger war den zeitgenössischen Berichten zufolge keine sonderlich anziehende Gestalt, betrachtet man sein Äußeres. Von Körperpflege hielt der Gottesmann nicht viel, und so ritt er schmutzstarrend auf seinem Esel den Haufen voraus, die ihm alsbald folgten. Schon das Mittelalter umgab Peter von Amiens mit einer Reihe von Legenden. So berichtet der Chronist Albert von Aachen, Peter von Amiens habe einst eine Pilgerfahrt zu den Heiligen Stätten unternommen. Als er in Jerusalem in der Grabeskirche vom Schlaf übermannt wurde, sei ihm in einer Vision Christus selbst erschienen. Dieser habe sein Wort an den Schlafenden gerichtet und gesagt: »Es ist an der Zeit, daß die heiligen Stätten gereinigt werden und meinen Dienern Hilfe komme.«[26]

Nach seiner Rückkehr aus dem Heiligen Land sei Peter sogleich zu Papst Urban II. geeilt und habe diesem von seiner Vision berichtet. Dies sei für den Papst der Anlaß gewesen, in Clermont zum Kreuzzug aufzurufen. Auch erzählte man sich, und auch die schriftlichen Quellen nahmen diese Geschichte auf, daß der Prediger einen Brief bei sich getragen habe, den er direkt aus dem Himmel erhalten habe. Darin sei mitgeteilt worden, die Christen könnten die Heiligen Stätten aus den Händen der Muslime befreien, wenn sie es denn nur versuchten. Selbst Abschriften dieses angeblichen Briefes wurden verbreitet.

Peter von Amiens begann seine Predigttätigkeit für den Kreuzzug schon kurz nach der Rede Papst Urbans II. Er

predigte im Berry, im Orleonais, in der Champagne und in Lothringen. Schließlich zog er, schon begleitet von einem riesigen Volkshaufen, über die Städte der Meuse und Aachen nach Trier und Köln.
Wenn seine Predigten auch den stärksten Widerhall beim einfachen Volk fanden, so schlossen sich doch auch niedere Adelige und arme Ritter dem entstehenden »Kreuzzug des Volkes« an. Auch sie waren nur schlecht oder gar nicht mit Geldmitteln versehen. Deshalb sahen sie wohl keine Möglichkeit, sich den ritterlichen Kontingenten anzuschließen. Die immer weiter zunehmende Volksmasse entglitt der Lenkung durch die kirchlichen und weltlichen Behörden. Niemand sah sich dazu in der Lage, die Armen von ihrem Vorhaben abzubringen. Daß von den Haufen Peters von Amiens keine nennenswerte Unterstützung des Kreuzzuges der Ritter zu erwarten war, stand von vornherein fest. Der nur wenig organisierten Bewegung fehlte es auch an Waffen. Die fehlenden Geldmittel sollte sich Peter auf üble Weise beschaffen.
Am 12. April 1096, dem Karsamstag, trafen Peter von Amiens und Walter Sansavoir mit einem etwa 15 000 Köpfe zählenden Gefolge in Köln ein. Die Bevölkerung der Stadt erklärte sich bereit, die mittellosen Massen zu versorgen. Doch Peter war in Geldnot. Er wußte, daß er nicht immer auf seinem geplanten Weg mit solcher Großzügigkeit rechnen konnte. Diese Geldnot gedachte er von den in den rheinischen Städten ansässigen Judengemeinden beheben zu lassen. Sie waren die geeigneten Opfer, denn sie besaßen im Gegensatz zum grundbesitzenden Adel gemünztes Gold.
Um Druck auf die Judengemeinden auszuüben, hatte Peter von Amiens das Gerücht verbreiten lassen, in Rouen sei die jüdische Gemeinde massakriert worden. Aufgrund dessen war es in einigen anderen französischen Städten zu Pogromen gekommen, die aber schnell unterdrückt wurden. Die

Warnschreiben der betroffenen Gemeinden an ihre Glaubensbrüder im Rheinland wurden recht sorglos beantwortet, noch glaubten die Juden im Deutschen Reich nicht, ebenfalls zu Opfern werden zu können: »Alle Gemeinden haben ein Fasten angeordnet, wir tun das unsrige, Gott möge uns und euch befreien aus jeder Not und Bedrängnis, denn wir sind euretwegen in großer Furcht. Was uns selbst betrifft, so brauchen wir uns nicht zu ängstigen; wir haben derartiges nicht einmal gerüchteweise vernommen, von eurer Gefahr, daß das Schwert über unserm Leben schwebe, haben wir nichts gehört.«[27] Peter ließ nun verlauten, er sehe sich nicht in der Lage, ähnliche Ausschreitungen wie in Frankreich im Reich verhindern zu können. Mit diesem Druckmittel forderte er von den französischen Juden einen Geleit- und Forderungsbrief, in dem jeder Jude aufgefordert werde, die Kreuzfahrer zu unterstützen. Mit diesem Brief in Händen konnte der französische Eremit bei den jüdischen Gemeinden in Metz, Toul, Trier, Koblenz und Köln Geld eintreiben.[28]

Peter von Amiens wollte noch einige Zeit in Köln bleiben, um auch den Deutschen den Kreuzzug zu predigen. Er versprach sich dadurch weiteren Zuzug für sein Heer. Doch Walter Sansavoir und die Franzosen wollten sogleich weiterziehen. So marschierte dieses Heer mit 15 000 Mann schon am 15. April wieder von Köln ab.[29] Damit war schon fünf Monate nach dem Kreuzzugsaufruf von Clermont das erste Heer auf dem Marsch. Dabei hielten sich Walters Haufen, gewollt oder zufällig, an den Abmarschtermin, den Papst Urban II. in seiner Rede in Clermont genannt hatte. Dort hatte es geheißen: »... wenn der Winter endet und der Frühling kommt, sollen sie fröhlich sich auf den Weg machen ...« An den in den folgenden Wochen ausbrechenden Greueln im Reich hatten diese Kontingente des Volkskreuzzuges keinen Anteil. Nur eine knappe Woche später, am

20. April, rückte auch Peter von Amiens ab. Er wurde nun von mindestens 20 000 Anhängern begleitet, die sich aus Lothringern, Rheinländern und Süddeutschen zusammensetzten, denen sich noch eine weitere kleine Gruppe von Franzosen angeschlossen hatte.[30] Selbst der deutsche Adel wollte nun nicht mehr zurückstehen. Auch Graf Hugo von Tübingen, Graf Heinrich von Schwarzenberg, Walter von Teck und die drei Söhne des Grafen von Zimmern schlossen sich dem Volksheer an. Diesen folgte am 23. April Fulcher von Orleans mit 12 000 Mann. Der aus dem Rheinland stammende Priester Gottschalk zog am 30. April mit 12 000 bis 15 000 Anhängern von Mainz aus nach Osten. Diese Armee der Armen setzte sich aus Ostfranzosen, Lothringern und Schwaben zusammen. Neben dem gewöhnlichen Volk hatten sich auch einige Ritter dem Zug angeschlossen. Gottschalk war es gelungen, sich auch mit den nötigen Geldmitteln zu versehen.
Was Peter wohl nicht ahnte, war, daß seine scharfe Hetze gegen die Juden noch die grausamsten Folgen haben sollte.

Kreuzzug gegen die Juden

Neben den Kontingenten Peters und Walters hatten sich weitere Volkshaufen gebildet, die entschlossen waren, zur Befreiung des Heiligen Grabes auszuziehen. Sie standen unter der Führung eines gewissen Mönches Folkmar, des Grafen Emicho von Leiningen und des Vizegrafen Wilhelm von Melun. Hier dominierten die Deutschen gegenüber den Franzosen. Über die Herkunft Folkmars ist nichts bekannt. Graf Emicho von Leiningen war nach Albert von Aachen ein »...vornehmer und in diesen Gegenden reich begüterter und angesehener Herr...«[31] Diese Züge sollten traurige Berühmtheit erlangen, da es schon innerhalb des Reiches zu

grausamsten Ausschreitungen gegen die jüdischen Gemeinden kam.
Die Stellung der Juden in der mittelalterlichen Gesellschaft Mitteleuropas war im 11. Jahrhundert bestimmt durch Ablehnung, Unverständnis und Ausgrenzung. Nach der Niederschlagung ihres letzten Aufstands gegen die römische Herrschaft unter Kaiser Hadrian (Ks. 117–138) im Jahr 132 waren die Juden aus ihrer Heimat vertrieben worden. In den folgenden 1000 Jahren hatten sich die Vertriebenen überall in Europa angesiedelt. Ihr strenges Festhalten an ihrem Glauben und ihren Sitten ließ sie bei den Völkern, in deren Gebieten sie sich angesiedelt hatten, als Fremde erscheinen. Schon seit der Spätantike kam als Auslöser des Hasses der Christen gegen die Juden die Ansicht hinzu, diese seien die »Mörder« Christi.
Durch die mittelalterliche Gesetzgebung wurden die Juden zunehmend aus der Landwirtschaft verdrängt und waren als Nichtchristen auch nicht lehensfähig. Daher wandten sie sich zunehmend einerseits dem Handel, insbesondere dem Fernhandel, andererseits dem Geldverleih, was den Christen verboten war, zu. Aus diesen Betätigungen erwuchs eine gewisse wirtschaftliche Bedeutung, die durch von den Königen ausgestellte Schutzbriefe gesichert werden sollte. Zunächst nur an Einzelpersonen vergeben, kamen im Laufe der Zeit auch ganze Gemeinden in den Genuß dieses Schutzes. Die Juden hatten für diese Privilegien allerdings gewisse Abgaben an die königliche Kammer zu zahlen.
Insbesondere durch den von den Predigern verbreiteten Vorwurf, die Juden seien die Mörder Christi und damit Feinde der Christenheit wie die Muslime im Osten, wurden die noch im Reich befindlichen Volkshaufen angestachelt. Den größten Anreiz für ihr grausames Tun fanden die fanatisierten Massen sicherlich in dem Reichtum der bedeutenden jüdischen Gemeinden in den Städten entlang des

Rheins. Allen voran Graf Emicho von Leiningens Haufen betrieb die Plünderungen. Weder der Schutz des Kaisers Heinrich IV. noch die schon erfolgten Zahlungen an Gottfried von Bouillon, den Herzog von Niederlothringen, brachten den Betroffenen Hilfe.

Zu ersten Drohungen gegen die Juden kam es in Trier. Hier trafen die Kreuzfahrer zu Beginn des Passah-Festes ein, das in diesem Jahr auf den 10. April fiel. Die Mitglieder der jüdischen Gemeinde suchten daraufhin Hilfe bei Erzbischof Egilbert (Ebf. 1079–1101). Den Rest des Monats blieb es in Trier ruhig, doch stand der jüdischen Gemeinde großes Leid noch bevor.

Die Juden von Speyer hatten nach den hebräischen Berichten rechtzeitig erfahren, daß die Kreuzfahrer einen Überfall am Sabbat planten. Die Kreuzfahrer rechneten wohl damit, die Juden an diesem allgemeinen Ruhetag in ihren Häusern anzutreffen. Deshalb wandten sie sich an den Bischof der Stadt um Hilfe. Bischof Johann I. (Bf. 1090–1104) half den Bedrohten tatsächlich. Er ließ die Juden in verschiedene befestigte Städte im Umland bringen. So waren sie dem Zugriff der Kreuzfahrer entzogen. Der mordgierigen Menge fielen so nur zehn oder elf Juden zum Opfer. Diese Morde ließ der Bischof aber hart bestrafen.

Auch die Juden von Worms baten ihren Bischof um Schutz, als die Horden Emichos herannahten. Dieser brachte sie in »seinen Schlössern« unter. Auch erklärten sich Christen bereit, ihren jüdischen Mitbürgern beizustehen. Viele Juden konnten auch ihre Wertsachen bei Christen in Sicherheit bringen. Mitte Mai 1096 hatten sich schon größere Gruppen von Kreuzfahrern in Worms versammelt. Die Stimmung gegen die Juden wurde durch die hier erstmals in der Geschichte auftauchende Behauptung geschürt, die Juden hätten mit einer Leiche Brunnen vergiftet.

Schließlich wurden am 18. Mai die Juden in ihren Häusern

überfallen. Wer sich nicht taufen lassen wollte, wurde gnadenlos niedergemacht. Ein großer Teil der Juden von Worms hatte sich vor den Verfolgern mit den Gemeindevorstehern in die Bischofspfalz geflüchtet. Da kam es am 25. Mai zu einem massiven Angriff der Kreuzfahrer auf die Bischofsresidenz. Die Juden konnten sich trotz tapferen Widerstands nicht halten. Um ihre Kinder vor der Taufe zu bewahren, töteten sie diese selbst. In der Mehrzahl begingen die jüdischen Verteidiger der Pfalz Selbstmord, nur wenige fielen von der Hand der Mörder. So ließ sich Isaak ben Daniel lieber enthaupten als taufen. Ein anderer junger Mann tötete noch den Neffen des Bischofs und zwei andere Christen, bevor er selbst umgebracht wurde. Am Ende der Greuel waren in Worms 800 Juden zu Tode gekommen, 400 davon sind namentlich bekannt.
Erzbischof Ruthard von Mainz (Ebf. 1088–1109) gaben die in der Stadt ansässigen Juden 300 Silberstücke. Dafür versprach er, sie unter Einsatz seines eigenen Lebens bei sich aufzunehmen und bei ihnen zu bleiben. Auch der Burggraf erklärte sich dazu bereit. Als am 25. Mai 1096 Emicho von Leiningen mit seinen Mordbrennern Mainz erreichte, blieben ihm die Tore verschlossen. Zwei Tage lagerten die Kreuzfahrer in ihren Zelten vor den Mauern der Stadt. In dieser Zeit versuchten die Juden auf den Rat ihres Oberrabbiners Kalonymos hin, Emicho mit sieben Pfund Gold und Empfehlungsbriefen an andere jüdische Gemeinden zu beschwichtigen. Währenddessen suchten aber schon viele Gemeindemitglieder Schutz beim Erzbischof. Die Juden erließen ihm einen Teil seiner Schulden und zahlten nochmals 200 Silberstücke. Von der Mauer aus predigte der Erzbischof den Kreuzfahrern, um sie von ihrem Vorhaben abzubringen. Gegen Mittag des 27. Mai konnten die Kreuzfahrer schließlich in Mainz einziehen. Die Juden im Bischofspalast bewaffneten sich und machten sich bereit zur Verteidigung.

Der Erzbischof und seine Untergebenen flohen aus der Stadt, ungeachtet der Zusage an die Juden. Den folgenden Sturm des erzbischöflichen Palastes überlebten 53 Juden. Sie hatten sich in der Sakristei oder in einem Geheimgemach versteckt. Von dort aus ließ sie der Erzbischof nach Rüdesheim bringen. Doch auch dorthin verfolgten sie die Mörder, kein Jude entkam. Nach den Quellen starben in diesen Tagen in Mainz 1014 Juden.

Nun traf die Gewalt der Kreuzfahrer auch noch die Juden von Trier. Erzbischof Egilbert von Trier ließ die Juden seiner Stadt am 29. Mai 1096 mit ihrem Hab und Gut in seine Pfalz ein, wo sie vor den Mordhaufen sicher waren. Der Erzbischof war allem Anschein nach tatsächlich entschlossen, den Juden in ihrer Not beizustehen. Dies erwies sich für ihn als gefährlich. Als er in der Simeonskirche, in der antiken *Porta Nigra*, eine Predigt zugunsten der Juden hielt, kam es zu Protesten. Eine ganze Woche konnte Egilbert das Gebäude nicht verlassen. Wegen der anhaltenden Unruhe in der Stadt um sein Leben fürchtend, verlangte der Erzbischof nun von den Juden die Taufe. Zunächst weigerten sich diese standhaft und Egilbert gewährte ihnen eine Frist, die ihnen erlaubte, noch Schawuot zu feiern, das in diesem Jahr auf den 30. Mai fiel. Nach dem Fest erging an die Juden die ultimative Aufforderung, sich taufen zu lassen. Daraufhin fielen drei jüdische Männer und ein Mädchen als Märtyrer den Kreuzfahrern zum Opfer. Nun weigerten sich alle anderen Juden, sich taufen zu lassen. Aus Furcht vor den Christen töteten einige der Juden ihre Kinder mit Messern, um sie so vor der Taufe zu bewahren. Jüdische Frauen sprangen, mit Steinen beschwert, von der Trierer Römerbrücke. Ein Teil der noch lebenden Juden erklärte sich nun zur Taufe bereit. Der Druck auf die Verfolgten muß so groß gewesen sein, daß sie willig nachgaben. Rabbi Micheas bat den Erzbischof um Belehrung im Christentum. Dieser Auf-

gabe entledigte sich der Kirchenfürst, indem er ihm und seinen Glaubensbrüdern das Glaubensbekenntnis erklärte. Dann ließen sich alle Juden Triers taufen.
Auch die in Köln lebenden Juden blieben nicht verschont. Hier befand sich eine recht große und bedeutende jüdische Gemeinde. Salomo bar Simson schreibt, Köln sei »...die schöne Stadt, welche die Gelehrtenversammlung aufnahm, dort, wo die Gelehrtenschar sich versammelte, um die Unschuld durch Unschuldige zu befördern, von wo Lebensunterhalt und bestimmter Rechtsspruch ausging für alle unsere in allen Enden verstreuten Brüder.«[32] Das Judenviertel lag an der Rheinseite der römischen Stadtmauer. Begrenzt wurde es im Westen durch den Straßenzug Unter Goldschmied, im Norden durch die Kleine Budengasse und im Süden durch die Obermarspforten. Am 29. Mai 1096 erreichten die ersten Nachrichten von den Massakern an den Gemeinden in Worms und Mainz die Kölner Juden. Sogleich kam es zu einem ersten kurzen Ausbruch von Gewalt. »Da erschrak ihnen das Herz bis zum Ausgehen des Lebens und sie flüchteten sich ein jeder in das Haus seines christlichen Bekannten und hielten sich dort auf. Des folgenden Tages, als es Morgen ward, erhoben sich die Feinde, zertrümmerten die Häuser und raubten und plünderten sie aus. Sie rissen die Synagoge nieder, holten die Thora-Rollen heraus, trieben ihren Spott damit und zerstampften sie auf den Gassen.«[33] Es wurden bei diesen Ausschreitungen allerdings nur zwei Juden auf der Straße getötet. Schutz fanden die jüdische Kaufleute bei ihren christlichen Geschäftspartnern.
Um den Schutz der Juden zu gewährleisten, entschloß sich Erzbischof Hermann III. (Ebf. 1089–1099), sie auf sieben kleinere Städte im linksrheinischen Gebiet zu verteilen. Mit einiger Sicherheit handelte es sich dabei um Neuss, Wevelinghofen, Kerpen, Altenahr, Xanten, Geldern und Moers. In diesen Orten blieben die Juden von Köln drei Wochen:

»Dort blieben sie bis zum Monat Tammus [24. Juni – 22. Juli 1096; J.D.], jeden Tag des Todes gewärtig und fasteten Tag für Tag selbst; an den zwei Neumondstagen von Tammus, die in jenem Jahre auf Montag und Dienstag fielen, fasteten sie hintereinander und auch des andern Tags.«[34]

Graf Emicho von Leinigen muß in Köln die Geduld verloren haben. Am 7. Juni 1096 verließ er mit dem größten Teil seiner Scharen Köln und machte sich auf den Zug nach Osten. Dies bedeutete aber nicht die Rettung der Kölner Juden. An ihren nur schwach befestigten Zufluchtsorten waren sie nicht wirklich sicher. Im Niederrheingebiet hatten sich inzwischen weitere Banden gebildet, denen sich auch Gruppen anschlossen, denen die Gemeinden von Worms und Mainz zum Opfer gefallen waren. Angehörige von Graf Emichos Haufen waren auch an den Morden von Metz beteiligt, wo 22 Juden den Tod fanden. Als sie Köln wieder erreichten, war Graf Emicho abgerückt.

Über den Verlauf des Pogroms in Neuss berichtet Salomo bar Simson in seiner Chronik: »An demselben Tage [24. Juni] kamen die mit dem Kreuz bezeichneten Feinde – auch noch andere kamen dazu, denn es war das Johannisfest – und versammelten sich im Dorfe Neuss. Da heiligte Mar Samuel bar Ascher und seine zwei Söhne mit ihm vor aller Augen den göttlichen Namen. Nachdem er und seine zwei Söhne erschlagen waren, trieb man noch Mutwillen mit ihnen, schleifte und stieß sie im Straßenkot umher und hängte seine Söhne an seiner Haustüre auf zum Gespötte.«[35]

Am gleichen Tag kam es auch in Wevelinghofen zu Massakern: »Männer, Frauen und Kinder, Bräutigame und Bräute, Greise und Greisinnen schlachteten sich und streckten ihren Hals zum Abschneiden hin für die Heiligung Gottes, in den rings um das Dorf befindlichen Wasserteichen.«[36] Nach dem Bericht des Salomo bar Simson überlebten nur zwei junge Männer und zwei Kinder das Massaker.

Ein Teil der Kreuzfahrer wandte sich nach Altenahr, wo sich 300 Juden befanden. In Kerpen unterblieben die Morde, aber die Juden wurden mißhandelt, und es kam zu Zwangstaufen. Insbesondere der Stadtvogt tat sich durch einen besonderen Frevel hervor. Er ließ aus Köln die Grabsteine des jüdischen Friedhofs herbeibringen und aus diesen ein Gebäude errichten. Salomo bar Simson berichtet, der Stadtvogt sei zur Strafe für diese Untat von herabfallenden Steinen des Hauses erschlagen worden. Die zweite Gruppe der Kreuzfahrer, die sich in Wevelinghofen getrennt hatten, wandte sich nach Aldenhoven. Aus dieser Stadt berichtet die Chronik: »Auch war dort ein Frommer namens R. Isac der Levit. Ihn hatte man mit schrecklichen Martern gepeinigt und dann mit Gewalt getauft; er in seinen schweren Verwundungen wußte nichts davon. Als er aber wieder zur Besinnung gekommen war, kehrte er nach drei Tagen nach Köln zurück, ging in sein Haus und ruhte eine Stunde aus; dann ging er an den Rhein und ertränkte sich im Strome.«[37] Auch in Xanten blieb kein Jude am Leben.

In Mehr versuchten die Kreuzfahrer auf hinterhältige Weise, die Juden zur Taufe zu zwingen. Sie gaukelten ihnen vor, sie hätten einige Juden getötet, in der Annahme, nun wäre es ein leichtes, von den »Überlebenden« den Übertritt zum Christentum zu erzwingen. Um Selbstmorde zu verhindern, wurden die Juden dann einzeln eingesperrt. Der nächste Tag brachte einem Teil die Taufe, dem Rest den Tod. In den Tagen vom 24. bis zum 27. Juni 1096 wurde auf diese Weise die gesamte jüdische Gemeinde Kölns ausgelöscht.

Von vielen der »Kreuzfahrer« war die Plünderung der jüdischen Gemeinden mit Sicherheit nur als eine bequeme Möglichkeit der Geldbeschaffung für die weite Reise nach Jerusalem gesehen worden.

Das Ende der Judenschlächter

Was schon am Beginn mit Mord und Brand einherging, fand auch kein gutes Ende. Zunächst wurden noch die jüdischen Gemeinden von Regensburg und Prag die Opfer der fanatisierten Kreuzfahrer.

Die Juden Prags wurden die Opfer eines von den Kreuzfahrern unter Fulcher von Orleans ausgelösten Pogroms.[38] Aus Regensburg berichtet Salomo bar Simson in seiner Chronik, die Einwohner hätten die dort ansässigen Juden zur Taufe gezwungen, als es nicht mehr möglich war, Ausschreitungen der Kreuzfahrer zu verhindern. »... die Stadtbevölkerung zwangen sie, in den Fluß [die Donau] zu gehen, und dann machte der Feind ein übles Zeichen über das Wasser – vertikal und horizontal – [das Kreuzzeichen] und beschmutzte sie alle gleichzeitig in diesem Fluß [d.h. sie wurden so getauft], weil dort eine große Menge war.«[39]

Mit seiner 12000 bis 15000 Mann starken Truppe hatte Gottschalk die Grenze nach Ungarn überschritten. Der erst 25 Jahre alte ungarische König Koloman (Kg. 1095–1116) gab die Weisung, Gottschalk und seine Leute mit Lebensmitteln zu versorgen, solange sie sich auf dem Marsch ruhig verhielten. Doch vom ersten Tag an kam es zu Plünderungen. Die Kreuzfahrer stahlen den Ungarn Wein und Gerste und töteten ihr Vieh. Als die Bauern sich dagegen zur Wehr setzten, wurden diese erschlagen. Der Höhepunkt ihrer Freveltaten war erreicht, als sie einen jungen Mann pfählten. Die Nachricht von seinem gräßlichen Tod erreichte König Koloman, der sein Heer zum Kampf gegen die Kreuzfahrer herbeirief. Die Haufen Gottschalks bewaffneten sich für den Widerstand. Schließlich wurden die Kreuzfahrer bei Stuhlweißenburg von der ungarischen Armee gestellt. Auf Seiten der Ungarn wollte man zu hohe Verluste auf der eigenen Seite vermeiden. So forderte der König die Kreuzfahrer dazu auf, ihre

Waffen niederzulegen und sich in seine Hand zu begeben, dann würden sie Gnade finden. Die Kreuzfahrer ließen sich darauf ein. Als alle entwaffnet waren, stürzten sich die ungarischen Soldaten auf die nun hilflosen Massen und schlachteten sie in einem grausamen Gemetzel alle ab. Was aus Gottschalk wurde, ist nicht bekannt.[40]

Die Haufen Folkmars, etwa 10 000 Menschen, waren unbehelligt, und ohne selbst jemanden zu behelligen, über Sachsen und Böhmen bis nach Prag gelangt. Dort hatten sie mehrere Wochen friedlich vor der Stadt kampiert. Da drangen Nachrichten von den Judenpogromen im Rheinland zu ihnen. Sie folgten dem Beispiel und metzelten am 30. Juni 1096 die jüdische Gemeinde Prags nieder. Dann marschierten sie in Richtung Konstantinopel ab. Der Haufen Folkmars fand sein unrühmliches Ende bei der ungarischen Stadt Neutra (h. Nitra). Der ungarische König ließ die plündernden Scharen gnadenlos niedermachen. Keine Quelle teilt mit, was aus den Überlebenden und was aus ihrem Anführer Folkmar wurde.

Graf Emicho von Leiningen war mit seinen Scharen den Main entlang nach Ungarn weitergezogen. In zwei Gruppen, jede mehrere tausend Mann stark, überschritt das Heer südlich und nördlich des Neusiedler Sees die Grenze zum ungarischen Königreich. Bei Wieselburg (h. Masonmagyarovar) bat der Graf um die Erlaubnis zum Durchzug. Doch König Koloman lehnte dies ab und ließ die Donaubrücke durch seine Truppen sichern. Da bauten die Kreuzfahrer in sechswöchiger harter Arbeit ihre eigene Brücke über den Strom und erzwangen den Übergang. Nun forderte Emicho König Koloman auf, mit ihm zusammen die Juden von Neutra, Wieselburg und Ödenburg (h. Sopron) auszuplündern. Der ungarische König nahm die Juden aber als seine Untertanen in Schutz. Er erklärte, den Kreuzfahrern mit Lebensmittellieferungen helfen zu wollen, wenn sie sich von Plünderungen fernhielten. Auch bestand er auf einer schnellen Durchquerung seines Landes. Drei Tage später kam es zu Übergriffen der Kreuzfahrer, bei denen ein Bauer getötet und zwei Frauen geschändet wurden, die dann starben. Der sich daraufhin entwickelnde Kampf verschärfte sich derart, daß Emichos Haufen darangingen, die Festung Wieselburg zu berennen. Die Kreuzfahrer waren militärtechnisch gut ausgerüstet. Sogar Belagerungsmaschinen standen ihnen zur Verfügung. Nun setzte König Koloman reguläre Truppen gegen die Kreuzfahrer ein. Mit Leichtigkeit konnten die unerfahrenen Haufen zersprengt werden. Nur wenige der Ritter, unter ihnen Graf Emicho, kehrten ins Deutsche Reich zurück.

Der Graf wird in keiner Quelle mehr erwähnt, sein weiteres Schicksal bleibt ungewiß. So nahm sich die Legende des Mordgrafen an. Nach seinem Tode soll er in der Gegend von Worms mit glühenden Waffen bekleidet als Geist umhergeirrt sein. Dabei habe er die flehende Bitte ausgestoßen, »man möge durch Almosen und Gebete die himmlischen Strafen mildern, die er für sein sträfliches Leben erhalten habe«.[41]

So hatten die Judenschlächter ihren Untergang gefunden, ohne auch nur die Hälfte des Anmarschweges nach Konstantinopel zu bewältigen. Doch noch immer waren die Haufen Walter Sansavoirs und Peters von Amiens auf dem Marsch.

Die Armen auf dem Marsch

Walter Sansavoir war mit seinen Haufen gut vorangekommen. Zunächst war er dem Rhein flußaufwärts bis zum Neckar gefolgt. An diesem Fluß entlang zog das Heer dann bis zur Donau, und dann diesem Strom folgend in Richtung

Osten. Schon am 8. Mai 1096 war die Grenze zu Ungarn erreicht. Die Erlaubnis zur Durchquerung seines Reiches gewährte König Koloman den Kreuzfahrern bereitwillig. Auch unterstützte er sie bei der Beschaffung von Lebensmitteln. So verging ein weiterer Monat auf dem Marsch. Dieser führte durch das westliche Ungarn in Richtung Süden. Schließlich war Ende Mai 1096 die Stadt Semlin (h. Zermun) erreicht. Gegenüber, am anderen Ufer der hier vorbeifließenden Save, lag das Byzantinische Reich.
Auf byzantinischer Seite rechnete noch niemand mit der Ankunft von Kreuzfahrern. Ein schnelles Reagieren war den byzantinischen Verwaltungsbeamten nicht möglich. Sie hatten sich bei solchen Ereignissen an den Dienstweg zu halten, was sie auch taten. Daß gerade dadurch Verzögerungen eintraten, die geradewegs in eine Katastrophe führen sollten, ahnten sie wohl nicht. Der Befehlshaber von Belgrad sandte also zunächst einen Boten in die 240 Kilometer entfernte Stadt Nisch, wo der Statthalter der bulgarischen Provinz saß. Niketas, der Statthalter Bulgariens, brachte nun seinerseits einen Boten nach Konstantinopel auf den Weg, das weitere 720 Kilometer entfernt lag. Während die Nachrichten zwischen den byzantinischen Dienststellen unterwegs waren, wurden die Kreuzfahrer unruhig. Sie brauchten dringend Lebensmittel.
Walter Sansavoir entsandte einen Boten zu Niketas mit der Bitte um Getreidelieferungen. Der Beamte sah sich aber außerstande, der Anfrage nachzukommen. Die Garnison von Nisch hatte nichts abzugeben, ohne die eigene Versorgung zu gefährden. Auch war die diesjährige Ernte noch nicht eingebracht. In dieser Lage griffen die Leute Walters zur Selbsthilfe. Das Umland von Belgrad wurde geplündert. Auch auf der ungarischen Seite der Save kam es zu gewalttätigen Auseinandersetzungen. In Semlin versuchten 16 Kreuzfahrer, einen Basar zu plündern. Die Ungarn setz-

ten sich zur Wehr, nahmen die Kreuzfahrer gefangen und schickten sie ohne Waffen und nackt über die Save nach Belgrad zu ihren Genossen. Die Waffen hängten die Ungarn an der Stadtmauer auf. Dies sollte sich wenige Wochen später bitter rächen.

Wegen der nun weiter um sich greifenden Plünderungen bei Belgrad sah sich der Befehlshaber gezwungen, mit Waffengewalt gegen die Kreuzfahrer vorzugehen. Entsetzlicher Höhepunkt dieser Kämpfe, bei denen zahllose Mitstreiter Walter Sansavoirs fielen, war die Verbrennung einer Gruppe von Kreuzfahrern in einer Kirche. Dann verließen die Kreuzfahrer Belgrad. In Nisch wurden sie von Niketas freundlich empfangen und auch endlich mit Lebensmitteln versorgt. Allerdings ließ der Statthalter die Truppen solange nicht abziehen, bis er seine Anweisungen aus Konstantinopel erhalten hatte. Als die Weisung endlich kam, wurde Walter Sansavoir mit seinen Leuten unter schärfster Bewachung nach Konstantinopel geleitet. Auf dem Marsch starb Anfang Juli Walter von Poissy, der Onkel Walters, in Philipopel. Mitte des Monats war Konstantinopel erreicht.

Noch zwei weitere Monate sollten vergehen, bis Peter von Amiens mit dem zweiten Heerhaufen eintraf. Dieser hatte Köln etwa eine Woche nach Walter Sansavoir verlassen. Diese Abteilung gilt in zahlreichen historischen Darstellungen als die tüchtigste des Volkskreuzzuges.

Peter war es nach einigen Anfangsschwierigkeiten doch gelungen, die Deutschen für den Kreuzzug zu begeistern. So waren weitere Massen seinem Heerhaufen zugeströmt. Er erwies sich auf dem Marsch als geeigneter Führer eines so zusammengewürfelten Haufens. Dabei half ihm sicherlich sein großes persönliches Charisma, aber auch sein Ruf, der eigentliche Urheber des Kreuzzuges zu sein. Die weitgehend gute Disziplin des Heeres auf dem Marsch wird aber auch den beteiligten Rittern zugeschrieben. Zahlreiche französische und deutsche Edle, darunter Grafen und Fürsten, hatten sich Peter angeschlossen. Es finden sich in den Quellen so klingende Titel wie Graf Schwarzenberg, Pfalzgraf von Tübingen und Herzog von Teck. Peter von Amiens wählte denselben Marschweg wie Walter Sansavoir vor ihm. An der Donau wählte eine kleiner Teil des Heeres den Wasserweg nach Osten. Die anderen marschierten weiter. Sie nahmen die Straße südlich des Ferto-Sees und überschritten bei Ödenburg die Grenze nach Ungarn. Das Heer kam gut voran, Historiker schätzen nach den Angaben der Quellen eine Marsch-Tagesleistung von 25 bis 30 Kilometern. Nicht alle gingen zu Fuß. Die deutschen Ritter hatten ihre Pferde, Peter selbst ritt weiterhin auf seinem treuen Esel. Insgesamt zogen mit dem Heerhaufen 2000 bis 3000 Berittene. Die Verpflegung wurde auf Wagen mitgeführt. Ganz besonders gehütet wurde aber der Wagen mit der zusammengeraubten Kriegskasse Peters von Amiens.

Auch Peter und seine Scharen wurden von König Koloman freundlich empfangen, als sie sein Reich betraten. Von Ende Mai bis in die ersten Junitage dauerte der Marsch durch Ungarn. Bei Karlovici, so wird vermutet, stießen die zu Schiff gereisten Kreuzfahrer wieder zum Haupttheer. Schließlich wurde am 20. Juni Semlin erreicht. Nur wenige Wochen zuvor hatten hier die Haufen Walter Sansavoirs Station gemacht. Nun herrschte Mißtrauen wegen der damals erfolgten Auseinandersetzungen. Der Statthalter von Semlin, seiner Abstammung nach ein ghuzzischer Türke, wollte nun alle Vorsicht walten lassen. Er suchte das Gespräch mit seinen Amtskollegen im Byzantinischen Reich. So versuchte er, die notwendigen Polizeimaßnahmen zwischen Ungarn und Byzantinern zu koordinieren. Die Kreuzfahrer ihrerseits waren mißtrauisch, da sie nicht wußten, was man mit ihnen vorhatte. Noch immer hingen die Waffen der Plünderer an der Stadtmauer von Semlin. Auch drückten die

Nachrichten vom Schicksal des Heeres und Walter Sansavoirs die Stimmung. Die Lage war also äußerst gespannt, als es im Basar von Semlin zu einem Streit kam.

Ein ungarischer Händler hatte versucht, einen von Peters Männern beim Kauf eines Paars Schuhe zu betrügen. Aus der folgenden Prügelei entwickelte sich ein Aufruhr, der schnell zu ernsthaften bewaffneten Auseinandersetzungen führte. Gottfried Burel machte sich zum Führer der Haufen, die schließlich mit geballter Macht Semlin angriffen. Die Zitadelle wurde von den Kreuzfahrern erstürmt. Im Verlauf der Kämpfe fielen 4000 Ungarn, und die Vorratslager der Stadt wurden geplündert. Dagegen hatten die Kreuzfahrer nur 100 Mann verloren.

Zu dem Massaker hatte es wohl nur kommen können, weil Peter von Amiens zu diesem Zeitpunkt mit einer Vorhut bereits die byzantinische Grenze überschritten hatte. Die Sieger von Semlin wußten, daß sie nun zusehen mußten, Ungarn zu verlassen. Von überallher schafften sie Holz heran, um daraus Flöße zur Überquerung der Save zu bauen. Der Belgrader Statthalter Niketas verfolgte die Bemühungen der Kreuzfahrer mit Sorge. Er erteilte seinen petschenegischen Soldtruppen den Befehl, die Kreuzfahrer nur an einer bestimmten Stelle über den Fluß zu lassen. Er sah aber auch, daß er zuwenig Truppen hatte, um der Kreuzfahrer Herr zu werden. So verließ er Belgrad und begab sich nach Nisch. Dies war für die Bevölkerung Belgrads das Signal, die Stadt ihrerseits zu verlassen und in die Berge zu fliehen. Am 26. Juni 1096 erzwangen sich die Kreuzfahrer gegen den hartnäckigen Widerstand der Petschenegen-Kämpfer den Übergang über die Save. Die Petschenegen kämpften verzweifelt, um ihre Befehle einzuhalten. Doch die Übermacht der Kreuzfahrer war zu groß. Auf dem Fluß kam es zu Kämpfen, bei denen einige der petschenegischen Kähne versenkt wurden. Die Besatzungen wurden getötet. Die Kreuzfahrer gewannen das byzantinische Ufer. Belgrad, verlassen wie die Stadt war, stellte eine einzige Einladung zur Plünderung dar. Als alles zusammengerafft war, steckten die Kreuzfahrer die Stadt in Brand. Dann machten sich die Haufen wieder auf den Weg. Als sie am 23. Juli Nisch erreichten, schickte Peter von Amiens eine Botschaft an Niketas und verlangte die Versorgung des Heeres mit Lebensmitteln. Dies wurde gegen die Stellung von Geiseln gewährt. Gottfried Burel und Walter von Breteuil begaben sich freiwillig in die Hände der Byzantiner. Die Lage beruhigte sich augenblicklich. Die Bevölkerung von Nisch verkaufte den Kreuzfahrern so viele Vorräte, wie sie brauchten, während die Ärmsten sogar Almosen erhielten.

Ein Ende mit Schrecken

Peter von Amiens erlangte in Konstantinopel die Ehre einer Audienz bei Kaiser Alexios I. Den Rat des Kaisers, das Eintreffen der zu erwartenden ritterlichen Truppen abzuwarten, schlug er aus.[42] Seine Haufen waren unruhig, sie waren begierig, sich den Ungläubigen zum Kampf zu stellen. Sie interessierte nur ein baldiger Aufbruch. Als es zu Plünderungen in den Vorstädten von Konstantinopel kam, setzten die Byzantiner das Volksheer eiligst über den Bosporus. Dies geschah am 6. August 1096, es waren noch neun Tage bis zum offiziellen Aufbruch der Ritterheere.
Auf der asiatischen Seite des Bosporus angekommen, zog das Volksheer über die Stadt Nikomedia zu dem Heerlager Kibotos, das die Kreuzfahrer Civetot (h. Hersek) nannten. Dieses Lager hatte der Kaiser ursprünglich für seine englischen Soldtruppen anlegen lassen.
Nun befanden sich die Kreuzfahrer in nächster Nähe des

seldschukischen Einflußgebietes. Nikaia, die Hauptstadt des Seldschuken-Sultanats war nur 40 Kilometer entfernt. Die Volkshaufen sahen sich verleitet, in das Sultanat einzufallen. So zogen Mitte September zuerst die Franzosen los und kehrten mit großer Beute aus der Umgebung der Stadt zurück. Die Deutschen wollten das verwegene Bubenstück Ende September wiederholen und rückten mit 6000 Mann ab. Geführt von dem Ritter Reinhold stießen sie etwa 8 Kilometer über Nikaia hinaus vor bis zu der Burg Xerigordon. Doch hier wurden sie am 29. September von den Seldschuken eingeschlossen. Acht Tage hielten die Deutschen unter Durstqualen in der Festung aus, die über keine eigene Wasserversorgung verfügte. In ihrer Verzweiflung versuchten die Belagerten jedes Quentchen Wasser nutzbar zu machen, das sie nur finden konnten. Alle Gedanken an Ekel wurden beiseite geschoben: »Und die unseren erduldeten vor Durst so viel, daß sie die Adern ihrer Pferde und ihrer Esel öffneten, um das Blut zu trinken; andere warfen Gürtel und Tücher in die Latrinen und drückten die Flüssigkeit in ihre Münder; weitere urinierten in die Hand eines Kameraden und tranken sofort; wieder andere gruben feuchte Erde aus, legten sich hinein und breiteten die Erde über ihre Brust, so groß war die Glut ihres Durstes.«[43]

Am Ende ergaben sich die verzweifelten Kreuzfahrer. Die Seldschuken ließen ihnen die Wahl: Schworen die Christen ihrem Glauben ab, blieben sie am Leben, ansonsten drohte der Tod. Reinhold schwor ab und ging mit zahllosen anderen in Gefangenschaft nach Khorassan, Antiochia und Aleppo.[44] Sie wurden auf den Sklavenmärkten verkauft. Die Seldschuken griffen nun zu einer List, um auch noch die übrigen Kreuzfahrer zum Kampf zu verlocken. Sie sandten Spione nach Civetot, die verbreiteten, die Deutschen hätten Nikaia erobert und reiche Beute gemacht. Nur mit Mühe

gelang es den besonneneren Führern, die Massen von einem unüberlegten Zug gegen Nikaia abzuhalten.
Peter von Amiens war gerade zu Verhandlungen in Konstantinopel, als in Civetot endlich die Nachricht von der völligen Vernichtung der Deutschen eintraf. Außerdem hieß es, das Heer der Seldschuken rücke auf das Feldlager vor. Walter Sansavoir, Graf Hugo von Tübingen und Walter von Teck rieten zur Besonnenheit und wollten auf Peter von Amiens warten. Doch sie wurden überstimmt.
So rückte am 21. Oktober 1096 das gesamte restliche Heer gegen die Seldschuken aus. Etwa sechs Kilometer von Civetot entfernt, in der Nähe des Dorfes Drakon, kam das Ende. Die Seldschuken hatten sich hier in einer engen Schlucht in den Hinterhalt gelegt. Der Pfeilregen löste bei den Marschierenden Panik aus. Kopflos floh alles zurück nach Civetot. Die Seldschuken verfolgten die Kreuzfahrer bis ins Lager, wo sie alle gnadenlos niedermachten. Die Seldschuken kannten keine Gnade: »Sie fanden die einen schlafend vor, die anderen völlig nackt und sie brachten alle um. Ein Priester, der die Messe feierte, fand den Märtyrertod auf dem Altar.«[45] Gegen Mittag war alles vorbei. Die wenigen Überlebenden wurden von den Seldschuken zusammengetrieben und nach Khorassan und Persien verschleppt.
Die so hoffnungsvoll aufgebrochenen Kreuzfahrer wurden völlig aufgerieben. Hier in Anatolien, unter den Säbeln der seldschukischen Reiterkrieger, endete die Hoffnung, daß das einfache Volk von Gott dazu berufen gewesen sei, das Heilige Grab aus den Händen der Ungläubigen zu befreien. Ihr Glaube hatte den Kämpfern des Volksheeres nichts genutzt. Als die siegreichen Seldschukenkrieger das Schlachtfeld verließen, war der Plan bedeckt mit Tausenden von Leichen. Die Knochen der tapferen Armen sollten noch in der Sonne bleichen, als die ersten Ritterkontingente Xeri-

gordon erreichten. Keiner, auch der byzantinische Kaiser nicht, hatte es gewagt, zurückzukehren, und sie beizusetzen.

Nur 3000 Menschen entkamen dem Massaker und den seldschukischen Sklavenjägern von Civetot. Sie hatten sich auf der Flucht vor ihren Verfolgern in einem verlassenen Schloß verbarrikadiert. Die Seldschuken bestürmten die Kreuzfahrer auch dort. Ein Byzantiner rettete die Eingeschlossenen, der mit seinem Boot nach Konstantinopel hinüberfuhr und dort von den Geschehnissen auf der asiatischen Seite des Bosporus berichtete. Der Kaiser sandte sofort eine Flotte aus. Als die Schiffe in der Höhe des Schlosses eintrafen, gaben die Seldschuken ihre Belagerung auf. Die Überlebenden des »Volkskreuzzuges« wurden per Schiff nach Konstantinopel in Sicherheit gebracht.

Raimund von Aguilers sollte Jahre später in seiner Chronik Alexios I. vorwerfen, an Peter von Amiens und seinen Leuten Verrat begangen zu haben. Er schreibt, der Kaiser habe die bäuerlichen Kreuzfahrer, die mit der Kampfweise der Seldschuken nicht vertraut waren, dazu gedrängt, über den Bosporus zu setzen, ohne ihnen dann den nötigen Schutz zu gewähren.[46] Dabei hatte der Kaiser Peter und seinen Scharen dringend dazu geraten, auf die Ritterheere zu warten.

Peter von Amiens hatte sich zu Verhandlungen in Konstantinopel aufgehalten, als seine Haufen zu ihrer letzten Schlacht auszogen. So entkam er als einer der ganz wenigen dem Massaker. Das Schicksal hatte ihn für den Kreuzzug der Ritter aufgespart.

IV. BUCH

Konstantinopel: Der Weg in den Krieg

Ritterheere auf dem Marsch

Als sich die Haufen des Volkskreuzzuges schon auf ihrem Marsch nach Osten befanden, waren die ritterlichen Kreuzfahrer noch mit den Vorbereitungen ihres Abmarsches beschäftigt. Als Abzugstermin war vom Papst das Fest Mariä Himmelfahrt, der 15. August 1096, festgesetzt worden. Bis dahin wurden weitere Truppen geworben, Eigentumsverhältnisse geregelt und sonstige Vorbereitungen getroffen. Die Kreuzfahrer sammelten sich nicht alle an einem Ort, sondern es waren die Gebiete der großen fürstlichen Kreuzzugsführer, von denen aus sich die Kontingente in Bewegung setzten.

Der Volkskreuzzug war völlig ungeplant entstanden, aber auch einzelne Kontingente der Ritterheere waren in den Plänen des Papstes ursprünglich wohl nicht vorgesehen. Betrachtet man die von Urban II. direkt angesprochenen Kreuzzugsteilnehmer, dann zeigt sich deutlich, daß er die Unternehmung in erfahrene Hände legen wollte. Allen voran ist Raimund von Toulouse zu nennen. Er hatte große Erfahrung im Kampf gegen die Heiden. Verheiratet mit Elvira, der Tochter des Königs Alfons VI. von Kastilien und León (Kg. 1072–1109), hatte er in Spanien schon vor langen

Jahren gegen die Almoraviden gekämpft. Stolz verwies der südfranzösische Graf darauf, daß er dabei in einem Zweikampf ein Auge verloren hatte.

Daneben hatte Urban II. wohl auch die Normannen Italiens als Teilnehmer am Kreuzzug ausersehen. Sie hatten seit Beginn des 11. Jahrhunderts gegen die Araber gekämpft. Er verfolgte dabei sicher auch den Gedanken, daß Robert Guiskard und seine Söhne auch einige Erfahrungen mit den Byzantinern gesammelt hatten. »Die Normannen stellten also die Vorhut der lateinischen Welt den Ungläubigen wie den griechischen Schismatikern gegenüber dar«, schreibt der französische Kreuzzugshistoriker René Grousset.[47] Ende Dezember 1095 adressierte Urban II. eine Bulle an die Fürsten und das Volk von Flandern, in der er den 15. August 1096 als Tag des Aufbruchs zum Zug nach Jerusalem festsetzte.

Aber auch die italienischen Seestädte Genua und Pisa erhielten Einladungen, mitzuziehen. Pisa war 1004 und 1011 von arabischen Korsaren geplündert worden, aber den Pisanern war es im Gegenzug schon im Jahr 1015 gelungen, den Arabern die Insel Sardinien abzunehmen. Eine gemeinsame Aktion von Pisa und Genua war der von Papst Victor III. (PM 1086–1087) veranlaßte Angriff auf Tunis gewesen. Dabei gelang es den vereinten Armeen der beiden Städte, die Stadt Mehedin zu erobern, wobei etliche christliche Gefangene befreit werden konnten. Erzbischof Daimbert von Pisa, der nach dem erfolgreichen Ende des Kreuzzuges noch eine große Rolle in der Politik des Heiligen Landes spielen sollte, war auf dem Konzil von Clermont anwesend gewesen.

Diese Gruppen waren offensichtlich die von Urban II. bevorzugten Träger des Kreuzzuges. Doch hinzu kamen weitere Gruppen. So folgten dem Aufruf auch die Nordfranzosen und die Lothringer. Noch im September 1096 gingen weitere Briefe Urbans II. an die Städte Bologna und Pavia.[48]

Seit Anfang des Jahres 1096 bildeten sich fünf größere Heeresgruppen für den Zug nach Konstantinopel. Das Heer der Südfranzosen führte Graf Raimund von Toulouse, Herzog Gottfried von Bouillon sammelte seine Lothringer um sich und der Normanne Boemund von Tarent schwor seine italischen Normannen auf das Kreuz ein. Ein viertes Heer bildete sich in Nordfrankreich und wurde geführt von Graf Robert II. von Flandern, Herzog Robert von der Normandie und dem Grafen Stephen von Blois. Ein relativ kleines fünftes Heer führte Hugo von Vermandois, der Bruder des französischen Königs.
Aber nicht jeder durfte einfach mit den Ritterheeren ziehen. Selbst Adelige konnten es sich nicht aussuchen, wie die Teilnahme zahlreicher Angehöriger der oberen Stände am Kreuzzug des Volkes zeigte. Ausschlaggebend war das Vermögen des Teilnehmers. Jeder mußte sich selbst versorgen können, der nicht als Angehöriger des Heeres eines der großen Fürsten mitziehen wollte.
Eine ganz besondere Gruppe von Kreuzzugsteilnehmern bildeten die Frauen. Zunächst hatten die kirchlichen Instanzen versucht, die Teilnahme von Frauen an diesem heiligen Kriegszug völlig zu unterbinden. Doch dies schlug fehl. So berichtet Albert von Aachen, daß »... wohl viele Tausende von Frauen und Kindern...« auf dem Zug dabei waren. Einige Frauen verkleideten sich sogar als Männer, um nicht aufzufallen.[49]

Allen voran: Der Bruder des Königs

Den französischen König Philipp I. (Kg. 1060–1108) hatte Urban II. als Teilnehmer seines Kreuzzuges nicht im Auge gehabt. Mit den Beschlüssen des Konzils von Clermont hatte er dem Herrscher deutlich gezeigt, wie er über dessen

Verhalten dachte. Der Bann zeigte allerdings Wirkung. Schon im Juli des Jahres 1096 unterwarf sich Philipp I. dem Papst. Und sein Bruder, Graf Hugo von Vermandois, brach Mitte August 1096 mit einem kleinen Heer nach Konstantinopel auf. Sein Kommen hatte er in einem Brief an Alexios I. angekündigt. Darin ließ er den Kaiser wissen, daß er einen Empfang entsprechend seinem Rang erwartete.[50] Sein Weg führte Graf Hugo zunächst bis Rom. Hier erhielt er von Papst Urban II. die Standarte Petri. Diese Auszeichnung betonte er in einem zweiten Brief an den byzantinischen Kaiser.[51] Weder Bischof Adhémar von Le Puy noch Graf Raimund war diese Ehre zuteil geworden. Graf Hugo sollte auf dem ganzen Zug trotzdem unbedeutend bleiben. Auf dem Weg schlossen sich ihm noch einige Normannen Süditaliens und weitere französische Ritter an. Die Franzosen waren Überlebende des Untergangs von Graf Emichos Armee bei Wieselburg. Von Bari aus sandte Graf Hugo 24 Ritter nach Dyrrhachion voraus, um sein Kommen zu melden. Dann stach er im Oktober selbst in See. Der Chronist Fulcher von Chartres schildert knapp das Schicksal des französischen Prinzen: »Als erster der Helden kreuzte er das Meer, landete mit seinen Männern bei der Stadt Durazzo, aber unüberlegt mit einer kärglichen Armee abgereist, wurde er dort von der Stadtbevölkerung ergriffen und zum Kaiser nach Konstantinopel gebracht...«[52] Bei der Überfahrt mit seiner Flotte geriet er in einen Sturm und erlitt Schiffbruch. Graf Hugo selbst wurde nahe Dyrrhachion an den Strand gespült. Dort las ihn Johannes Komnenos, der Neffe Alexios I. und Statthalter der Hafenstadt, auf. Der Schiffbrüchige wurde zwar freundlich behandelt, doch der Bruder des französischen Königs war praktisch ein Gefangener des Johannes Komnenos. Schwer bewacht ließ Alexios I. den Franzosen schließlich nach Konstantinopel bringen.

Lothringen für das Kreuz

Eines der größten Heere machte sich von Lothringen aus auf den Marsch. An seiner Spitze stand Gottfried von Bouillon. Der Herzog von Niederlothringen stammte aus dem Haus der Grafen von Boulogne und stand am Beginn des Kreuzzuges im 36. Lebensjahr. Im Jahr 1087 hatte ihn Kaiser Heinrich IV. zum Herzog von Niederlothringen ernannt. Um den Kreuzzug zu finanzieren, verkaufte Gottfried die beiden Familiengüter Stenay und Mousay zwischen Verdun und Sedan. Der Käufer war der Bischof von Verdun, mit dem er lange Zeit um den Besitz dieser Güter gestritten hatte. Den »Pay de Bouillon« östlich von Sedan im heutigen Belgien, verpfändete er an den Bischof von Lüttich. Sich und seinen Erben behielt er aber das Auslösungs- oder Rückkaufsrecht ausdrücklich vor. Auch verzichtete Gottfried nicht auf sein Herzogtum. Er suchte beim Kaiser um die Erlaubnis zum Verlassen des Reiches nach, wie es ihm als Vasallen vorgeschrieben war. Und so ernannte der Kaiser auch erst nach dem Tode Gottfrieds einen neuen Herzog für Niederlothringen.

Der Reichtum Gottfrieds von Bouillon war so groß, daß er ein recht ansehnliches Kontingent an Rittern und Vasallen für den Zug nach Jerusalem zusammenstellen konnte. Begleitet wurde er auch von seinen Brüdern Balduin und Eustachius III. Graf von Boulogne. Balduin war ursprünglich für eine kirchliche Laufbahn vorgesehen gewesen. Als aber in den Jahren zwischen 1076 und 1078 die Kirchenreform die Ansammlung von Pfründen verbot, verzichtete Balduin auf diesen Lebensweg. Durch eine im Jahr 1076 erfolgte Erbteilung leer ausgegangen, versuchte er durch die Heirat mit Godvère von Tosni, die aus einer der führenden Familien der Normandie stammte, sein Auskommen zu sichern. Eine Zeitlang lebte er auf dem Sitz seines Schwiegervaters. Nach Lothringen kehrte er wegen der Grafschaft Verdun zurück, die er auf Bitte seines Bruders vom Bischof von Verdun erhalten hatte. Als es zum Kreuzzug kam, entledigte er sich alsbald wieder dieses Lehens. Völlig ungesichert gegen die Wendungen der Zeitläufte folgte er seinem Bruder Gottfried aber nicht. Er nahm seine Frau Godvère und seine Kinder mit auf den Zug, als lebendes Unterpfand für seine normannische Erbschaft.

Das Heer des Herzogs von Niederlothringen brach Mitte August 1096, also zum vorgesehenen Termin, auf. Schon auf dem Weg von der ungarischen Grenze nach Nisch war es von Abgesandten des Kaisers empfangen worden. Bei sich hatten sie einen wohlwollenden Brief des Herrschers, in dem dieser darauf drängte, Plünderungen zu unterlassen.

Von Nisch aus zog Herzog Gottfried schließlich über Adrianopel nach Silivri, wo er ein Lager aufschlagen ließ. Die folgende Woche sah die Plünderung des umliegenden Landes durch seine Truppen. Zwei Boten wurden daraufhin zu Gottfried gesandt, die ihn nach Konstantinopel riefen. Der Herzog von Niederlothringen erreichte die Stadt am 23. Dezember 1096. Zwischen den Kirchen St. Kosmidion und St. Phokas am Goldenen Horn schlugen die Kreuzfahrer ihre Zelte auf.

Toulouse! Toulouse!

Ein weiteres Kreuzfahrerkontingent bildete sich in Südfrankreich. Gestellt wurden die Truppen in der Hauptsache von Provençalen und Burgundern. An der Spitze dieses Heeres stand Raimund von Saint Gilles, der Graf von Toulouse. Als der reichste aller Kreuzfahrer, ihm unterstanden 13 Grafschaften, konnte er allein aus seinen Vasallen eine stattliche Kampftruppe zusammenstellen. Er war es ge-

wesen, der sich als erster Fürst bereit erklärt hatte, den Zug zu unternehmen. Diesem Heer gesellte sich auch Adhémar von Monteil, der Bischof von Le Puy, zu, der vom Papst zum Kreuzzugslegaten ernannt worden war. Der im 55. Lebensjahr stehende Raimund mag sich deshalb Hoffnungen darauf gemacht haben, als weltlicher Führer des Kreuzzuges anerkannt zu werden. Diese Hoffnungen sollten sich aber zerschlagen.
Seine dreizehn Grafschaften übergab Raimund seinem Sohn Bertrand. Seine Frau Elvira mußte ihn auf dem Zug begleiten, auf dem sie ihrem Gemahl den zweiten Sohn gebar. Nach dem Zeugnis Williams von Malmesbury leistete Graf Raimund den Eid, nie mehr in die Heimat zurückzukehren. Von allen Kreuzzugsführern war der Graf von Toulouse sicherlich derjenige, dem am wenigsten materielle Gründe für die Kreuznahme nachgesagt werden können. Als Kaplan diente dem Grafen Raimund von Aguilers, der eine Chronik des Zuges schrieb.
Der Aufbruch des südfranzösischen Heeres zog sich hin. Erst im Oktober 1096 verließen die Kontingente das Land. Wie Raimunds Truppen auf den Balkan gelangten, ob über See oder zu Land, ist nicht bekannt. Der Bericht des Raimund von Aguilers setzt erst mit der Schilderung des Marsches durch Dalmatien ein, das er »Sclavonia« nennt. Der Marsch war äußerst beschwerlich, denn die Kreuzfahrer wurden ständig von den Einwohnern bedrängt, die den Zug immer wieder überfielen. Als es Graf Raimund gelang, einige der Räuber gefangenzunehmen, ließ er an ihnen ein grausames Exempel statuieren. Er »...gab einen Befehl, einigen der Gefangenen ein Auge auszureißen, anderen die Füße abzuschneiden und wieder anderen Nase und Hände zu verletzen und sie im Stich zu lassen«.[53] Unter diesen Umständen dauerte der Marsch bis Skutari (h. Shkodër) in Albanien 40 Tage.

Der slawische König erlaubte den Kreuzfahrern, sich Lebensmittel zu beschaffen. Doch dies bedeutete nicht, daß die heidnischen Einwohner ihre Überfälle unterließen. Der albanischen Küste folgte das Heer bis nach Dyrrhachion, wo es Anfang Februar 1097 eintraf. Obwohl nun auf dem Boden des Byzantinischen Reiches, hielten die Überfälle weiter an. Es gelang Johannes Komnenos, dem Statthalter von Dyrrhachion, nicht, dies zu verhindern. Graf Raimund hatte zwar von Alexios I. Briefe erhalten, die ihm »Sicherheit und Brüderlichkeit« zusagten, »aber dies waren leere Worte, weil vorne und hinten, zur Rechten und zur Linken, Türken, Kumanen, Ghuzzen und zähe Völker – Petschenegen und Bulgaren – wartend uns auflauerten«, schreibt Raimund von Aguilers.[54]

Der Marsch folgte nun der alten römischen Heerstraße, die unter dem Namen *Via Egnatia* bekannt war. Auf dem Weg brach der harte Balkanwinter über die Truppen herein. Die Disziplin im Heer blieb allein durch Graf Raimunds fähige Führung erhalten. Es kam zu Geplänkeln zwischen den Kreuzfahrern und den sie begleitenden petschenegischen Regimentern. Als sich eines Tages Bischof Adhémar von Le Puy vom Lager entfernte, um einen bequemen Lagerplatz für sich zu finden, wurde er von einem Trupp Petschenegen umzingelt. Die Räuber rissen den Bischof von seinem Maultier, entkleideten ihn und schlugen ihn auf den Kopf. Einer der Räuber, der von Adhémar Gold erpressen wollte, rettete ihm das Leben. Als der Lärm des Überfalls im Lager gehört wurde, machten sich einige Kreuzfahrer auf und retteten den Bischof. Adhémar war so schwer verletzt, daß er in Thessaloniki zurückgelassen werden mußte. Am 12. April 1097 erreichten die Marschkolonnen die Stadt Roussa (h. Kestian), »... eine Stadt, wo die offene Verachtung der Einwohner unsere übliche Nachsicht derartig beschmutzte, daß wir zu den Waffen griffen, den äußeren

Wall niederbrachen, große Beute machten und die Kapitulation der Stadt annahmen«, wie Raimund von Aguilers berichtet.[55]
Nach der Plünderung von Roussa ging der Marsch weiter. Vier Marschtage vor Konstantinopel erreichte Graf Raimund mit seinem Heer die Stadt Rodosto (h. Tekirdagh). Nun gingen die byzantinischen Truppen zum Angriff über. Doch es gelang den Provençalen, diese zu schlagen. Die französischen Kreuzfahrer schlugen bei der Stadt ihr Lager auf. Hier stießen die Boten wieder zum Heer, die Graf Raimund einige Zeit zuvor nach Konstantinopel gesandt hatte. Sie brachten Nachricht von den schon in Konstantinopel eingetroffenen Kreuzzugsführern. Diese baten den Grafen von Toulouse darum, mit Kaiser Alexios I. einen Vertrag zu schließen, der sich unter Umständen als Führer der Unternehmung des Kreuzzugs anschließen würde. Die Fürsten drangen darauf, daß Graf Raimund schnellstens zu den Verhandlungen nach Konstantinopel käme. So eilte Graf Raimund voraus.
Als seine Truppen am 27. April 1097 endlich nach Konstantinopel ziehen konnten, hatten die byzantinischen Einheiten ihnen nochmals schwer zugesetzt.

Vom Wikinger zum Streiter Christi

Unter der Führung des in Süditalien ansässigen Normannen Boemund von Tarent sammelte sich ein weiteres Heer. Er war dort einer der mächtigsten Feudalherren. Allerdings war er ohne eigenen Territorialbesitz.
Im Jahr 1040 hatten die sechs Söhne des Normannen Tankred von Hauteville die Macht in der apulischen Stadt Melfi ergriffen. Der ständige Landhunger ihres aus dem Norden Europas ausziehenden Volkes hatte sie bis nach Italien ge-

bracht. Und so sahen sie die Chance, hier, an der äußersten Grenze byzantinischer Macht im westlichen Mittelmeer, eine eigene Herrschaft begründen zu können. Konstantinopel war weit, und die inneren Schwierigkeiten des Byzantinischen Reiches waren gewaltig. So konnten die Nordmänner erwarten, keine allzu großen Schwierigkeiten bei der Behauptung ihres frech angemaßten Fürstentums zu haben. Auch konnten die Brüder auf die Unterstützung der zwei mächtigsten Herren in Westeuropa hoffen: Papst und Kaiser war es zu dieser Zeit gerade recht, wenn sich eine dritte Macht in die Auseinandersetzungen mit den Byzantinern einschaltete. Kaiser Heinrich III. (Ks. 1046–1056) sah die Chance, auf diese Weise eine Provinz unter Kontrolle zu bekommen, auf der schon lange sein begehrlicher Blick ruhte. Dem ersten Fußfassen der Normannen folgte eine stetige Expansion, so daß nach nur zwölf Jahren der normannische Einflußbereich in Italien bis nach Kalabrien und an die Küste Apuliens reichte. Nun wurden die Normannen nicht nur den Byzantinern zu mächtig. Der Papst, nunmehr Leo IX. (PM 1049–1054), setzte im Sommer 1053 ein Heer gegen sie in Marsch. Noch bevor sich diesem ein angekündigtes byzantinisches Kontingent anschließen konnte, besiegten die Normannen die päpstlichen Truppen. Der Papst geriet in Gefangenschaft. Von nun an wandelte sich die päpstliche Politik gegenüber den Normannen.
Schon im Jahr 1059 wurde Robert Guiscard (R. »das Wiesel«) von Papst Nikolaus II. (PM 1058–1061) als »Herzog von Apulien und Kalabrien« anerkannt. Unter dem Schutz der Kirche setzte Robert seine Eroberungen fort und hatte die byzantinischen Besitzungen bis zum Jahr 1060 auf Bari zusammenschmelzen lassen. Dieses fiel im März 1071 den Normannen in die Hände. Das Byzantinische Reich hatte damit alle italienischen Besitzungen verloren.
Die Byzantiner hatten diese Schmach zu tragen. In Anato-

lien waren ihnen mit der Expansion der Seldschuken Probleme erwachsen, die weitaus schwerwiegender waren als die Gebietsverluste im Westen.

Robert Guiscard hatte verfügt, daß Boemunds jüngerer Bruder, Roger Borsa, seine Nachfolge in Italien antreten solle, Boemund aber die normannischen Gebiete östlich der Adria erben sollte. Doch als er im Jahr 1085 starb, ging Boemunds hart umkämpftes Erbe wieder an das Byzantinische Reich verloren. Boemund stand somit ohne eigene Herrschaft da. Die einfachste Lösung dieses Problems bestand für ihn darin, seinem Halbbruder Roger Borsa das Herzogtum Apulien zu entreißen. Der Bruderkrieg brach los. Als es Roger von Sizilien, dem Onkel der beiden, gelang, die Streithähne zu beruhigen, hatte Boemund schon Tarent und das Gebiet von Otranto erobert. Der Bruderzwist konnte soweit beigelegt werden, daß Boemund im Sommer 1096 mit seinen Gefolgsleuten seine Familie bei der Belagerung der aufständischen Stadt Amalfi unterstützte. Vom Kreuzzugsaufruf war bis dahin anscheinend noch keine Nachricht nach Süditalien vorgedrungen.

Eines Tages kamen bei der belagerten Stadt »unzählbare christliche Scharen aus Frankreich, zum Grabe des Herrn ziehend und bereit zum Kampf gegen die heidnischen Völker...« an.[56] Boemund ließ nach ihren Waffen, ihrem Ziel und ihrem Kampfruf fragen. So erfuhr er, daß sie die zum Krieg notwendigen Waffen hätten, als Zeichen das Kreuz auf einer oder beiden Schultern trügen und ihr Kampfschrei »Deus vult!« sei. Da ergriff den normannischen Kriegsmann die Begeisterung für das gewagte Unternehmen. Sogleich traf er den Entschluß, sich mit seinen Leuten dem Kreuzzug anzuschließen. »Hierauf befahl er, vom Heiligen Geist aufgereizt, einen sehr wertvollen Mantel, den er trug, zu zerschneiden, und verteilte auf der Stelle den ganz zu Kreuzen zerschnittenen Mantel.«[57]

Dem vierzigjährigen Boemund war die Entscheidung für den Kreuzzug wohl recht leichtgefallen. Er rechnete auf die Gewinnung einer eigenen Herrschaft im Orient, die seinen Ansprüchen entsprach. Ihm wurde nachgesagt, und so schildern ihn auch die Quellen, er habe wenig von einem Kreuzfahrer, aber dafür um so mehr von einem von Unrast und Machtgier getriebenen Normannen an sich gehabt.
Boemund von Tarent zog nicht allein davon. In seinem Gefolge befand sich sein junger Neffe Tankred. Begleitet wurde der Zug auch von einem unbekannten Chronisten, dessen Bericht mit dem Titel »Gesta Francorum« eine der wichtigsten Quellen für den Verlauf des Ersten Kreuzzuges werden sollte. Die Adria überwanden die Normannen per Schiff. Von der dalmatischen Küste aus setzten auch sie ihren Weg entlang der *Via Egnatia* nach Konstantinopel fort. Boemund war auf dem gesamten Weg den Feindseligkeiten der ansässigen Bevölkerung ausgesetzt. Man hatte ihm und seiner Familie den Krieg nicht vergessen, mit dem sie das Land nur zehn Jahre zuvor überzogen hatten. Aber dank der strengen Disziplin, die der Normannenfürst aufrechtzuerhalten wußte, kam das Heer ohne nennenswerte Zwischenfälle bis vor die Mauern von Konstantinopel.

Nordfrankreichs Fürsten

Nur kurz vor Graf Raimund traf unter der Führung von Robert II. von Flandern, Herzog Roberts von der Normandie und des Grafen Stephen von Blois das vierte große Kreuzzugsheer in Konstantinopel ein. Zur Finanzierung des Unternehmens hatte Robert von der Normandie, der Sohn Wilhelms des Eroberers, sein Herzogtum für 10 000 Mark Silber an seinen Bruder Wilhelm Rufus, den König von England, verpfändet. Stephen von Blois, der mit Adele, der Tochter Wilhelms des Eroberers verheiratet war, finanzierte sich selbst. Ihn trieb wohl weniger die Hoffnung auf himmlischen Lohn als der Ehrgeiz seiner Frau auf den Zug in den Orient. Unter den Gefolgsleuten des Grafen befand sich auch der Geistliche Fulcher von Chartres, der später Kaplan Balduins von Boulogne und ein weiterer bedeutender Chronist des Kreuzzuges werden sollte. Robert von Flandern hatte schon bei einem früheren Besuch in Konstantinopel dem Kaiser zugesagt, mit einem Truppenkontingent in den Krieg in Anatolien einzugreifen.

Dieses Kontingent brach ebenfalls erst im September oder Oktober 1096 auf. Nach der Überquerung der Alpen trafen die Kreuzfahrer in der Nähe von Lucca am 25. Oktober 1096 mit Urban II. zusammen. Von dort aus ging der Weg über Rom weiter durch Kampanien nach Süditalien. Als die Kreuzfahrer in Bari eintrafen, von wo aus sie zu Schiff die Adria überqueren wollten, war das Jahr zu weit fortgeschritten. Die Seeleute verweigerten unter Hinweis auf das widrige Winterwetter die gefährliche Überfahrt. Graf Robert von der Normandie begab sich mit seinen Leuten nach Kalabrien ins Winterlager. Dagegen ging Graf Robert von Flandern das hohe Risiko ein und segelte im Herbst nach Dyrrhachion.

Der Aufenthalt in Italien führte im Heer der Nordfranzosen zu ersten Auflösungserscheinungen. Fulcher von Chartres berichtet, zahlreiche Kreuzfahrer hätten ihre Waffen verkauft und seien »als Feiglinge« wieder in die Heimat zurückgekehrt.

Bis zum März 1097 mußten die in Italien ausharrenden Kreuzfahrer auf besseres Wetter warten. Dann wurde die Überfahrt vorbereitet. Am 5. April 1097 lag die Flotte im Hafen von Brindisi bereit. Die Kreuzfahrer gingen an Bord. Doch die Überfahrt verlief nicht so glücklich, wie die Menschen gehofft hatten. Hilflos sahen sie zu, wie eines der Schiffe sank: »Denn wir sahen ein Boot unter den anderen, das, während es nahe der Küste und anscheinend ungehindert war, plötzlich mitten entzwei brach, wodurch 400 Menschen beider Geschlechter durch Ertrinken umkamen, denen zu Ehren sogleich freudiges Lob an Gott erklang.«[58]

Die Überlebenden priesen Gott, denn als man die toten Körper der Ertrunkenen an Land zog, fand man an einigen von ihnen in die Haut eingeprägte Kreuze. Dieses Wunder bekräftigte die Kreuzfahrer in ihrem Glauben, Gott sei mit ihnen. Aber das Unglück löste auch gegenteilige Reaktionen aus. Nach der Katastrophe, bei der auch zahlreiche Tiere und Gelder verlorengingen, suchten erneut viele Kreuzfahrer das Weite. Die übrigen stachen entschlossen in See. Drei

Abb. 1: Die Marschrouten der Kreuzzugsheere im Jahr 1096.

Tage dauerte die Überfahrt, da eine Flaute eintrat. Erst am vierten Tag, dem 9. April, erreichte die Flotte etwa 20 Kilometer von Dyrrhachion entfernt das andere Ufer der Adria. Die Schiffe verteilten sich auf die Häfen von Dyrrhachion und Epidamus, um die Kreuzfahrer von Bord zu lassen.
Auf dem Weitermarsch durch Bulgarien hatte der Heerzug Verluste bei der Überquerung eines reißenden Flusses. Erst als die Berittenen mit ihren Pferden den Fußgängern halfen, gelang es, die Menschen sicher ans andere Ufer zu bringen. Von weiteren Abenteuern auf dem folgenden Marsch berichtet Fulcher von Chartres nichts. Der Kaplan zählt nur die Orte auf, die von den Kreuzfahrern berührt wurden. Nach der Überquerung des Bagora-Gebirges ging es über die Städte Lucretia, Botella, Bofinat und Stella zum Fluß Vardar. Am Tag nach dem Flußübergang lagerten die Kreuzfahrer vor Thessaloniki. Nach vier Tagen Rast marschierten sie durch Mazedonien. Dann ging es weiter über Christopolis, Praetoria, Messinopolis, Macra, Traianopolis, Neapolis, Pandox, Rodosto, Heraclea, Salumbria, Natura bis nach Konstantinopel. Vor der Hauptstadt des Byzantinischen Reiches traf das Heer am 14. Mai 1097 ein und errichtete sein Lager. Zwei Wochen sollten sie hier verweilen.
Mit dem Eintreffen dieser Truppen war der Aufmarsch für einen der gewaltigsten Heerzüge in der Geschichte der Menschheit beendet.

Die Kreuzfahrer in Konstantinopel

Schon das Eintreffen der Armee des Volkskreuzzuges hatte Kaiser Alexios I. eine Vorstellung von dem gegeben, was ihm bevorstand, wenn die Ritterheere einträfen. Spätestens seit der Ankunft der abgerissenen Kreuzzügler des Peter von Amiens muß dem Herrn des Byzantinischen Reiches bewußt gewesen sein, daß aus seiner Bitte um die Aussendung einiger Söldner zur Verstärkung seines Heeres eine Massenbewegung geworden war. Nicht die erhofften einzelnen Ritter und kleineren Gruppen von Söldnern waren gekommen, die für gutes Geld in seine Dienste treten wollten. Nein, es waren große und mächtige Fürsten mit großen Ansprüchen und Erwartungen, begleitet von Tausenden ihnen treuergebenen Rittern und Fußtruppen. Bei keinem von diesen konnte der Kaiser damit rechnen, daß er willig allein zum Nutzen des Byzantinischen Reiches kämpfen würde. Sie wollten den Kreuzzug, nach dem Alexios I. von vornherein nicht der Sinn stand, auf eigene Rechnung und auf eigenes Risiko führen, natürlich in der Hoffnung, auch die Erfolge selbst genießen zu können. Der Kaiser wußte, daß er nun diplomatisch sehr geschickt handeln mußte, um aus der Kreuzzugsbewegung einen Gewinn für sich und sein Reich herauszuholen.

Die Söldnerheere, um die er den Westen gebeten hatte, hätte der Kaiser zum Kampf gegen die in Anatolien sitzenden Seldschuken einsetzen wollen. Nun mit den herannahenden gewaltigen Kreuzfahrerheeren konfrontiert, muß er den Entschluß gefaßt haben, mit deren Hilfe dasselbe zu erreichen. Es war nur notwendig, die Führer des Kreuzzuges durch Eide an sich zu binden. Sie mußten verpflichtet werden, die ehemals zum Byzantinischen Reich gehörenden Gebiete nach der Eroberung an ihn abzutreten. Dieser Plan war einfach und schien genial. Die Kreuzfahrerheere waren gut organisiert und verfügten über fähige Führer. Die Rückeroberung der einst verlorenen Gebiete wäre so für die Byzantiner eine mit geringem eigenem Risiko verbundene Unternehmung. Ob sich Alexios I. vorstellen konnte, daß die Kreuzfahrer tatsächlich bis Jerusalem vordringen könnten, bleibt dahingestellt. Für ihn hatte die Rückeroberung der anatolischen Gebiete den absoluten Vorrang. Durch die

Massen an frischen und durch ihr hochgestecktes Ziel stark motivierten Soldaten waren zumindest am Beginn des Feldzuges Erfolge zu erwarten. Wie weit das Heer schließlich kommen würde, wäre vom Schicksal abhängig.

Doch wie sollte es Alexios I. möglich sein, die selbstherrlich auftretenden Fürsten aus dem Westen davon zu überzeugen, für ihn in die kommenden Schlachten zu ziehen? Er hatte ein starkes Argument auf seiner Seite: Nur er war in der Lage, den Nachschub für das nach Tausenden zählende Heer zu gewährleisten. Damit konnte er die Anführer der einzelnen Truppenteile dazu bringen, ihm für die Dauer des Feldzuges den Vasalleneid zu leisten, ihm Treue zu schwören, bedingungslose Unterordnung. Diese Zusage brauchte er, um die Herausgabe eroberter, ehemals byzantinischer Städte fordern zu können. Um diesen Eid zu erhalten, ließ sich Alexios I. auf ein äußerst gewagtes diplomatisches Spiel ein. Davon ausgehend, daß er nichts gegen die Gemeinschaft der Kreuzzugsführer ausrichten konnte, versuchte er eine Absprache zwischen ihnen von vornherein zu verhindern.

Dabei kam dem Kaiser zugute, daß die einzelnen Teile des Kreuzzugsheeres mit relativ großen zeitlichen Abständen vor Konstantinopel eintrafen.

Der erste Ankömmling, Graf Hugo von Vermandois, wurde daher mit allem Prunk empfangen, den er als Bruder des französischen Königs erwarten konnte. Nach seinem Schiffbruch war er wie ein Bettler am Strand von Dalmatien aufgelesen worden, und Johannes Komnenos, der Neffe des Kaisers und Herzog von Dyrrhachion, hatte ihn empfangen. Doch nahm er dem überheblich auftretenden Grafen jede Bewegungsfreiheit. Von dem nur zu diesem Zweck nach Dalmatien gereisten Generals Manuel Butumites war Hugo schließlich nach Konstantinopel gebracht worden. Diese Behandlung empfand Graf Hugo als Gefangennahme, und auch die Chronisten sahen darin eine Anmaßung des Kaisers.⁵⁹ Doch entfaltete Alexios I. den ganzen Pomp des byzantinischen Hofzeremoniells. Die fürstlichen Geschenke, Geldzahlungen und andere Verlockungen, die der Kaiser seinem Gast bot, ließen den Franzosen schwach werden. Bereitwillig leistete er den Eid, der ihn verpflichtete, alle zu erwartenden Eroberungen an den Kaiser abzutreten.

Bei seiner Ankunft vor Konstantinopel wurde Herzog Gottfried von Bouillon von den schon vor ihm eingetroffenen Kreuzfahrern gewarnt, dem Kaiser den Treueid zu leisten. Aber auch eine Einladung des Kaisers erging an den Herzog, Hugo von Vermandois und Wilhelm von Melun überbrachten sie. Doch Gottfried von Bouillon lehnte ab. Das Weihnachtsfest beging er vor den Mauern. Für Alexios I. wurde die Zeit knapp. Boemund von Tarent, sicherlich nicht der willkommenste Gast für den Kaiser, nahte mit seinen Truppen. Eilig sandte Alexios I. seine petschenegischen Söldner aus. Sie sollten Stellung zwischen Herzog Gottfried und dem Normannen beziehen und eine Kontaktaufnahme zwischen den Kreuzfahrern verhindern. Kein Bote des einen Heeres sollte das andere erreichen können.

Das einsetzende Winterwetter arbeitete dem Kaiser in die Hände. Er machte den Niederlothringern das Angebot, ihre nassen, nach und nach im Schlamm versinkenden Zelte mit trockenen Quartieren in der Vorstadt am Goldenen Horn zu vertauschen. Der Hintergedanke des Byzantiners ist offensichtlich: Hier in der Stadt, eingeschlossen von Mauern, würde er das Heer Gottfrieds besser unter Kontrolle haben. Das Angebot nahm Gottfried an, blieb aber vorsichtig.

Der Nervenkrieg setzte sich fort. Gottfried wartete auf das Eintreffen weiterer Truppen, spekulierte auf den größeren Druck, den er und seine Mitstreiter dann auf den Kaiser ausüben könnten. Schließlich kam der März heran. Gegen

Ende des Monats war das Heer Boemunds schon gefährlich nahe. Der Kaiser sah nun den Druck auf seine Verhandlungsposition zunehmen. Er kürzte den Truppen Gottfrieds die Lebensmittel. Diese ließen sich daraufhin auf Kämpfe mit den sie bewachenden byzantinischen Truppen ein. Herzog Gottfried faßte nun den Entschluß, die Stadt auf eigene Faust zu verlassen.

Am 2. April 1097, dem Gründonnerstag, griff Herzog Gottfried mit seinen Kontingenten Konstantinopel an. Das Tor zum Palastviertel wurde heftig bestürmt. Der Kaiser wollte zum Osterfest Blutvergießen in der Stadt vermeiden. Und so ließ er seine Truppen vor dem Tor und auf der Mauer aufmarschieren. Sie durften ihre Pfeile aber nur über die Köpfe der Kreuzfahrer hinwegschießen. Die Niederlothringer töteten im Kampf sieben Byzantiner, zogen sich dann aber zurück. Am folgenden Tag, dem Karfreitag, sandte Alexios I. Boten ins Lager der Kreuzfahrer. Diese boten Herzog Gottfried an, ihn und sein Heer unter Verzicht auf den Vasalleneid nach Kleinasien überzusetzen. Doch die Gesandten wurden angegriffen. Nun ließ Alexios I. das Heer Gottfrieds angreifen und siegte in diesem Kampf. Erst jetzt gab der Herzog seinen Widerstand gegen den geforderten Eid auf.

Am Ostersonntag, dem 4. April 1097, leistete Gottfried von Bouillon in aller Form den Eid. Am schwersten wurde es dem Kaiser, Graf Raimund von Toulouse zur Eidesleistung zu bewegen. In seinem Feldlager bei Rodosto erreichte den Provençalen die Nachricht der schon in Konstantinopel weilenden Fürsten, schnellstens in die byzantinische Hauptstadt zu kommen, um die Verhandlungen mit dem Kaiser abzuschließen. Auf diese Bitte hin verließ Graf Raimund seine Armee und eilte nach Konstantinopel voraus. Hier »... verlangte der Basileus von dem Grafen die Huldigung und einen Eid, den die anderen Fürsten ihm schon geschworen hatten«, berichtet Raimund von Aguilers.[60] Doch der Graf verweigerte sich: »Raimund antwortete, daß er nicht das Kreuz genommen habe, um einem anderen Herren den Lehnseid zu schwören oder im Dienst eines anderen zu sein als des Einen, für den er sein heimisches Land und seine väterlichen Güter aufgegeben habe. Er würde allerdings sich selbst, seine Gefolgsleute und seine Besitztümer dem Kaiser anvertrauen, wenn dieser zusammen mit der Armee nach Jerusalem reisen wolle.«[61] Der Kaiser lehnte dieses Ansinnen unter Hinweis auf die Bedrohung seines Reiches von außen ab. Während der weiteren Verhandlungen rückte Graf Raimunds Heer bis unter die Mauern von Konstantinopel vor. Auch Bischof Adhémar und sein Bruder Wilhelm von Monteil kamen nun in die Stadt. Weiterhin weigerte sich Raimund von Toulouse beharrlich, den Eid zu leisten. Es kam sogar so weit, daß er bereit gewesen sein muß, die Waffen gegen Kaiser Alexios I. zu erheben. Darauf reagierten die anderen Kreuzfahrerfürsten und erinnerten ihn daran, »... daß es der höchste Grad der Torheit wäre, wenn Christen gegen Christen kämpften, wenn die Türken in der Nähe seien«.[62] Boemund von Tarent bot Alexios I. seine Hilfe an, sollte der Provençale zu den Waffen greifen oder den Eid verweigern. Nun besprach sich Graf Raimund mit seinen Leuten. Dann »... schwur der Graf, daß er weder selbst noch durch andere dem Kaiser Leben oder Besitz nehmen wolle«.[63] Erst nach dem 10. Mai 1097 verließ Raimund von Toulouse Konstantinopel, um sich der Belagerung von Nikaia anzuschließen.

Mit den Mitte Mai 1097 als letzte Kreuzfahrer eingetroffenen nordfranzösischen Fürsten Robert von der Normandie, Robert von Flandern und Graf Stephen von Blois hatte Alexios I. leichteres Spiel. In einer Beratung einigten sich die Fürsten, mit dem Kaiser einen Vertrag zu schließen und den verlangten Eid zu leisten. Fulcher von Chartres begründet die Bereitwilligkeit der Fürsten, den Eid zu leisten: »Es war notwendig für alle, die Freundschaft mit dem Kaiser zu bekräftigen, ohne dessen Rat und Hilfe wir unsere Reise nicht hätten vollenden können, auch nicht diejenigen, die uns auf demselben Weg folgten.«[64] Nach der Ableistung des Eides wurden auch diese Kreuzfahrer über den Bosporus gesetzt, wo sie sich beeilten, zu den schon vor Nikaia lagernden Truppen zu gelangen.

V. BUCH

Anatolien: Gegen die Seldschuken

Nikaia

Als Graf Raimund von Toulouse Ende April 1097 endlich den modifizierten Eid geleistet hatte, befand sich das Heer Gottfrieds von Bouillon schon längst auf dem Marsch. Von Pelecanum aus hatte sich das lothringische Heer nach Nikaia, der Hauptstadt des Seldschukensultanats, gewandt. Diese alte Konzilsstadt mußte das erste Ziel der fränkischen Operationen im seldschukisch besetzten Gebiet sein. Die stark befestigte Stadt mit ihren 200 Türmen kontrollierte eine der Hauptverbindungsstraßen durch Anatolien in Richtung Osten und liegt nur 100 Kilometer von Konstantinopel entfernt. Diese Stadt mußte erobert werden, oder das Kreuzzugsheer hätte seinen Marsch nicht fortsetzen können.
Am 6. Mai 1097 war Gottfried von Bouillon mit seinen Truppen vor der Stadt angelangt. Es sollten vier Wochen vergehen, bis auch die übrigen Kreuzfahrerkontingente eintrafen. Eine Eroberung der Stadt versprach nicht nur einen entscheidenden Schlag gegen die seldschukische Herrschaft in Anatolien oder einen strategischen Vorteil für den Kreuzzug, sondern auch eine gewaltige Beute. Innerhalb der Mauern saß die Familie des Sultans fest. Sultan Kilidsch Arslan

selbst wurde durch Kämpfe mit den Danischmendiden im westlichen Armenien festgehalten. Dabei ging es um den Besitz der Stadt Melitene, die für den Sultan das Tor zum seldschukischen Hinterland im Irak und in Persien bildete. Noch hatte er den Kreuzzug nicht als echte militärische Gefahr erkannt. Der leichte Sieg seines Heeres über die unorganisierten Haufen des Volkskreuzzuges ließ ihn die Gefahr verkennen.

Die Belagerung begann am 14. Mai. Boemund von Tarent lagerte sich mit seinen Truppen im Norden der Stadt. Die Ostseite wurde von Herzog Gottfried belagert, während der kriegerische Bischof von Le Puy die Südseite abriegelte. Da die Truppenstärke noch bei weitem nicht ausreichte, die Stadt vollständig einzuschließen, scheiterten die Kreuzfahrer zunächst in der Bemühung, Nikaia völlig von der Versorgung von außen abzuschneiden. Einzelne Punkte, so das »Mittlere Tor«, mußten unbewacht bleiben. Die Truppen Adhémars von Le Puy reichten nicht aus, um das gesamte Gelände im Süden zu kontrollieren. Von Westen war die Stadt weiterhin über den Ascanius-See (h. Iznik-Gölü) für Nachschub zugänglich. Dieser Umstand machte einen Erfolg der Belagerung auf lange Sicht unmöglich.

Inzwischen war es Kilidsch Arslan bewußt geworden, daß sich die ritterlichen Kreuzfahrer keinesfalls so einfach abweisen lassen würden wie die Haufen des Volkskreuzzuges. Und so zog er mit seinem gesamten Heer zum Entsatz nach Nikaia.

Dort war die unvollkommene Belagerung voll im Gange. Endlich, am 16. Mai 1097, langten die Truppen Graf Raimunds früh am Morgen nach einem eiligen Nachtmarsch vor der Stadt an. Die schon dort lagernden Kreuzfahrer empfingen die so lange vermißte Verstärkung mit großer Freude. Den Provençalen wurde ein Lagerplatz im Süden Nikaias angewiesen.[65]

Die Provençalen kamen gerade im richtigen Augenblick an. Kilidsch Arslan hatte seine Strategie darauf ausgerichtet, dort keine Belagerer anzutreffen, und hatte die Vorhut seines Heeres geteilt. »Zweifellos«, schreibt der Chronist Raimund von Aguilers, »hatten sie ihre Pläne in der Hoffnung gemacht, daß, während die eine Abteilung gegen den im Osten lagernden Gottfried und die Deutschen kämpfte, die andere Gruppe der Türken durch das Südtor in Nikaia einrücken und durch ein anderes Tor herausziehen würde und dabei unsere unvorbereiteten Truppen leicht vernichten könnte.«[66] Als aber die zwei seldschukischen Abteilungen berittener Bogenschützen von den Bergen her anrückten, sahen sie sich unvermittelt den Südfranzosen gegenüber. Es war drei Stunden nach Sonnenaufgang und die Zelte der Provençalen waren gerade aufgestellt. Graf Raimund brauchte nicht lange, um seine Ritter für den Kampf aufzustellen. Zusammen mit dem herbeigeeilten Balduin von Boulogne, Balduin Calderun und zahllosen weiteren Rittern warf er sich den durch die Ebene um Nikaia anstürmenden Seldschuken entgegen.

Schon im ersten Ansturm fielen zahlreiche der leicht bewaffneten seldschukischen Reiter: »Beim ersten Angriff vernichtete und tötete Raimund viele Türken und jagte dann die übrigen zu einem nahe gelegenen Berg, während die Türken, die geplant hatten, zur gleichen Zeit die Deutschen zu vertreiben, gleichermaßen in die Flucht getrieben und vernichtet wurden.«[67] Nun griffen auch die übrigen Kreuzfahrerfürsten mit ihren Truppen in die Schlacht ein. Den eingelegten Lanzen der schwer gepanzerten Ritter hatten die Seldschuken nichts entgegenzusetzen. Schon nach kurzer Zeit herrschte völliges Chaos unter den seldschukischen Truppen.[68]

Der Sieg der Kreuzfahrer war vollständig. Das Heer der Seldschuken wurde zersprengt. Die Überlebenden flohen in das Innere Anatoliens, 200 Tote zurücklassend.[69] Die wenigen Toten zeigen, daß der Sultan die Schlacht lieber rechtzeitig abbrach, als zu viele Männer in dem sinnlosen Kampf zu verlieren. Auch Kilidsch Arslan wandte sich zur Flucht, wenig mehr als sein nacktes Leben rettend. Zum ersten Mal hatten sich die schwer gepanzerten Reitertruppen der Kreuzfahrer im Kampf gegen ein orientalisches Heer bewährt. Gegen ihren massierten Angriff hatten die Seldschuken nicht bestehen können.

Erst 13 Tage nach der Schlacht von Nikaia brachen die Kontingente der Nordfranzosen von Konstantinopel auf. Und erst am 3. Juni trafen sie vor der belagerten Stadt ein. Robert von der Normandie und Stephen von Blois schlugen ihr Lager bei dem der Provençalen im Süden Nikaias auf.

Doch noch war Nikaia nicht gefallen. Und ein Erfolg stellte sich nicht ein. Schließlich hatte sich die Belagerung fünf Wochen hingezogen. An einen Sturm auf die gewaltigen Befestigungen der Stadt war nicht zu denken. Fulcher von Chartres beklagt, daß schon zu diesem Zeitpunkt das Heer der Kreuzfahrer durch hohe Verluste im Kampf, durch Desertion und Krankheit geschwächt war. Er spricht von den vielen Gräbern, die den bisherigen Weg der Heere säumten. Damit stellt er selbst seine Behauptung in Frage, nach der vor Nikaia 600 000 Mann lagerten, darunter 100 000 Bewaffnete. Höchstens ein Zwanzigstel dieser Menge war tatsächlich auf dem Weg nach Jerusalem.[70]

Die Kreuzfahrer machten sich daran, Belagerungsmaschinen zu bauen. Doch die aus der Zeit Kaiser Justinians I. (Ks. 527–565) stammenden Mauern hielten allen Bemühungen stand. In den Kämpfen fielen auf beiden Seiten Soldaten, aber eine Entscheidung wurde in diesen Wochen nicht herbeigeführt. Das Hauptproblem war und blieb die unvollkommene Einschließung der Stadt. Solange noch der Ascanius-See der Stadtbevölkerung frei zugänglich war,

fehlte es nie an Nahrungsmitteln. Selbst die Versorgung der Kreuzfahrer mit Lebensmitteln erfolgte über den See. Byzantinische Schiffe brachten alles Notwendige.[71]
Um den Einbruch in die Stadt zu erzwingen, beschlossen Graf Raimund und Adhémar von Le Puy, einen der Türme zu unterminieren. Das Ziel ihres Angriffes war der »Gonates-Turm«.[72] Unter dem Schutz eines Holzdaches unterminierten die Provençalen den Turm, der schließlich zusammenbrach. Es entstand eine gewaltige Bresche. Doch wegen der hereinbrechenden Nacht wurde auf den geplanten Angriff verzichtet. Es ist nicht zu sagen, ob dieser wirklich ein voller Erfolg gewesen wäre, auch ist nicht zu klären, welche Folgen ein Erstürmen der Stadt durch die Kreuzfahrer gehabt hätte. Die nach dem tatsächlichen Fall der Stadt auftretenden Spannungen zwischen Kaiser Alexios I. und den Kreuzfahrern sprechen eine deutliche Sprache.
Die Provençalen warteten die Nacht ab. Als der Morgen graute, mußten sie erkennen, daß die Seldschuken in dieser Nacht nicht geruht hatten. Mit großer Anstrengung hatten sie es geschafft, die so gefährliche Bresche wieder zu schließen. Die Arbeit der Kreuzfahrer war umsonst gewesen.
So trafen sich am 11. Juni die Kreuzfahrerfürsten zu einer Beratung. Als Ergebnis sandten sie eine Anfrage an Alexios I., in der sie ihn um Boote baten. Mit diesen sollte auch der Zugang zur Stadt über den Ascanius-See blokkiert werden. Dieser Bitte kam der Kaiser umgehend nach. Daß er damit seine eigenen Ziele verfolgte, ahnten die Kreuzfahrer nicht. Sechs Tage brauchten die Byzantiner, um die Boote zum See zu schaffen. Von Civetot her wurden sie von Ochsen über die Berge gezogen.[73] In der Nacht vom 17. zum 18. Juni konnten die Boote endlich zu Wasser gelassen werden. Bemannt wurden sie mit türkischen Kriegern im Dienste des Kaisers. Nun war Nikaia

tatsächlich völlig von allen Kontakten und der Versorgung von außen abgeschnitten.
Währenddessen zog General Tatikios mit 2000 Leichtbewaffneten über Land nach Nikaia zur Verstärkung der Belagerungsarmee. Diese Truppe versorgte sich in einer Festung westlich von Nikaia mit Pfeilen und schlug am Ende ihres Marsches ihr Lager vor dem zusammengebrochenen Gonates-Turm auf. Doch der Kaiser hatte in den Tagen zuvor Unterhändler nach Nikaia hineingeschmuggelt. Die Kreuzfahrer ahnten nicht, daß Alexios I. sie nur benutzen wollte. Der für den nächsten Tag beschlossene Angriff war eine List, um weiteren Druck auf die Seldschuken auszuüben, aber auch, um die Kreuzfahrer abzulenken.
Am 19. Juni wurde die Stadt von allen Seiten berannt. »Als nun die Männer des Tatikios ununterbrochen Pfeile abschossen und die Kelten an einigen Stellen die Mauern durchbohrten, an anderen unaufhörlich mit Hilfe von Katapulten Steine abfeuerten, gerieten die Barbaren, die auch noch vom See her durch die kaiserlichen Feldzeichen und die Trompeten des Butumites in Schrecken versetzt wurden... in solche Bedrängnis, daß sie sich nicht einmal hinter den Zinnen Nikaias hervorzulugen wagten.«[74] In dieser Lage ging die seldschukische Garnison der Stadt auf die Vorschläge der byzantinischen Unterhändler ein. Sie baten den Kaiser um freien Abzug mit ihren Frauen, Kindern und ihrem Besitz, dann würden sie Nikaia dem Kaiser übergeben.[75]
Die Verhandlungen führte der byzantinische General Tatikios. Er bewog den Rat der Kreuzfahrerfürsten dahin, die seldschukische Garnison unbehelligt ziehen zu lassen.[76] Dem stimmten sie um so williger zu, als der Kaiser ihnen gewaltigen Reichtum versprach. »Alexios hatte der Fürsten und den Völkern der Franken gelobt, daß er ihnen das ganze Gold, Silber, die Pferde und Besitztümer aller Art

überlassen werde, die sich in Nikaia befanden; und des weiteren ein lateinisches Kloster und ein Hospiz für arme Franken zu erbauen«, schreibt Raimund von Aguilers, »ebenso versprach er, jedem im Heer so viel zu geben, daß jeder wünschen würde, ihm für alle Zeit zu dienen.«[77] Auf diese Versprechungen hin waren die Kreuzfahrer mit der Übergabe der Stadt an den Kaiser einverstanden. Was dann aber folgte, sahen sie als Verrat an. Die Seldschuken zogen, wie ausgehandelt, mit ihren Besitztümern ab. Die Kreuzfahrer erhielten nichts von den Reichtümern der Stadt, die sie nicht einmal betreten durften. Die überreichen Geschenke kamen aus den Schatzkammern des Kaisers.
Als alle Fürsten weitgehend wieder milde gestimmt waren, bestand Alexios I. darauf, daß auch noch die letzten Fürsten den Lehnseid leisteten. Bei der zu diesem Zweck in sein Feldlager bei Pelecanum einberufenen Versammlung kam es wegen dieser Forderung sogar zu Handgreiflichkeiten. Durch den General Manuel Butumites hatte Alexios I. die Fürsten wissen lassen, sie könnten noch weitere wertvolle Geschenke erhalten, wenn sie zu ihm kämen. Allen voran eilte Boemund von Tarent zum Kaiser. Der Empfang war natürlich äußerst prächtig. Als alle Fürsten versammelt waren, hielt Alexios I. eine kurze Ansprache: »Ihr kennt den Eid, den ihr uns alle geleistet habt, und wenn ihr euch wirklich daran halten wollt, so ratet auch denjenigen, von denen ihr wißt, daß sie noch nicht geschworen haben, denselben Eid zu leisten.«[78]
Doch eine Ausnahme gab es. Tankred, Boemunds hitzköpfiger Neffe, bestand darauf, allein seinem Onkel Treue zu schulden und verweigerte den Eid aufs neue. Als er von den anderen Kreuzfahrern und den Byzantinern zu dieser Eidesleistung gedrängt wurde, stellte er eine völlig überzogene Forderung. Er wolle den Eid nur dann leisten, wenn er vom Kaiser das riesige Audienzzelt voll Gold und noch weitere

Zahlungen in Höhe aller an die anderen Fürsten vergebenen Geschenke erhalten würde. Dies veranlaßte den anwesenden Heerführer Georgios Palaiologos, den Schwager des Kaisers, den Normannen des Zeltes zu verweisen. Tankred fühlte sich beleidigt und ging auf Georgios los. Alexios I. und Boemund mußten die beiden Kampfhähne trennen. Nachdem Tankred sich für seinen Fehltritt entschuldigt hatte, leistete auch er den geforderten Eid.[79]
Nach den Vorstellungen des Kaisers sollte wohl auch der weitere Feldzug in Anatolien so verlaufen, wie der Kampf um Nikaia endete. Getreu dem geschworenen Eid sollten die Kreuzfahrer die Dreckarbeit übernehmen, um dann den Byzantinern die Beute zu überlassen. Doch die Kreuzfahrer sahen, daß sie für den Kaiser nur eine Art Söldnertruppe darstellten. Die reichlich verteilten Geschenke des Kaisers konnten die aufkeimende Abneigung der Kreuzfahrer nicht mehr ersticken. Die Kämpfe um Nikaia hatten den Ausgang genommen, den sich der Kaiser auch für die weiteren Unternehmungen des Kreuzzuges vorgestellt hatte. Doch als die Kreuzfahrer in den folgenden Monaten auf ihrem Weg weiterzogen, immer Jerusalem als Ziel vor Augen, war es nicht mehr möglich, eine enge Verbindung zu ihnen zu halten. Alexios I. benötigte seine eigenen Truppen für die Rückeroberung der einst verlorenen Gebiete Anatoliens. Vor allem war das Emirat von Smyrna das Ziel seiner Bemühungen. Bevor er die Kreuzfahrer weiterziehen lassen mußte, versuchte Alexios I. noch, einzelne Ritter abzuwerben, um mit ihnen seine Truppen zu stärken. Beim Kreuzzugsheer verblieb nur eine 3000 Mann starke byzantinische Einheit unter General Tatikios als letzte Mahnung an die Eide.
Wenn auch von nun an ein gewisser Unmut schwelte, machte der leichte Sieg den Kreuzfahrern doch Mut für die weiteren Vorhaben. Die Euphorie im Heer war ohneglei-

chen. Graf Stephen von Blois schrieb begeistert nach Hause an seine Frau Adele, schon in fünf Wochen könne man in Jerusalem sein.

Am 26. Juni 1097 rückte eine erste normannische Einheit von Nikaia ab. Sie machte sich auf den Weg zur Brücke über den Fluß Geuksu. Erst am folgenden Tag kamen die Fürsten von ihrem Besuch bei Alexios I. zurück. Noch einen weiteren Tag ließen sie vergehen, dann setzte sich am 28. Juni das Heer der Kreuzfahrer wieder in Bewegung. Zwei Tage marschierte man gemeinsam durch die Bergwelt Anatoliens. Dann überquerten die süditalienischen Normannen und die Nordfranzosen zusammen mit den Flamen und den Byzantinern den Fluß Geuksu, während sich die Provençalen und Lothringer einen eigenen Weg suchten. Diese Teilung des Heeres erschien den Fürsten günstiger,

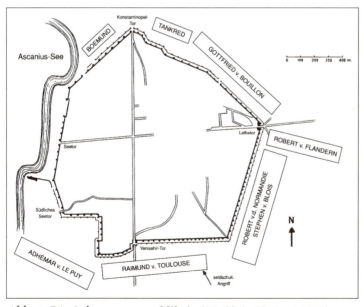

Abb. 2: Die Belagerung von Nikaia (14. Mai–19. Juni 1097).

was die Versorgung der Soldaten und Pilger anging. Man dachte, es wäre so leichter, genügend Nahrung für Mensch und Tier zu finden. Die Stadt Doryläum (h. Eskischehir) ergab sich zwangsläufig als Marschziel. Dort würde man sich wieder treffen. Von dieser Stadt aus würden mehrere verschiedene Wege durch Anatolien offenstehen.

Bewährung bei Doryläum

In den Wochen seit seiner Niederlage vor Nikaia hatte Sultan Kilidsch Arslan genügend Gelegenheit gehabt, über sein weiteres Vorgehen nachzudenken. Der Sultan mußte versuchen, die Beweglichkeit seiner Truppen, die durch deren leichte Bewaffnung erkauft war, zu seinem Vorteil zu nutzen. Der durch die Berge führende Weg nach Doryläum bot manchen günstigen Platz für einen Hinterhalt. Die Zwistigkeiten zwischen Kilidsch Arslan und den Danischmendiden waren inzwischen beigelegt. Beide Seiten hatten nun erkannt, daß die Kreuzfahrer für alle Türken eine Bedrohung darstellten. Auch war nach der Niederlage des Sultans bei Nikaia deutlich geworden, daß ein Heer nicht genügte, die Feinde aus dem Westen aufzuhalten.
Einen weiteren Tag verlief der Marsch der getrennten Kreuzfahrerkontingente ungestört. Am Abend meldeten zuvor von Boemund vorausgeschickte Kundschafter, sie hätten das türkische Heer in seinen Stellungen gesehen. Der Normanne wußte nun, daß der weitere Vormarsch zu einem Kampf führen mußte.
Am folgenden Tag, dem 1. Juli, liefen die Kreuzfahrer in die Falle. Kilidsch Arslan hatte sich Ort und Zeitpunkt für seinen Überfall günstig ausgewählt. Er hatte nur einen Teil des Kreuzzugsheeres vor sich, und dieser befand sich in einem zum Kampf ungünstigen Gelände. Die Seldschuken würden

ihre Strategie der schnellen Angriffe durch berittene Bogenschützen voll zur Entfaltung bringen können.
Boemund hatte gerade lagern lassen, als von den umliegenden Bergen die türkischen Reiter in großer Zahl herabströmten. Endlich konnten sie den Kampf so führen, wie sie es gewohnt waren. Schauer von Pfeilen deckten die zusammengedrängten Christen ein, während die Türken auf ihren schnellen Pferden die Front entlanggaloppierten. Das noch nicht aufgeschlagene Lager wurde zur letzten Zuflucht. Auch in dieser Not ließ Boemund den Mut nicht fahren. Der unbekannte Verfasser der »Gesta Francorum« schildert das Geschehen auf dem Schlachtfeld in einem packenden Augenzeugenbericht:
»Der weise Boemund, diese unzählbaren Türken in der Ferne sehend, Rufe ausstoßend und wie mit einer dämonischen Stimme schreiend, befahl sogleich den Rittern, von ihren Pferden abzusteigen und die Zelte schnell aufzuschlagen. Bevor die Zelte aufgestellt wurden, erklärte er den Rittern: ›Herren und tapfere Ritter Christi, seht, daß wir von allen Seiten ein schweres Gefecht zu erwarten haben.‹«[80]
Der Überfall verlief zunächst vielversprechend für die Seldschuken. Sie deckten die schwer gepanzerten und unbeweglichen christlichen Reiter mit Pfeilen ein, während sie selbst weitgehend unangreifbar blieben. Doch hatte Kilidsch Arslan nicht mit der Zähigkeit und dem Mut der Ritter gerechnet. Boemund konnte auch unter schwerstem Beschuß die Disziplin aufrechterhalten. Es gelang den berittenen Bogenschützen nicht, die eng geschlossenen Reihen der Ritter aufzubrechen.
Boemund hielt seine Ritter dazu an, den Kampf so gut es ging aufzunehmen. Ausrichten konnten sie allerdings fast nichts. In den verzweifelten Kämpfen schonten sich auch die Fürsten nicht. So fiel auch Wilhelm, der Bruder Tank-

reds. Er war mit eingelegter Lanze gegen die Türken angestürmt und hatte auch einige niedergeworfen. Aber dann traf ihn ein Pfeil. Tot stürzte er von seinem Pferd. Auch Tankred kämpfte mit großem Mut. Doch konnte er nur sein Leben retten. Die Leiche des Bruders und sein Banner konnte er den Händen der Türken nicht entreißen.[81] Die Ritter waren nicht in der Lage, das Eindringen der Türkenkrieger in das Lager zu verhindern. Dort machten diese ohne Gnade auch die hilflosen Pilger nieder. Auch Frauen und Alte fielen in diesem Kampf. »Alle von uns«, schreibt Fulcher von Chartres, »zusammengedrängt wie Schafe in einer Falte, zitternd und verängstigt, wurden vom Feind von allen Seiten eingekreist, so daß wir uns in keine Richtung wenden konnten.«[82] Den Rittern blieb nur eines: auf ihre schweren Panzer zu vertrauen, sich von den Türken nicht auseinanderdrängen lassen und die Hoffnung auf Entsatz nicht zu verlieren.

Mit Beginn des Scharmützels hatte Boemund sogleich einen Boten zu Graf Raimund und Herzog Gottfried gesandt. Der Weg zum übrigen Kreuzzugsheer war nicht weit, nur zwei Meilen trennten die Marschkolonnen. Der Bote schlug sich mit seinem Pferd über die Berge dorthin durch. Er traf die Kreuzfahrer lagernd an. Herzog Gottfried ließ sofort zum Sammeln blasen, als er von dem Überfall hörte.

Mittlerweile war es Mittag geworden, und Boemund und seine Leute hielten noch immer stand. Herzog Gottfrieds und Graf Raimunds Armee eilten über die Berge. Sie hofften, noch rechtzeitig einzutreffen, um Hilfe bringen zu können. Kaum hatten die Kreuzfahrer die Berge überwunden, da entfalteten sie ihre Schlachtordnung.

Auf dem linken Flügel kämpften Boemund von Tarent, Robert von der Normandie, Tankred, Robert von Ansa, Richard Principatus und Raimund von Toulouse. Den rechten Flügel bildeten die Truppen Herzog Gottfrieds, des

Grafen von Flandern und Hugo von Vermandois'. Graf Raimund und Herzog Gottfried ließen ihre Truppen frontal in einer lang auseinandergezogenen Reihe gegen die Seldschuken vorgehen. Währenddessen umging Bischof Adhémar von Le Puy mit einer kleinen Einheit den Feind in einem geschickten Flankenmanöver und fiel den Truppen der Türken in den Rücken. Diesem massierten Angriff hatten die Türken nichts entgegenzusetzen. Die Kreuzfahrer legten ihre Lanzen ein und stießen die Feinde nieder.
Der Tag entschied sich für die Kreuzfahrer. Das Heer Kilidsch Arslans wandte sich schließlich zur Flucht. Nach Albert von Aachen blieben 3000 tote Türken auf dem Schlachtfeld zurück. Die Kreuzfahrer hatten selbst große Verluste, angeblich fielen 4000 Pilger.[83] Die Kreuzfahrer verfolgten die fliehenden Türken bis zu deren Feldlager. Erst dort machten die Verfolger halt. Bei ihrem weiteren panischen Rückzug ließen die Seldschuken selbst die Prunkzelte ihres Herrschers mit dem Staatsschatz zurück. Die Kreuzfahrer machten eine gewaltige Beute. Ihnen fielen große Mengen an Gold und Silber in die Hände, daneben die prunkvollen Zelte des Sultans. Die große Zahl an erbeuteten Reit- und Packpferden und Schlachtvieh war für die Sieger nur eine willkommene Dreingabe. Zwei Tage rasteten die Kreuzfahrer in Doryläum. Dann machten sie sich auf den Weg nach Syrien.

Ein Todesmarsch

Den Kreuzfahrern stand nun der Marsch durch das Innere Anatoliens bevor. Weiterhin drohten von allen Seiten Gefahren. Die Seldschuken waren zwar in zwei großen Schlachten geschlagen worden und hatten ihre Hauptstadt verloren, doch war das zu durchziehende Gebiet keinesfalls

frei vom Feind. Aber nicht nur die Seldschuken standen dem Vordringen der Marschkolonnen entgegen, sondern auch die Wüstennatur des Anatolischen Hochlandes. Und so wurde der Weg durch dieses Gebiet zu einer harten Probe für den Durchhaltewillen der Kreuzfahrer.
Nach ihrem Sieg bei Doryläum hatten die Kreuzfahrerfürsten beschlossen, von nun an wieder gemeinsam weiterzuziehen. Der Überfall im Gebirge hatte gezeigt, daß nur die vereinte Armee schlagkräftig genug war, um gegen solche Angriffe zu bestehen. Auch war die Versorgung auf diese Weise besser gewährleistet.
Für den Weitermarsch boten sich zwei Möglichkeiten an. Der kurze Weg, auf gut ausgebauten byzantinischen Straßen, war aber nicht empfehlenswert. Er führte direkt durch das Zentrum der seldschukischen Herrschaft. Hier konnten die Kreuzfahrer nicht darauf hoffen, weitgehend unbelästigt von Überfällen zu bleiben. Schon die einfache Bevölkerung hätte ihnen Widerstand geleistet. So mußte man sich auf einen Umweg einlassen. Dieser führte über den südöstlichen Teil Anatoliens, über die Stadt Philomelion, dann entlang des Taurus-Gebirges nach Ikonium (h. Konya).
Noch in den ersten zwei Tagen des Marsches sahen die Kreuzfahrer am Wegesrand die Leichen der nach der Schlacht bei Doryläum gefallenen Türken liegen.[84] Kilidsch Arslan hatte beschlossen, die »Politik der verbrannten Erde« zu verfolgen. Die hungrigen und durstigen Christen sollten auf ihrem Weg keinen Ort finden, an dem sie sich verpflegen konnten. So ließ der Sultan insbesondere von Christen bewohnte Städte von seinen Truppen plündern und zerstören, damit die Bewohner ihren Glaubensgenossen keine Hilfe leisten konnten. So marschierten die Kreuzfahrer durch ein verwüstetes Land. Hunger und Durst wurden zu den ständigen Begleitern der gewaltigen Armee. Als die Lebensmittelvorräte aufgebraucht waren, versuchte

man, sich anderweitig zu behelfen. Die Menschen zerrieben die Dornen der Kakteen oder der Aloe und aßen diese, um ihren Hunger notdürftig zu stillen. Auch Wasser war im Hochsommer in der sonnendurchglühten Wüste nur wenig zu finden. Aber Hunger und Durst trafen nicht nur die Menschen. Die Pferde, Schlachtrösser und Packtiere, starben in Massen an Erschöpfung. Selbst Ritter mußten zu Fuß gehen oder sie ritten auf Rindern. Die Traglasten wurden anderen, ungeeigneteren Tieren aufgeladen, Ziegen, Hunden und Schafen. Albert von Aachen berichtet unter Berufung auf Augenzeugen, daß zahlreiche schwangere Frauen vor der Zeit niederkamen. Die Neugeborenen starben schnell, sie wurden einfach am Wegesrand liegengelassen.[85] Da schon für die Menschen zu wenig Wasser vorhanden war, blieb für die Tiere nichts. Sie starben unter Qualen. Als endlich ein Fluß erreicht wurde, starben viele, weil sie übermäßig viel tranken. Am 31. Juli erreichte das erschöpfte Heer Antiochia in Pisidien.

Diese Stadt wurde fast zum Schicksal für Herzog Gottfried und Graf Raimund. Der Herzog hatte sich in die Wälder der Umgebung begeben, um dort zu jagen. Dabei stieß er auf einen riesigen Bären, der einen Holzsammler angegriffen hatte. Um dem Mann zu helfen, stürmte der Herzog mit gezogenem Schwert auf den Bären ein. Nach einem ersten Angriff, der den Bär nur mehr aufreizte, wagte er einen zweiten. Doch der Bär richtete sich auf die Hinterbeine auf und schlug mit den Tatzen nach dem Herzog. Dabei riß er ihn vom Pferd. Erst als Gottfried schon unter dem Tier am Boden lag, konnte er diesem sein Schwert in den Leib rammen. Er selbst war während des Kampfes an der Wade schwer verwundet worden. Endlich kam Hilfe herbei. Ein gewisser Husekin half dem Herzog, den Bären zu töten. Dann brach Gottfried vor Schwäche zusammen. Nur schwer sollte er sich von dieser Verwundung erholen.[86] Graf

Raimund lag auf den Tod krank darnieder. Die schweren Entbehrungen des Durstmarsches waren anscheinend auch den Fürsten nicht erspart geblieben. Raimund von Toulouse war auch nicht mehr der Jüngste. Und so hatte er nur wenig Chancen, seine Erkrankung zu überleben. Seine Kräfte ließen derart nach, daß er kaum noch atmen konnte. »So las der Bischof von Orange die Messe wie für einen Toten«, berichtet Raimund von Aguilers, »aber das göttliche Mitleid, das ihn zum Führer seiner Armee gemacht hatte, erweckte ihn vom Tode und brachte ihn heil und gesund zurück.«[87] Der Marsch konnte fortgesetzt werden.
Schließlich gelangte das erschöpfte Heer in eine fruchtbare Ebene inmitten des rauhen Hochlandes. Die Beschwernisse waren überwunden. In Ikonium, im Zentrum der Anatolischen Hochebene auf einer Höhe von 1187 Metern gelegen, langte das Heer am 15. August 1097 an. Für den Marsch von dem 250 Kilometer Luftlinie entfernten Nikaia aus hatten die Kreuzfahrer sechs Wochen gebraucht. Nach dem Zeugnis des Chronisten Wilhelm von Tyros war die Stadt von den Seldschuken verlassen worden, bevor die Kreuzfahrer heran waren.[88] Die in der Umgebung lebende Bevölkerung, armenische Christen, halfen, wo sie konnten. Wasser war in ausreichender Menge vorhanden. So kamen die Kreuzfahrer wieder zu Kräften. Fünf Tage blieb das Heer in der Stadt. Nach dieser Ruhepause zog das Heer zum Fluß Tscharschembe und lagerte dort nochmals zwei Tage.
Als der Vormarsch um den 10. September 1097 vor der Stadt Herakleia (h. Ereğli) anlangte, mußten sich die Kreuzfahrer erneut im Kampf bewähren. Der Emir von Kappadokien hatte sich mit Hassan, dem Emir der Danischmendiden, zusammengeschlossen. Ihre Heere stellten sich nun den Kreuzfahrern entgegen. Unter der Führung Boemunds griffen diese sofort an. Die Türken konnten das Feld nicht behaupten. Vor den auf sie eindringenden Kreuzfahrern

wandten sie sich zur Flucht. Ungehindert konnte das Kreuzzugsheer Herakleia besetzen.
Vier weitere Tage Rast waren der Lohn für die siegreiche Armee.
Nun ging es weiter nach Tyana. Hier teilte sich der Weg. Die direkteste Straße nach Syrien führte über die »Kilikische Pforte«. Dieser enge Paß über den Taurus öffnete den Weg hinab in die kilikische Ebene nach Tarsos (h. Tarsus Cayi). Von dort aus würde sich der Weg über das Amanos-Gebirge in das syrische Orontes-Tal anschließen. Doch für ein so großes Heer wie das der Kreuzfahrer war die »Kilikische Pforte«, die an der schmalsten Stelle nur 10 Meter breit ist, nur schwer zu überwinden. Es bot sich noch ein zweiter Weg an. Dieser führte zunächst zu dem im Nordosten gelegenen Caesarea in Kappadokien. Dann war der Antitaurus zu überwinden und man konnte schließlich nach Süden über die Stadt Marasch zum Orontes vorstoßen. Dieser Weg hatte neben der reinen Bequemlichkeit den Vorteil, daß mit der Unterstützung durch die in diesen Gegenden ansässigen armenischen Christen zu rechnen war.
Wieder war es schwierig, sich über den zu wählenden Weg zu einigen. Die Meinungen im Fürstenrat blieben geteilt. Schließlich kam es zu einem Kompromiß. Balduin von Boulogne, Tankred und Balduin von Le Bourq wollten mit ihren Truppen über die »Kilikische Pforte« ziehen. Wenn ihnen dabei auch zu unterstellen ist, mehr ihr eigenes Wohl im Auge gehabt zu haben, so ist aber auch nicht zu verkennen, welche Bedeutung die kommenden Unternehmungen der drei Abenteurer für den Kreuzzug selbst hatten. So trennten sie sich mit ihren Männern am 14. September 1097 von den übrigen Kreuzfahrern und machten sich auf den Weg zur »Kilikischen Pforte«.
Der Rest des Heeres hatte nur anscheinend den leichteren Weg gewählt. Anfangs ging alles gut. Caesarea war schnell

erreicht. Die das Zentrum der Danischmendidenherrschaft bildende Stadt wurde, wie zuvor Ikonium, verlassen angetroffen. Ohne großen Aufenthalt wurde der Marsch über den Antitaurus in Angriff genommen. Von der Stadt Coxon aus bewegten sich die Kolonnen in das Gebirge hinauf. Da verwandelte der einsetzende Herbstregen die Heerstraße in einen schlammigen Pfuhl. Die Gebirgspfade erwiesen sich als so eng, daß die Soldaten einzeln voreinander hergehen mußten, auf dem rutschigen und nassen Boden ein lebensgefährliches Unterfangen. Die Lasttiere stürzten haltlos in die engen Schluchten. Jedes Gepäck, selbst die Waffen und Rüstungen, waren hinderlich. So verkauften viele ihre Wehr oder warfen sie weg, nur um das Gewicht loszuwerden. Ein Schild und ein Harnisch wurden für nur drei oder fünf Silberstücke verkauft, berichtet der Verfasser der »Gesta Francorum«.[89] In diesem »teuflischen Gebirge« sind schätzungsweise 4000 Kreuzfahrer ums Leben gekommen. Viele der Überlebenden erkrankten in der feuchten und kalten Witterung schwer. Unter den Kranken waren auch Godvère, die Frau Balduins von Boulogne, und ihre Kinder. Als das Kreuzzugsheer am Ende dieses Höllenmarsches Mitte Oktober 1097 endlich die Stadt Marasch erreicht hatte, lag die tapfere Normannin im Sterben.

Kilikische Abenteuer

Balduin von Boulogne hatte die Wochen seit seiner Trennung vom Hauptheer in ständigen Kämpfen verbracht. Dabei hatten sich die Auseinandersetzungen nicht allein zwischen Kreuzfahrern und Seldschuken abgespielt, sondern es war auch zu Schwierigkeiten mit Tankred gekommen. Der Normanne hatte sich mit seinen wenigen Gefolgsleuten nach Tarsos gewandt, das er am 21. September erreichte. Es war dies die erste von Kreuzfahrern erreichte Stadt, die direkt mit den im Neuen Testament geschilderten Ereignissen im Zusammenhang stand. Hier war der Apostel Paulus geboren worden und lebte nach seiner Bekehrung mehrere Jahre hier.[90] Es war also ein geheiligter Ort, den Tankred für sich zu gewinnen hoffte. Die Stadt versprach als blühender Handelsplatz ihrem Herrn auch reiche Einkünfte an Steuern und Zöllen.

Als Tankred mit seiner kleinen Truppe herannahte, rückte die seldschukische Garnison aus, um die Kreuzfahrer vor den Mauern zum Kampf zu stellen. Als Tankreds Männer aber unverzagt vorrückten, flohen die Verteidiger und verschanzten sich in den Mauern der Stadt. So blieb Tankred nichts anderes übrig, als vor den Toren sein Lager aufzuschlagen. Offensichtlich war er entschlossen, die Stadt in seine Gewalt zu bringen, denn er sandte in dieser Lage Boten zum Hauptheer, die seine Bitte um Verstärkung für seine kleine Truppe überbrachten. Als diese Tage später vor Tarsos eintraf, war es längst zu spät.

Da erschien Balduin von Boulogne mit seinen Leuten und verlangte einen Teil der Stadt für sich. Dieses Ansinnen lehnte Tankred rundweg ab. Die Lage war für den Normannen schwierig. Er selbst hatte die Stadt noch nicht erobert und Balduin standen wesentlich mehr Truppen zur Verfügung. Während Tankred nur 100 Ritter und 200 Mann zu Fuß bei sich hatte, verfügte der Lothringer über 500 Ritter und 2000 Fußsoldaten.[91] Auf eine Kraftprobe konnte Tankred es also nicht ankommen lassen. Nun von einer wesentlich größeren fränkischen Streitmacht bedroht, machte sich die seldschukische Garnison im Schutz der Nacht davon und überließ die christliche Stadtbevölkerung ihrem Schicksal. Am nächsten Morgen nahmen die Einwohner Verhandlungen mit den beiden Kreuzfahrerfürsten auf. Nach der »Gesta Francorum« äußerten sie folgende Bitte:

»Haltet ein, Herren, haltet ein, weil wir wünschen und begehren, daß uns derjenige Herr ist und regiert, der gestern so tapfer gegen die Türken kämpfte.«[92] Sie wünschten also ausdrücklich Tankred als Herrn der Stadt. Die Tatkraft und Tapferkeit der kleinen Normannentruppe hatte sie wohl überzeugt, von diesen Männern echten Schutz gegen die Seldschuken erwarten zu können. Auch erschien es den Stadtbewohnern wohl auch im Inneren sicherer, nur etwa 300 Mann in den Mauern zu haben, anstelle von 2500 Bewaffneten, die nicht so leicht unter Kontrolle zu halten wären.
Doch Balduin von Boulogne blieb hart. Er wollte die Stadt plündern. Wieder stellte sich Tankred gegen das Vorhaben des Lothringers. Er sah sich schon als der von der Bevölkerung anerkannte Herr der Stadt und mißbilligte ein solches Vorgehen gegen die christlichen Einwohner. Doch auf einen Kampf mit den deutlich überlegenen Truppen seines Konkurrenten konnte er es nicht ankommen lassen. So mußte Tankred klein beigeben und wohl oder übel Tarsos verlassen.
Gerade hatte Balduin sich in Tarsos eingerichtet, da erschienen vor den Toren der Stadt 300 Normannen. Sie waren die von Tankred angeforderte Verstärkung, die zu spät eingetroffen war, um an der Lage noch etwas ändern zu können. Der Lothringer blieb hart, als die Truppe bat, in die Stadt eingelassen zu werden. Die Stadttore blieben geschlossen. Mit dieser Haltung beschwor Balduin allerdings auch eine Auseinandersetzung mit seinen eigenen Leuten herauf. Diese waren anscheinend keinesfalls mit seiner Entscheidung einverstanden. Sie konnten zwar die vor den Toren Lagernden nicht in die Stadt lassen, aber heimlich ließen sie an Stricken Körbe mit Lebensmitteln an der Mauer herab, um sie zu verköstigen. Die Normannen ahnten wahrscheinlich nicht, in welcher Gefahr sie schwebten. Als die Nacht

hereinbrach, kam die geflohene seldschukische Garnison zurück. Da sie gegen die in der Stadt verschanzten Kreuzfahrer nichts ausrichten konnten, ließen sie ihre Wut an den vor den Toren lagernden Normannen aus. Keiner der 300 Kreuzfahrer entkam dem Gemetzel. Im ersten Morgenlicht entdeckten die Männer Balduins die Toten. Zutiefst empört gaben sie ihrem Fürsten die Schuld am Tod ihrer Kameraden. Balduin von Boulogne mußte vor den Pfeilen seiner eigenen Gefolgsleute in einen Turm fliehen.

Wieder wendete sich das Blatt, als im Hafen von Tarsos die Schiffe des Guynemer von Boulogne eintrafen. Dieser war als Pirat in den Gewässern des östlichen Mittelmeeres reich geworden und hatte eine ansehnliche Truppe um sich geschart. Er schloß sich Balduin von Boulogne an, dem die Verstärkung durch seine seefahrenden Landsleute nicht unwillkommen gewesen sein dürfte. Eine von Guynemers Männern gestellte Besatzung blieb in Tarsos zurück, während Balduin sich mit seinen restlichen Männern auf den Weg nach Marasch machte.

Kilikien hatte sich in den vergangenen Wochen als nicht sehr geeignet zur Aufrichtung einer eigenen Herrschaft erwiesen. Einerseits war das ungünstige Klima abträglich, andererseits befand sich dieses Gebiet zu nah an der Grenze des Byzantinischen Reiches. Es war zu befürchten, daß Alexios I. auf die Einhaltung des Vasalleneides dringen würde, unter Umständen mit der Androhung militärischer Schritte. Balduins armenischer Berater Bagrat, der ihn seit Nikaia begleitete, riet ihm, sich lieber den weiter im Osten liegenden armenischen Gebieten zuzuwenden. Der eingeschlagene Marschweg führte über Mamistra, wo es zu einem erneuten Zusammentreffen mit Tankred kommen sollte.

Der Normanne war über Adana, das er dem Ritter Welf übergab, nach Mamistra gezogen. Oschin von Lampron, ein örtlicher Fürst, hatte ihm den Weg in diese Stadt gewiesen, wo eine christliche armenische Bevölkerung auf die Befreiung vom seldschukischen Joch wartete. Als Tankred Anfang Oktober eingetroffen war, floh die seldschukische Garnison. Kaum hatte der Normanne daraufhin in der Stadt Quartier gemacht, erschien auch schon Balduin von Boulogne. Nun ließ Tankred den Lothringer nicht in die Stadt ein. Lediglich Lebensmittel sollten geliefert werden. Da drangen seine Leute, allen voran sein Schwager Richard, in Tankred, die Lothringer für das an den 300 vor Tarsos getöteten Normannen begangene Unrecht zu bestrafen. Ein Überfall wurde unternommen, doch die Männer des Normannen holten sich nur blutige Köpfe. Die Lothringer waren ihnen zu sehr überlegen. Notgedrungen söhnten sich die Streithähne aus. Noch während er bei Mamistra lagerte, erreichte Balduin von Boulogne die Nachricht, seine Frau liege in Marasch im Sterben. So eilte er mit seinen Leuten sofort dorthin.

Der so von seinem Feind befreite Tankred sandte nun Boten mit der Bitte um Verstärkung zu Guynemer, der noch immer in Tarsos weilte. In Mamistra ließ er nur eine kleine Garnison zurück und marschierte gegen Alexandretta (h. Iskenderum). Von den Piraten zur See unterstützt, gelang es ihm im Handstreich, die Hafenstadt zu besetzen. Damit war ein wichtiger Nachschubhafen für das Kreuzzugsheer gewonnen. In der Stadt ließ Tankred wiederum eine Garnison zurück, marschierte über das Amanos-Gebirge und erreichte schließlich das Kreuzzugsheer, als es vor Antiochia lagerte.

Die Stadt Marasch hatten die Kreuzfahrer schon Mitte Oktober 1097 erreicht. Die dort lebenden Armenier hatten die Kreuzfahrer mit großer Freude empfangen. Inzwischen waren im Heer Stimmen laut geworden, die eine Unterbrechung des Vormarsches forderten. Die Truppen sollten bis zum folgenden Frühjahr Gelegenheit bekommen, sich von

den Strapazen des harten Marsches durch Anatolien zu erholen. Auch hätte in dieser Zeit der Nachzug an frischen Truppen aus Frankreich das Heer erreichen können. Diese Vorstellungen waren nicht unberechtigt. Die bisherigen Verluste waren erschreckend und die noch lebenden Kreuzfahrer waren in keinem guten gesundheitlichen Zustand. Aber Graf Raimund widersprach nach dem Zeugnis Raimunds von Aguilers diesem Vorhaben. Er verwies auf den Erfolg von Nikaia, den er dem inspirierenden Wirken Gottes zuschrieb.[93] Schließlich setzte er sich mit seiner Ansicht durch, man solle keine Zeit verlieren und den Feldzug unverzüglich fortsetzen. Dies geschah auch.
Nur drei Tage des Aufenthalts gönnten sich die erschöpften Krieger, dann ging der Marsch weiter.

Graf von Edessa

Als Balduin von Boulogne in Marasch eintraf, starben seine Frau Godvère und ihre Kinder. Mit ihrem Tod war für Balduin jede Hoffnung auf eine Erbschaft von seiten der Familie seiner Frau erloschen. Der besitzlose Bruder Gottfrieds von Bouillon war wieder auf sich allein gestellt. Nur mit eigener Kraft konnte er für sich noch eine angemessene Herrschaft erringen.
Da tat sich eine geradezu unvorstellbare Möglichkeit für Balduin auf, seinen Traum zu verwirklichen. Thoros, der Fürst von Edessa, hatte von den Heldentaten Graf Balduins in Kilikien erfahren. Da er in seiner Stadt größte Schwierigkeiten mit der Stadtbevölkerung einerseits, aber auch mit den Seldschuken andererseits hatte, versprach er sich Hilfe von den Kreuzfahrern. Anfang 1098 war in Edessa eine Gesandtschaft abgegangen, die Balduin in Marasch antraf. Thoros machte dem lothringischen Grafen

ein großzügiges Angebot. Er wolle mit ihm Freundschaft schließen wie ein Vater mit seinem Sohn. Sollte der kinderlose Thoros sterben, würde Balduin in den Besitz der Stadt kommen, teilten die Boten weiter mit. Balduin solle dafür bei der Verteidigung der Stadt gegen die Seldschuken helfen. Der so Umworbene sagte sofort seine Hilfe zu. Daß Thoros mit seinem Angebot sein eigenes Todesurteil gefällt hatte, ahnte dieser nicht. Er hatte noch ganze sechs Wochen zu leben.
Balduin von Boulogne machte eine kleine Gruppe von 80 Rittern marschbereit. Unter seinem Gefolge befand sich auch der Chronist Fulcher von Chartres, er hatte seinen Dienst bei Stephen von Blois kurzerhand aufgekündigt. Das Abenteuer lockte. So brach Balduin nach Edessa auf.
Der Weg war weit und gefährlich. Die Stadt liegt in Mesopotamien, 20 Meilen vom Euphrat entfernt, über 100 Meilen von Antiochia. Dabei begann der Vormarsch nach Südosten mit großen Erfolgen. Die beiden Festungen Ravendel (Rawendan) und Turbessel (Tell Bashir) fielen in die Hände des Abenteurers. Von diesen aus würde es in der folgenden Zeit möglich sein, die Gebiete westlich des Euphrat zu überwachen.
Nach der Überschreitung des Euphrat befanden sich die Ritter in einem von muslimischen Arabern bewohnten Gebiet. Die Bewohner der in der Nähe der Marschroute liegenden Stadt Samosata machten sich daran, die Christen abzufangen. Nach der Flußüberschreitung war Balduin mit seinen Männern die ganze Nacht weitergeeilt, aus Furcht vor den in der Nähe liegenden Lagern der Araber. Als die Bewohner von Samosata daraufhin für den nächsten Tag Hinterhalte vorbereiteten, fanden die Ritter in der folgenden Nacht unverhoffte Hilfe. Aus Furcht vor den Arabern hatten sie wohl den ganzen Tag über gelagert. Zur Nacht holte sie ein Armenier in seine Burg, wo sie zwei Tage blieben. »Am dritten

Tag«, so berichtet Fulcher von Chartres als Augenzeuge, »von einer solch langen Verzögerung verunsichert, stürmten sie aus dem Ort des Hinterhalts hervor und rannten, mit ihren erhobenen Flaggen vor die Burg, in der wir waren.«[94] Die Araber griffen nicht etwa die Burg an, nein, sie bemächtigten sich lediglich der außerhalb der Burg befindlichen Herden des Burgbesitzers. Die Ritter Balduins verließen nun die Burg und stellten sich den Plünderern. Doch zu einem richtigen Kampf kam es nicht, da die Lothringer in der Minderzahl waren. Die Araber schossen zwar Pfeile ab, verwundeten aber niemanden. Allein ein Ritter Balduins konnte einen Erfolg für sich verbuchen: Er tötete einen Gegner mit einem Lanzenwurf und erbeutete dessen Pferd.
Der am nächsten Tag fortgesetzte Marsch wurde für die Ritter zu einem Triumphzug. Die Einwohner der armenischen Dörfer des Gebietes empfingen sie als Befreier vom Joch der Seldschuken. Dann war Edessa erreicht. Balduin von Boulogne und seine Ritter wurden in der Stadt freudig willkommen geheißen. Als Balduin von der Bevölkerung allzusehr bejubelt wurde, kamen Thoros anscheinend Zweifel an seiner Einladung an den fränkischen Edelmann. Er versuchte sich aus der Affäre zu ziehen, indem er Balduin Gold und andere wertvolle Dinge bot. Doch darauf ging der Lothringer nicht ein. Er wies die Geschenke zurück und wollte wieder umkehren. Nun drangen die Berater des Thoros in diesen und brachten ihn gegen seinen erklärten Willen dazu, sein Versprechen gegenüber Graf Balduin einzulösen. Und er »... machte den Balduin zu seinem Adoptivsohn, so wie es in jener Gegend und bei diesem Volke Sitte ist, indem er ihn an seine nackte Brust drückte und das der Haut zunächst liegende Gewand ihn und sich zu gleicher Zeit damit bekleidend um ihn schlang«.[95] Den neugewonnenen Sohn machte der alte Herrscher von Edessa offiziell zu seinem Mitregenten.

Graf Balduins erste Aufgabe, die er für seinen Adoptivvater übernehmen sollte, war ein Angriff auf Samosata. Balduk, der Herr dieser Stadt, hatte die Bewohner Edessas gezwungen, ihm Geiseln zu stellen, um ein Faustpfand zur Erpressung jährlicher Tribute zu haben. Zusammen mit seinen eigenen Rittern und einer von den Bürgern Edessas gestellten Truppe machte sich Graf Balduin auf den Weg. Doch der Angriff wurde von den Truppen Balduks leicht abgewiesen. Die edessenischen Kämpfer waren für einen solchen Feldzug unbrauchbar. So kam es auch noch dazu, daß sechs der Ritter Graf Balduins fielen. Nachdem auf dem Schlachtfeld keine Entscheidung herbeigeführt werden konnte, legte Graf Balduin in eine nahebei gelegene Burg eine kleine Besatzung. Von dort aus sollten sie einen ständigen Kleinkrieg gegen Samosata in Gang halten.

In Edessa schwelte unter der Bürgerschaft der Unmut gegen Thoros. Beliebt war er nicht. Er hatte bis zur seldschukischen Eroberung in byzantinischen Diensten gestanden. Mit seiner Stadtbevölkerung war er verfeindet, weil er dem griechisch-orthodoxen Bekenntnis anhing. Die Edessener aber gehörten der armenischen Kirche an, die wegen ihrer monophysitischen Lehre als häretisch galt. Ihre Anhänger glaubten, daß aus Christus nur eine göttliche Natur sprach, wogegen die Orthodoxie von zwei Naturen ausging, der göttlichen und der menschlichen, die in Christus unvermischt und ungetrennt vorhanden sind. Von der griechisch-orthodoxen Kirche waren in der Vergangenheit Verfolgungen der Armenier ausgegangen, was auch unter dem Druck der Seldschukengefahr Thoros nicht vergessen wurde. Seine Herrschaft hatte er durch die Pflege guter Beziehungen einerseits zu Konstantinopel, andererseits aber auch zu Bagdad zu erhalten gesucht. Doch seine Stellung war angreifbar und unsicher.

Als nun Balduin von Boulogne in der Stadt weilte, setzten

die Bürger und die mit Thoros unzufriedenen reicheren Familien ihre Hoffnungen auf den Fremden. Gemeinsam mit Konstantin, dem Fürsten der Stadt Gargar, wurde beratschlagt, ob sie sich nicht des Thoros entledigen und Graf Balduin auf den Thron setzen sollten. Als dieses Ansinnen an ihn herangetragen wurde, lehnte er es zunächst strikt ab. Dann versuchte er noch, zwischen Thoros und den Edessenern wegen dessen freiem Abzug zu verhandeln, doch alles war zwecklos. Als am 7. März 1098 der Aufstand offen ausbrach, stand Graf Balduin seinem Adoptivvater nicht bei. Von seinem Adoptivsohn und seinen Truppen verlassen, versuchte der alte Fürst aus seiner Zitadelle zu fliehen. Als er sich abseilen wollte, stürzte er mitten unter die aufgebrachte Menge. Von zahlreichen Pfeilen durchbohrt starb er auf der Straße. Der Leiche wurde der Kopf abgeschnitten, auf eine Lanze gesteckt und durch die Stadt getragen.[96]
Der armenische Chronist Matthäus von Edessa wirft Graf Balduin vor, mit den Verschwörern gemeinsame Sache gemacht zu haben.[97] Wie die Verhältnisse wirklich waren, wird nie zu klären sein. Auf jeden Fall erlangte Graf Balduin auf diese Weise seine so lange erträumte eigene Herrschaft. Am 10. März 1098 war er als »Graf von Edessa« der Herrscher des ersten Kreuzfahrerstaates. Da Edessa vor dem Eroberungszug der Seldschuken dem Byzantinischen Reich gehört hatte, hätte er die Stadt, getreu seinem geleisteten Eid, an Kaiser Alexios I. übergeben müssen. Doch daran dachte der Graf nicht im geringsten. Vielleicht verließ er sich darauf, daß Konstantinopel weit weg war und nicht so schnell byzantinische Beamte auftauchen würden, um des Kaisers Rechte einzufordern. Die neue Grafschaft Edessa umfaßte die weitgehend von Armeniern bewohnten Gebiete westlich und östlich des Euphrat. Sie bildete einen willkommenen Puffer zwischen den sich alsbald weiter südlich bildenden Kreuzfahrerstaaten und den seldschukischen

Besitzungen. Die Stadt Sarudsch wurde erobert und bildete Balduins Bastion südwestlich von Edessa. Schließlich bereitete Graf Balduin auch einen neuerlichen Feldzug gegen Samosata vor. Emir Balduk war davon dermaßen beeindruckt, daß er seine Stadt gegen die Zahlung von 10 000 Goldstücken dem Grafen von Edessa übergab.

Nach seinem Einmarsch in Samosata befreite er die Geiseln und sandte sie zurück nach Edessa. Seine Truppen ergänzte er durch Ritter, die er aus dem Hauptheer des Kreuzzuges anwarb. Die Heirat mit einer Armenierin sollte der Bevölkerung seiner Grafschaft zeigen, daß er sich mit ihr verbunden fühlte. Seine Erwählte war Arda, die Tochter des armenischen Stammesfürsten Tafnuz. 60 000 Goldstücke Mitgift dürften für Balduin ein zusätzlicher Anreiz gewesen sein. Auch machte er mit der Heirat unmißverständlich deutlich, wie viel ihm an seiner Erwerbung lag und wie wenig an der Idee des Kreuzzuges.

Als es im März 1098 zu einer Verschwörung gegen seine Herrschaft kam, warf er diese blutig nieder. Die erste Belastungsprobe war überstanden, die Macht des Grafen von Edessa im Inneren gesichert.

Das Verhalten Balduins von Boulogne mußte nun auch dem frömmsten Teilnehmer des Kreuzzuges gezeigt haben, daß für den größten Teil der Fürsten nicht allein die Befreiung des Heiligen Grabes im Zentrum des Kriegszuges stand. Der Bruder des Herzogs von Niederlothringen hatte nur als erster die Maske der Frömmigkeit fallen lassen und die Chance ergriffen, sich eine eigene Herrschaft im Orient zu erwerben. Nun war auch der Bruch mit Alexios I. festgeschrieben. Weitere Übergaben von eroberten Städten an die Byzantiner würde es nicht mehr geben.

VI. BUCH

Antiochia:
Der Schlüssel zu Syrien

Die Perle am Orontes

Antiochia, einst die drittgrößte Stadt des *Imperium Romanum*, sollte die große Bewährungsprobe des Kreuzzuges werden. Diese Stadt mußte erobert werden, wollten die Kreuzfahrer ihren Marsch nach Süden in Sicherheit fortsetzen. Eine Umgehung war nicht möglich, auch hätte dies bedeutet, mächtige Feinde im Rücken und an den Flanken zu haben. Sie hätten eine ständige Bedrohung für die weitere Fortsetzung des Feldzuges dargestellt. In den folgenden Monaten sollte Antiochia nicht nur zum entscheidenden Prüfstein für den Kreuzzug, sondern auch für die Politik der syrischen Emire werden.
Antiochia hatte seit der Gründung eine wechselvolle Geschichte hinter sich gebracht. Den Grundstein zu dieser riesigen Stadt hatte im Jahr 300 v. Chr. Seleukos I. Nikator (Kg. 305–281 v. Chr.) gelegt. Er machte sie zu seiner Residenz, von der aus er sein syrisches Königreich beherrschte, das aus dem Reich Alexanders des Großen hervorgegangen war. Am Ufer des Orontes nur 26 Kilometer von der Küste des Mittelmeers entfernt gelegen, entwickelte sich die Stadt schnell zu einem bedeutenden Kultur- und Wirtschaftszentrum im östlichen Mittelmeerraum. Im Jahr 83 v. Chr.

eroberte der Armenier Tigranes die Stadt und konnte sie seinem Reich hinzufügen. Mit dem Ende der Seleukidenherrschaft in Syrien fiel die Stadt dem *Imperium Romanum* zu, als Cn. Pompeius Magnus sie im Jahr 64 v. Chr. zum Sitz des Legaten der neueingerichteten Provinz *Syria* machte. In der Kaiserzeit diente die Stadt wiederholt als östliche Residenz der Kaiser. Für das junge Christentum gewann Antiochia große Bedeutung, da sich hier die erste Gemeinde aus ehemaligen Heiden bildete. Auch wurde dort zum ersten Mal die Bezeichnung »Christen« für die Anhänger des neuen Glaubens verwendet.[98] Mit dem 6. Jahrhundert begann der Abstieg der Stadt. Mehrere große Naturkatastrophen trafen Antiochia, darunter ein gewaltiger Brand und zwei Erdbeben. Dann wurde sie von den Persern unter König Chosrau I. im Jahr 540 geplündert. Kaiser Justinian I. baute die Stadt weitgehend wieder auf. Schließlich ging sie im Jahr 637 an die Araber verloren.

Die arabische Herrschaft war erst im Jahr 968 im Zuge der byzantinischen Rückeroberungen in Syrien wieder zu Ende gegangen. Nur wenig mehr als hundert Jahre sollte die erneute Herrschaft der Byzantiner über die Stadt dauern. Mit den Eroberungen der Seldschuken im syrischen Raum ging sie wieder verloren.

Zunächst war der Seldschukensturm an der stark befestigten Stadt vorbeigegangen. Noch verfügten die Reiterkrieger über keine große Erfahrung in der Belagerung von Städten. Die Seldschuken setzten sich in Syrien und Palästina fest und unterwarfen diese Gebiete ihrer Verwaltung. So war Atsiz als oberster Herr in Palästina eingesetzt worden. Als er sich im Jahr 1079 wegen der fatimidischen Bedrohung im Süden mit der Bitte um Hilfe an Sultan Malik Schah I. wandte, sandte dieser seinen Bruder Tutusch nach Syrien. Dieser sollte sich dort eine eigene Herrschaft aufbauen, um das Seldschukenreich gegen die Fatimiden zu sichern. Mit diesem Auftrag begann die Entwicklung hin zu dem schwer durchschaubaren politischen Geflecht, das entscheidenden Anteil an der militärischen Lage vor Antiochia im Jahr 1097 hatte.

Seiner Macht in Syrien versicherte sich Tutusch, indem er Atsiz noch im Jahr 1079 ermorden ließ. Zu seiner Residenz machte er Damaskus. Sechs Jahre später gelang es dem seldschukischen Feldherren Suleiman ibn Kutulmisch, Antiochia zu erobern. Es war ihm gelungen, das Problem der Belagerung zu umgehen, indem er in der Stadt Verräter fand, die ihm die Stadttore öffneten. Doch konnte sich der Eroberer seines Erfolges nicht erfreuen. Er fand das gleiche Ende wie zuvor Atsiz. Tutusch unternahm einen Kriegszug gegen ihn, und er fiel in der Schlacht.

Seiner ungestörten Machtausübung in Syrien konnte sich Tutusch allerdings nicht lange erfreuen. Sultan Malik Schah I. sah anscheinend nun doch eine Gefahr in dem allzu weit sich ausdehnenden syrischen Herrschaftsbereich seines Bruders. Und so nahm er Tutusch kurzerhand einige der eroberten Städte wieder ab. Edessa erhielt ein gewisser Buzan, der Turkmene Yagi Siyan wurde Statthalter in Antiochia, und Aleppo kam unter die Herrschaft Aksungur al-Hajibs. Jerusalem blieb unter der Verwaltung Artuks, den noch Tutusch dort als Statthalter eingesetzt hatte. Bis 1092 blieben die Zustände in Syrien und Palästina stabil. Nachdem in diesem Jahr Malik Schah I. gestorben war, sah Tutusch die Möglichkeit, nicht nur seine verlorene Macht in Syrien zurückzugewinnen, sondern den Sultansthron selbst zu besteigen. So beteiligte er sich unverzüglich an dem ausbrechenden Bürgerkrieg. Der Beginn seines Feldzuges war vielversprechend. Mit Leichtigkeit eroberte er Aleppo und Edessa, deren Herren getötet wurden. Doch bei weiteren Kämpfen im Iran fiel er am 26. Februar 1095 in einer Schlacht.

Die Erwartungen seiner Söhne Duqaq und Ridwan waren

nicht so hoch gesteckt. Als der Vater tot war, teilten sie sich sein syrisches Erbe. Duqaq wurde der Herr von Damaskus, Ridwan bemächtigte sich Aleppos. Gleichzeitig bemächtigte sich Janah ad-Daula der Stadt Homs, unterstellte sich aber, wie auch Yagi Siyan in Antiochia, Ridwan von Aleppo. Artuk, der Statthalter von Jerusalem, war schon 1091 gestorben, aber seine Söhne konnten die Stadt auch unter den neuen Umständen behaupten.

Als die Kreuzfahrer im Oktober 1097 die Nordgrenze Syriens überschritten, herrschte unter den Stadtherren keinerlei Einigkeit. Kleinlich war jeder darauf bedacht, seine Interessen erfüllt zu sehen. Eine wirkliche Einigung war deshalb auch unter größter Gefahr nicht leicht zu erreichen. Und auch während der kommenden Kämpfe gegen die Kreuzfahrer sollte das gegenseitige Mißtrauen die strategischen Entscheidungen bestimmen.

Als Emir Yagi Siyan vom Herannahen der Kreuzfahrer von Norden her erfuhr, stand er vor erheblichen Problemen. Seine Garnison reichte bei weitem nicht aus, um die insgesamt 14 Kilometer lange Mauer der Stadtbefestigung zu besetzen. Hinzu kamen Schwierigkeiten mit der Bevölkerung der Stadt. Die Seldschuken stellten die absolute Minderheit. Es handelte sich zumeist um die Familien der Garnisonssoldaten. Der Rest der Bevölkerung bestand aus Christen der unterschiedlichsten Bekenntnisse. Und den meisten von ihnen wiederum konnte der Emir nicht trauen. Er mußte damit rechnen, daß die Anhänger der griechisch-orthodoxen Kirche und die armenischen Christen starke Sympathien für die Kreuzfahrer hatten. Allein die syrischen Christen würden vermutlich neutral bleiben, denn sie waren unter der byzantinischen Herrschaft wegen ihrer Lehren verfolgt worden. Unterdrückung für die Christen hatte es seit der seldschukischen Eroberung nicht gegeben. Der Patriarch der griechisch-orthodoxen Kirche, Johannes Oxeites, hatte noch immer seinen Sitz in der Stadt. Auch waren die Kirchen unangetastet geblieben.

Als aber die Kreuzfahrer sich der Stadt näherten, endete dieser maßvolle Umgang Yagi Siyans mit seinen christlichen Untertanen. Johannes Oxeites mußte seine Residenz mit dem Kerker vertauschen. So hatte der Emir jederzeit ein wichtiges Faustpfand in der Hand, um die Glaubensgenossen des Patriarchen zum Gehorsam zu zwingen. Nun wurde auch die Kathedrale der Stadt, zum äußeren Zeichen der neuen Politik, entweiht und als Stall für die Pferde des Emirs benutzt. Schließlich griff Yagi Siyan zu einer weiteren, sehr harten Maßnahme, um den Christen jede Führung zu nehmen. Am 16. Oktober 1097 verwies er alle Priester, Diakone und Mönche, aber auch alle anderen christlichen Männer, die Waffen tragen konnten, aus der Stadt.[99] Auf diese Weise wollte er wohl der Gefahr begegnen, daß ein von den Geistlichen geführter Aufstand der Christen in der Stadt zustande kommen könnte. Hätte Yagi Siyan geahnt, daß die verbliebenen Christen in einigen Monaten den Kreuzfahrern die Tore öffnen sollten, wäre sein Vorgehen wohl noch schärfer ausgefallen.

Die Vertreibung eines großen Teils der Christen aus der Stadt verringerte aber auch die während der Belagerung zu versorgende Bevölkerung erheblich. Dies konnte zwar die Zeit verlängern, in der Antiochia auch eine völlige Einschließung aushalten konnte, aber Hilfe von außen war bitter nötig. Entsatz mußte her. Und dieser konnte nur von den Emiren und Atabegen der anderen syrischen Städte kommen, das wußte Yagi Siyan. Wenn sein Verhältnis zu den anderen Stadtherren, und insbesondere zu seinem Lehnsherrn Ridwan von Aleppo, auch sehr gespannt war, blieb ihm nichts anderes übrig, als bei diesen um Hilfe nachzusuchen. Der Emir sandte also Boten nach Aleppo, Damaskus und auch nach Mosul und selbst nach Bagdad.

Ridwan von Aleppo, noch immer beleidigt wegen Yagi Siyans Abfall, lehnte die Hilfe rundheraus ab. Er sollte erst später erkennen, worum es auch für ihn ging. Dagegen sagte Duqaq von Damaskus sofort seine Hilfe zu. Ihm schlossen sich der Atabeg Toghtekin und Janah ad-Daula, der Emir von Homs, an. Die tatsächliche politische Tragweite einer Unterstützung von Antiochia erkannte Kerboga, der Atabeg von Mosul. Mit einem Entsatzheer in die zu erwartenden Kämpfe um die Stadt einzugreifen war für ihn mit der Möglichkeit verbunden, seine eigenen machtpolitischen Interessen in Syrien zu verwirklichen. Sollte er Antiochia an sich bringen können, wäre sein Rivale Ridwan von Aleppo in seiner Macht gewesen. Bis die Entsatzheere aber bereitstanden und sich auf den Marsch machen konnten, mußte Yagi Siyan in Antiochia aushalten.

Die Belagerer

Um den 16. Oktober 1097 herum hatte das Heer der Kreuzfahrer Marasch verlassen. Der Heerwurm wandt sich in Richtung Süden, dem Amouk-Tal folgend. Antiochia lag voraus. Dem Heer war Herzog Robert von der Normandie mit 1000 Rittern und 2000 Mann Fußvolk als Vorhut vorausgezogen. Sie waren die ersten, die am 20. Oktober 1097 den Orontes erreichten, an dessen Ufern drei Marschstunden flußabwärts Antiochia liegt. Der Herzog und seine Truppe sahen sich nun einer Aufgabe gegenüber, die auch für ein zahlenmäßig so starkes Heer wie das ihre nicht leicht zu bewältigen war.
Der Weg nach Antiochia führte über die *pons ferri*, die »Eiserne Brücke«. Die Kreuzfahrer nannten sie so, wenn auch ihr eigentlicher Name *pons farreus* lautete, nach dem zweiten Namen des Orontes, Farreus. Nach Albert von Aachen

war es ein uralter Bau, der mit einem Bogen die Ufer des Flusses verband. Was den Kreuzfahrern der Vorhut ärgste Schwierigkeiten bereiten sollte, war der Umstand, daß diese Brücke stark befestigt war. An jedem Ende erhob sich ein Turm, besetzt mit jeweils 50 Bogenschützen. Von ihrem Standort aus konnten diese jeden Teil der Brücke unter Beschuß nehmen. Von den aufmarschierenden Rittern wurden viele durch Pfeilschüsse verwundet, auch die Pferde trugen Verletzungen davon. Ein direktes Vorgehen gegen die Besatzung der Türme war also nicht möglich.
Doch die 100 Bogenschützen blieben nicht allein. Als der Kampf schon tobte, kamen von der Stadt her 700 seldschukische Reiter heran. Sie beeilten sich, einem Übergang der christlichen Ritter über die Furten des Flusses zuvorzukommen. Als die Seldschuken sich dazu an dem von ihnen gehaltenen Flußufer verteilten, taten ihnen dies die Männer Herzog Roberts nach. Es begann nun ein von den Bogenschützen der beiden Truppen geführtes Gefecht von einer Seite des Flusses gegen die andere. Dieser Kampf zog sich hin. Mit der Zeit erlahmte der Widerstand der Kreuzfahrer. Und so war es ein großes Glück für die geschwächte Vorhut, als endlich das restliche Heer der Kreuzfahrer den Orontes erreichte.
Bevor der Kampf aufgenommen wurde, richtete Adhémar von Le Puy in einer Predigt das Wort an die Kämpfer. Dann nahmen die Kreuzfahrer mit allen Mitteln und ohne Rücksicht den Kampf auf. Von ihren Schilden gedeckt, rückten sie gegen die Brücke vor. Und nun drangen auch die übrigen Kreuzfahrer vor. In breiter Front stürmten sie in voller Rüstung und zu Pferde in den Fluß, den sie zum Teil durch die Furten reitend, aber auch durch die tieferen Stellen schwimmend, überwanden. Die Seldschuken suchten ihr Heil wie in so vielen Schlachten zuvor in der Flucht. Auf eine Verfolgung der Fliehenden verzichteten die Kreuzfah-

rer. Sie fürchteten die Nähe Antiochias und der dortigen Garnison.
Nach der gewonnenen Schlacht an der Eisernen Brücke lagerte sich das Heer für die Nacht am Flußufer. Erst am nächsten Morgen wollten sie den Marsch zur Stadt antreten. Allein Boemund von Tarent drang noch am gleichen Tage mit 4000 Mann bis zu den Mauern der Stadt vor. Er schlug sein Lager vor dem St. Pauls-Tor auf.[100]
Antiochia erwies sich als nur schwer zu belagernde Stadt. Zum Teil in der Orontes-Ebene gelegen, zog sie sich bis ins Gebirge hinauf. Der natürliche Schutz der Stadt bestand im Norden aus sumpfigen Niederungen entlang des von Nordosten nach Südwesten fließenden Orontes. Im Osten und Westen stürzten steile Berghänge in tiefe Schluchten hinab. Die südliche Stadtgrenze zog sich entlang eines hochaufragenden Gebirgskamms. Das ganze Stadtgebiet, das in der Länge zwei Meilen und in der Breite eineinhalb Meilen maß,[101] wurde von gewaltigen Mauern umschlossen. Diese stammten noch aus der Zeit Kaiser Justinians I., waren mehrere Meter dick und erreichten eine beträchtliche Höhe.
An der Nordwestecke der Stadt berührte die Stadtmauer den Orontes. Hier befand sich ein Tor mit einer befestigten Brücke davor, um einen sicheren Übergang über den Fluß zu gewährleisten. Von diesem Punkt aus entfernte sich die Mauer zunehmend vom Fluß, so daß vor dem Fuß der Mauer sich das Sumpfland erstreckte. Im Osten, Süden und Westen folgte die Mauer dem Gebirge. Die südliche Mauer konnte als uneinnehmbar für einen Sturmangriff gelten. Entlang des Gebirgskamms, über vier Berggipfel und durch scharf eingeschnittene Schluchten, nahm sie einen Verlauf, bei dem keine Möglichkeit bestand, größere Truppen in Stellung zu bringen. Die in der Mitte der Südmauer aufragende höchste Erhebung wurde von der gewaltigen Zita-

delle der Stadt gekrönt. Diese Stadtmauer hatte eine Gesamtlänge von 14 Kilometern. Insgesamt erhoben sich auch noch 400 Türme über der Mauer. Deren Abstand war so bemessen, daß die auf ihnen in Stellung gegangenen Bogenschützen jeden Punkt der Mauer mit Pfeilen eindecken konnten.

Am Vormittag des auf die Schlacht an der Eisernen Brücke folgenden Tages traf auch das restliche Heer der Kreuzfahrer vor den Mauern der Stadt ein. Sie nahmen für den Anmarsch die alte Heerstraße, die vom St. Pauls-Tor über die Eiserne Brücke nach Aleppo führte. Für eine völlige Einschließung Antiochias war einerseits das Heer der Kreuzfahrer nicht groß genug, andererseits stand dem die ausgeklügelte Anlage der Befestigungen entgegen. Und so machten sich die Fürsten daran, ihre Truppen gegenüber den Toren an der Nord- und Westseite der Stadt aufmarschieren zu lassen. Boemund von Tarent hielt mit seinen Truppen weiterhin die Stellung vor dem St. Pauls-Tor. So war die Straße nach Aleppo gesichert. Hinter ihm, weiter von Antiochia entfernt gegen Norden, auf dem Feld von Kombros, lagerte sich die byzantinische Abteilung unter General Tatikios. Die Kreuzfahrer aus Nordfrankreich besetzten einen Mauerabschnitt an der rechten Flanke Boemunds. An diese schloß sich der Belagerungsriegel von Graf Raimund und Adhémar von Le Puy an. Sie sicherten das Hundetor. Weiter südlich, mit dem Orontes im Rücken, lagerte Herzog Gottfried vor dem nach ihm benannten Herzogstor. Mit dieser Blockade dreier wichtiger Tore mußten sich die Kreuzfahrer zunächst zufrieden geben. Zwei entscheidend wichtige Tore blieben zunächst unbewacht: das Brückentor, von dem aus über eine Brücke die Straßen nach Alexandretta und St. Symeon (h. Suadiye) verliefen, und das große St. Georgs-Tor.

Im Zentrum der ersten Bemühungen der Belagerungsarmee

standen das Hundetor und die über den davor gelegenen Sumpf führende Brücke sowie die befestige Brücke. Die Truppen Adhémars von Le Puy waren zu schwach, um Ausfälle der Seldschuken über die Brücke vor dem Hundetor zu verhindern. Deshalb wurde beschlossen, diese zu zerstören. Dies gelang den mit eisernen Werkzeugen ausgezogenen Kreuzfahrern allerdings nicht. Als nun eine Belagerungsmaschine gebaut und bis auf die Mitte der Brücke geschleppt wurde, machten die Seldschuken einen Ausfall. Es gelang ihnen, die Holzkonstruktion der Kreuzfahrer in Brand zu stecken. Binnen kürzester Zeit verbrannte die Maschine zu Asche. Die Kreuzfahrer gaben aber noch nicht auf. Wurfmaschinen wurden in Stellung gebracht, und nahmen Brücke und Tor unter Beschuß. Aber die alten Bauwerke hielten auch den Schleudersteinen stand. Die letzte Möglichkeit war eine völlige Blockierung der Brücke. Unter größten Anstrengungen schleppten gepanzerte Soldaten riesige Baumstämme und Felsbrocken auf die Brücke. Endlich war das Hundetor gegen Ausfälle gesichert.
Doch die Kreuzfahrer konnten sich keinesfalls mit diesem Erfolg zufriedengeben. Noch immer stand die befestigte Brücke offen. Weiterhin stürmten dort seldschukische Überfallkommandos heraus und machten den Kreuzfahrern das Leben schwer. Auch war diesen dadurch der Zugang zur Straße nach St. Symeon verschlossen.
Hinter dem Lager Herzog Gottfrieds floß in nächster Nähe der Orontes nach Süden. Die Überquerung des Flusses mit Booten war schwierig. Und so war es kaum möglich, rechtzeitig genug Truppen überzusetzen, wenn die seldschukischen Streifscharen am anderen Ufer auftauchten. So wurde beschlossen, eine Schiffsbrücke herzustellen. Dazu wurden zahlreiche vorhandene Boote mit eisernen Klammern und mit Seilen aneinander befestigt.
Der Oktober war zu Ende gegangen, und der November

schritt voran. Wirklich entscheidende Schläge gegen Yagi Siyan und seine Truppen hatte es nicht gegeben. Dieser hatte sich weitgehend zurückgehalten, ja, während der ersten 15 Tage der Belagerung hatte er seine Truppen zu völliger Ruhe angehalten.[102] Der Emir wollte seine Leute anscheinend nicht in sinnlosen Kämpfen verlieren, ohne zu wissen, ob Entsatz kommen würde. Jeder voreilig unternommene Ausfall hätte die Gefahr eines Eindringens der Kreuzfahrer in die Stadt mit sich gebracht. Zudem wollte Yagi Siyan sicher abwarten, welche Punkte Antiochias belagert werden sollten. Auch innerhalb der Stadt waren Maßnahmen gegen die Belagerer zu treffen.

Sicherlich waren auch noch Mauern und Tore auszubessern, die Wachen aufzustellen und die Nahrungsmittel zu rationieren. Der Emir wollte seine Leute anscheinend nicht in sinnlosen Kämpfen verlieren, ohne zu wissen, ob Entsatz kommen würde. Währenddessen richtete sich das christliche Heer in seinen Lagern ein. Nach der entbehrungsreichen Zeit auf den Märschen durch Anatolien genossen die Pilger und Kämpfer das Wohlleben in der reichen Orontesebene. Lebensmittel gab es im Überfluß. Die Stimmung war bestens, die Versorgung schien gesichert, »...so daß sie nur die besten Stücke aßen, Rumpf und Schultern, das Bruststück verachteten, und nichts von Getreide und Wein hielten«.[103] Keiner dachte daran, Vorräte anzulegen. Dieses Verhalten sollte sich alsbald bitter rächen.

Mit den Christen in Antiochia standen die Kreuzfahrer in ständigem Kontakt. Durch die noch unbewachten Stadttore gab es ein reges Kommen und Gehen. Allerdings nutzten diese Möglichkeit auch die Seldschuken. Yagi Siyans Boten konnten so unbehelligt zu den anderen Emiren reisen, um bei diesen um Hilfe nachzufragen. Am Ende der Ruhepause begannen die seldschukischen Soldaten der Garnison mit Überfällen auf die Kreuzfahrer. Sie unternahmen Streifzüge

in die Umgebung der Stadt und machten mit ihren Überfällen den Christen das Leben schwer. Sowohl die Wege zum Meer als auch in die Berge waren unsicher. Dieses Problems mußten die Kreuzfahrer schnellstens Herr werden.
Ernsthaft begann die Belagerung von Antiochia erst um den 17. November. An diesem Tag landete eine Flotte von 13 Schiffen aus Genua im Hafen von St. Symeon, die Versorgungsgüter und auch Baumaterial für Belagerungsgeräte mitbrachte.[104]
Ein wichtiger Ausgangspunkt der seldschukischen Überfälle war die von den Chronisten »Harenc« genannte Burg acht Meilen nördlich der Orontesbrücke.[105] So ließen die Fürsten diese Burg auskundschaften. Als genügend Nachrichten über die Befestigungen und die Besatzung zusammengebracht waren, schritt man zur Tat. Am 18. November 1097 griff Boemund von Tarent mit seinen Truppen die Burg an. Der Kampf wird in den Quellen nicht ausführlich geschildert, aber das Ergebnis war eindeutig. Beim Sturm der Burg wurden die meisten Seldschuken getötet. Grausamer Endpunkt des Scharmützels war die Köpfung der Gefangenen vor dem St. Pauls-Tor.[106]
Im gleichen Zeitraum wurde Tankred damit beauftragt, das Brückentor abzuriegeln. Der junge Normanne sollte das dem Tor gegenüberliegende Flußufer besetzen. Dort lag ein muslimischer Friedhof mit einer Moschee. Hier lagerte sich nun Tankred. Die anderen Fürsten hatten beschlossen, ihm 40 Mark Silber für seinen Wachdienst zu geben. Für den Normannen stellte sich der Erfolg alsbald ein. In einem sich am Brückentor entwickelnden Kampf tötete er eigenhändig vier seldschukische Kämpfer und erbeutete ein Kamel und anderes Vieh.[107]
Die Weihnachtszeit kam heran, und nun rächte sich das Wohlleben der ersten Wochen. Das Umland, seit Ende Oktober gnadenlos ausgeplündert, gab nichts mehr her.

Die Menschen begannen zu hungern, wobei es die Armen natürlich am härtesten traf: »...viele Pilger, vor allem aus dem niederen Volk, starben schon an Hunger.«[108] Auch litten die Belagerer unter der scharfen Kälte des syrischen Winters. Aus Graf Stephens Brief an seine Gattin Adele wird das Unverständnis deutlich, mit dem die Kreuzfahrer diesen Umständen begegneten. Syrien, das überall als heiß und von einer brennenden Sonne bekrönt galt, erwies sich im Winter als ebenso kalt, naß und abstoßend wie die nördliche Heimat. Gegen den Hunger mußte Abhilfe geschaffen werden. Doch ließ sich neuer Proviant nur in größerer Entfernung in den muslimisch besetzten Landschaften beschaffen. Es war also notwendig, eine große militärische Expedition zu unternehmen. Da diese große Kräfte von der Belagerung abziehen würde, faßten die Fürsten den Entschluß, ein Kastell zu errichten.

Dieses Kastell wurde an einer strategisch günstigen Stelle vor dem St. Pauls-Tor errichtet. Hier konnte den seldschukischen Überfallkommandos, die Antiochia bevorzugt durch die bisher unbewachte Onopniklesschlucht verließen, der Weg verlegt werden. Sie hatten bisher die Möglichkeit gehabt, auf diesem Weg auf die Berge über dem Lager Boemunds zu gelangen, von wo aus sie die Nachzügler der Plündertrupps der Kreuzfahrer überfielen. Nach dem Berg, auf dem das Kastell errichtet wurde, erhielt es von den Kreuzfahrern den Namen »Malregard«. Die Fürsten einigten sich darauf, dieses Kastell abwechselnd mit ihren Leuten zu bemannen. Durch diese Festung war es möglich, Boemunds Truppen für die geplante Expedition freizubekommen. Schon einen Tag nach dem Abmarsch Boemunds und Roberts von Flandern bewährte sich die neue Befestigung.

Kaum waren der Normanne und der Flame mit 2000 Rittern und 15 000 Fußsoldaten von Antiochia abgerückt,

wagte Yagi Siyan seinen ersten größeren Ausfall. Er hatte einen Tag vergehen lassen, so daß die Marschtruppen schon zu weit entfernt waren, um sogleich Hilfe bringen zu können. Das von seinem Lagerplatz vor dem Brückentor abgezogene Heer Graf Roberts war durch die Provençalen ersetzt worden. Unter dem Schutz der Nacht zogen die Seldschuken über die Brücke und griffen das Lager an. In den heftigen Kämpfen scharte Graf Raimund eilig 1000 Ritter um sich und warf sich den Angreifern entgegen. Von dem Gegenangriff überrascht, wandten sich die Seldschuken zur Flucht. Als sie über die Brücke stürmten, setzten ihnen die Ritter ohne Ordnung nach. Für kurze Zeit gelang es ihnen, sich vor dem Tor zu behaupten. Ein Einbruch in die Stadt war mit einem Mal im Bereich des Möglichen. Doch ein durchgehendes Pferd versetzte die Kreuzfahrer in Verwirrung. Das allgemeine Durcheinander nutzten die Seldschuken, um das Brückentor zu schließen. Die Chance war vertan. Die Ritter traten den Rückzug an. Doch nun setzten ihnen die Seldschuken nach. Die wilde Jagd endete erst bei der Schiffsbrücke. In den Kämpfen, die sich bis in den Tag hineinzogen, fiel auch der Bannerträger des Bischofs Adhémar von Le Puy. Das Banner erbeuteten die Seldschuken.
Am folgenden Tag lagerte das unter Boemund und Graf Robert ausgezogene Heer nahe der Stadt Albara. Als die Männer am Morgen des 31. Dezember 1097 erwachten, waren sie von einem riesigen muslimischen Heer eingekreist. Den völlig überraschten Kreuzfahrern standen circa 12000 Mann gegenüber. Es bestand aus den vereinigten Truppen von Duqaq, dem Emir von Damaskus, und denen des Emirs von Hama. Mit Schrecken mußte Boemund erkennen, wie sich die Muslime zur Umfassungsschlacht in zwei Abteilungen staffelten. Was war zu tun?
»Schnell beruft Boemund die Ritter zu sich, und alle erklä-

ren, sie seien nicht imstande, die Schlacht zu wagen und der Gewalt so vieler Tausender die Stirn zu bieten.« In dieser Lage verzichtete der Fürst auf die Annahme der Schlacht. »Darum bildeten sie nun aus Schilden ein Schutzdach und dicht aneinander geschart versuchen sie einen Ausgang und Durchbruch zu gewinnen, dort wo die feindliche Heeresmacht am dünnsten und schwächsten erscheint. Und bald werden die Schwerter gezückt und die Zügel zum Angriff gelockert, und in gemeinsamem Ansturm durchbrechen sie die widerstehenden feindlichen Linien.«[109] Doch so retteten sich nur die Ritter. Das Fußvolk wurde seinem Schicksal überlassen. Alle fielen den Muslimen zum Opfer, und auch die Beute ging wieder verloren.

In dem sich entwickelnden Kampf war die Truppe Graf Roberts von den gewaltigen Massen der Angreifer abgedrängt worden. Doch stellte er sich mit seinen Rittern zum Kampf auf. »Die den Grafen von Flandern angreifenden Türken und Araber flohen, als sie feststellten, daß der sich entwickelnde Kampf eher Hand zu Hand mit den Schwertern geführt werden würde, als mit Pfeilen aus einiger Entfernung. Dann verfolgte der Graf von Flandern den Feind über zwei Meilen, und die Überlebenden konnten die Erschlagenen überall entlang des Weges liegen sehen wie Getreidegarben auf einem Feld zur Erntezeit. Während dieser Begegnung griff Boemund die im Hinterhalt liegenden Truppen an, zerstreute und vernichtete sie, konnte aber den vorher erwähnten Haufen der feindlichen Fußkämpfer nicht daran hindern, sich über Plätze, die auf dem Pferd unpassierbar waren, davonzuschleichen.«[110] Die Kreuzfahrer trugen einen gewaltigen Sieg davon. Das Heer Duqaqs war vernichtet und floh nach Hama.

Mit der Rückkehr der siegreichen Armee ins Feldlager vor Antiochia kam das Wüten des Hungers zu einem ersten Höhepunkt. Durch die Kampfhandlungen war es unmög-

lich gewesen, wie beabsichtigt Vorräte zu beschaffen. Das Brot für einen Tag kostete im Lager nach Raimund von Aguilers nun zwei Goldstücke. Es nutzte gar nichts, daß armenische und syrische Christen aus der Umgebung Getreide und andere Lebensmittel verkauften. Die Preise waren astronomisch. So kostete ein Esel acht Goldstücke. Ein Stück Brot war nur für zwei Goldstücke zu haben, ein Rind kostete zwei Mark Silber, ein Lamm fünf Goldstücke.[111] Arme und Reiche, die ihren Besitz nicht verlieren wollten, verließen deshalb das Kreuzzugsheer. Denen, die weiter bei der Belagerung ausharrten, starben die Pferde vor Hunger. »Stroh war knapp und mit sieben oder acht Goldstücken konnte keine hinreichende Menge Getreide als Pferdefutter für eine Nacht gekauft werden.«[112]
Die bedeutendste Folge dieser Umstände war, daß Boemund von Tarent drohte, das Kreuzzugsheer zu verlassen. Er habe seine Männer und Pferde vor Hunger sterben sehen, weshalb ihm seine Ehre gebiete, abzurücken. Auch verwies er auf seine begrenzten Mittel, die ihm nicht erlauben würden, die Belagerung weiter fortzusetzen. Doch nicht allein die Sorge um den Hunger seiner Gefolgsleute trieb den Fürsten zu dieser Drohung. Raimund von Aguilers unterstellt dem Normannen, er habe nur gedroht abzurücken, weil er Antiochia für sich wollte.
Unter diesen Umständen verging der Januar. Bei den hungernden Kreuzfahrern ließ die Vision von der Befreiung des Heiligen Grabes nach. Immer mehr Menschen suchten das Weite.
Die prominentesten Flüchtlinge waren Peter von Amiens und Wilhelm von Melun. Am 20. Januar verließen sie heimlich die Belagerung. Was die beiden Männer zu ihrem Entschluß trieb, ist nicht bekannt. Ihnen, die den Volkskreuzzug bis nach Civetot geführt hatten, ist es kaum zuzutrauen, daß es Feigheit war. Anscheinend sahen sie keine

Hoffnung auf eine erfolgreiche Beendigung des Kreuzzuges. Die Flucht gelang den beiden allerdings nicht.
Kaum war ihr Verschwinden bemerkt worden, machte sich Tankred auf die Jagd. Es gelang ihm mit Leichtigkeit, der Flüchtlinge habhaft zu werden. Zurück im Lager der Kreuzfahrer, mußte sich Wilhelm vor Boemund verantworten. Die ganze Nacht mußte er am Boden auf dem Bauch liegend in Boemunds Zelt verbringen. Am folgenden Morgen mußte er dem Normannen Rede und Antwort stehen. Peter von Amiens dagegen wurde nicht bestraft.[113]
Peters und Wilhelms Fluchtversuch zeigte die Größe der Not. Die schlechte Versorgungslage fand ihren deutlichen Ausdruck auch darin, daß im Heer nur noch 1000 Pferde vorhanden waren. In dieser Lage war an einen Einsatz größerer Einheiten von Rittern kaum noch zu denken. Da erfuhr Boemund vom Herannahen eines neuen Entsatzheeres.
Der Führer der sich Antiochia nähernden Heersäulen war Ridwan von Aleppo. Er hatte sich nun endlich entschlossen, seinem abgefallenen Lehnsmann Yagi Siyan zu helfen. Unterstützt wurde Ridwan von seinem Vetter Soqman dem Artukiden aus Diarbekir und seinem Schwiegervater, dem Emir von Hama.
Im Rat der Fürsten schlug Boemund nun vor, allein mit den noch mit Pferden versehenen Rittern in die Schlacht zu ziehen. Das Fußvolk sollte nach diesem Plan weiter vor Antiochia die Stellung halten. Dieser Vorschlag wurde angenommen.
Der Normanne überließ aber nichts dem Zufall. Er stellte zunächst eine kleine Armee von 700 Rittern zusammen, die mehr oder weniger gut beritten waren. Einige von ihnen mußten mit Eseln und Maultieren vorliebnehmen.[114] Mit diesen Rittern zog Boemund im Schutz der Dunkelheit über die Schiffsbrücke in die Ebene beim Antiochia-See.

Hier stieß auch Graf Raimund zu dem kleinen Heer. Nun lagerten sie den Rest der Nacht. Zwei Kundschafter, ein getaufter Türke und Walter von Domebart, machten sich auf, um das Seldschukenheer auszukundschaften. Sie kamen mit der Meldung zu Boemund zurück, das Heer Ridwans nähere sich in zwei Abteilungen dem Orontes. Beim Herannahen dieses Heeres wurde die Festung Harenc von den Kreuzfahrern aufgegeben.
Nun wurde das Heer der Ritter geordnet. Boemund ließ sechs Abteilungen bilden. Fünf davon rückten sofort gegen den Feind vor, die sechste blieb in Reserve. Der Schlachtort war günstig gewählt, anscheinend hatte Boemund auf dem bisherigen Zug von den Taktiken der Orientalen gelernt. Er lockte die Seldschuken zwischen Fluß und See. So auf beiden Seiten eingeengt, konnte Ridwan seine Schlachtreihen nicht entfalten. Es war den Seldschuken damit nicht möglich, die Flanken des Heeres der Kreuzfahrer zu umfassen, da der See zur Linken, der Fluß aber zur Rechten des Heeres lag. Hinzu kam noch ein technisches Problem. Am Tag der Schlacht regnete es, und die Bögen der Bogenschützen waren naß geworden, was sie unbrauchbar machte.
Und so war es den zu allem entschlossenen Rittern möglich, das ihnen zahlenmäßig deutlich überlegene Heer zu schlagen. Auf der Flucht nach Aleppo nahmen Ridwans Soldaten aus ihrem Lager nur das mit, was sie tragen konnten. Alles andere fiel den sie verfolgenden Christen in die Hände. Darunter tausend der so dringend benötigten Pferde. Die seldschukische Besatzung von Harenc suchte das Weite.
Grausam verfuhren die Kreuzfahrer mit den Leichen der gefallenen Seldschuken. Sie schnitten diesen die Köpfe ab. Am Ende wurden hundert davon auf Stangen gespießt und vor einem der Stadttore aufgestellt.[115]
Die Zurücklassung der Fußtruppen erwies sich als richtig. Als die siegreichen Ritter zurückkamen, glaubte Yagi Siyan,

1 Modell des herodianischen Tempels in der Zitadelle von Jerusalem. Seit König Salomos Zeiten befand sich auf dem Tempelberg am Ostrand Jerusalems das zentrale Heiligtum der Juden. Nach den Berichten der Evangelien hielt sich Jesus oft hier auf. Dieser Platz wurde am 15. Juli 1099 zum Schauplatz eines grausigen Gemetzels.

2 Über der Basilika, die seit dem 4. Jahrhundert die Stätte der Geburt Jesu deckt, hißten die dankbaren Christen Bethlehems das Banner Tankreds.

3   Der Berg Zion, heute überragt von der Dormitio-Kirche. Von hier aus führte Graf Raimund seinen Belagerungsturm gegen die Südmauer Jerusalems.

4   Durch das heute vermauerte Goldene Tor führte einst der Weg vom Kidron-Tal direkt auf den Tempelplatz.

Das Herodestor. An dieser Stelle befand sich im 11. Jahrhundert das Blumentor, in dessen Nähe Herzog Gottfried mit seinen Männern auf die Stadtmauer gelangte.

6 Der Tempelberg mit dem Felsendom von der Innenstadt Jerusalems her gesehen, im Vordergrund die Klagemauer. Nach der Überwindung der Mauern stürmten die plündernden Kreuzfahrer auch durch diesen Teil der Stadt.

7 Die am Südrand des Tempelplatzes gelegene Moschee al-Aksa.

8 Der Eingang zur Moschee al-Aksa. Hier hinein flohen in höchster Not Tausende von Männern und Frauen vor den Kreuzfahrern.

9 Der Brunnen el-Kas wurde für zahllose Muslime und Christen während der Kämpfe auf dem Tempelplatz zur Todesfalle. Der heutige Bau stammt aus mamelukischer Zeit.

10 Der Felsendom während der Restaurierungsarbeiten 1993. Fast 900 Jahre zuvor plünderte der Normanne Tankred das reich ausgestattete Gebäude völlig aus.

11 Die Grabeskirche. Als die Kreuzfahrer Jerusalem eroberten, lag die heiligste Stätte der Christenheit weitgehend in Trümmern. Ein Großteil der heutigen Bausubstanz geht auf die Kreuzfahrer zurück.

Der Eingang zur Grabeskirche. [Das] eigentliche Ziel ihres Feldzuges suchten [die] Christen erst in den Abendstunden des [15.] Juli 1099 auf, als die Plünderungen [beende]det waren.

13   Im mystischen Dunkel der Anastasis erhebt sich das Heilige Grab, der Ort, an dem durch das Wunder der Auferstehung das Christentum begründet wurde.

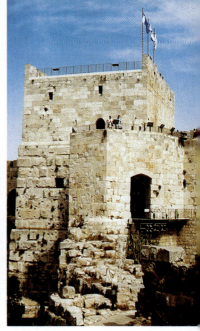

14 Golgotha, die Stätte der Kreuzigung Jesu, ist bis heute einer der heiligsten Plätze in de Grabeskirche. Gläubige und Touristen aus aller Welt strömen noch immer hierher.

15 Schon 1099 war das echte Heilige Grab zerstört und durch einen künstlichen Bau erset Der heutige Bau stammt aus dem 19. Jahrhundert.

16 Noch heute erhebt sich über den Fundamenten des Phasaelturms der trutzige Hauptba der Zitadelle von Jerusalem. Hierher flohen 1099 die letzten Verteidiger der Stadt.

das Heer Ridwans vor sich zu haben. Daher ließ er sich auf einen erneuten Ausfall ein. Die Fußtruppen der Kreuzfahrer wehrten den Ausfall in harten Kämpfen ab. Doch erst als Yagi Siyan seinen Irrtum erkannte, brach er den Kampf ab und holte seine Truppen in die Stadt zurück.

Als das Heer Ridwans vernichtet wurde, weilte eine fünfzehnköpfige Delegation aus Kairo schon länger im Lager der Kreuzfahrer. Die in Ägypten herrschenden Fatimiden hatten das Vordringen der Kreuzfahrer in Syrien mit Interesse verfolgt. Al-Afdal, der Wesir des minderjährigen Kalifen al-Mustali (Klf. 1094–1101), beabsichtigte anscheinend, mit den Christen zu einer Einigung zu kommen. Albert von Aachen spricht von einem sehr weitgehenden Angebot der Fatimiden, in dem al-Afdal versprach: »Dem Christenvolk will ich die Heilige Stadt, den Turm Davids und den Berg Sions zurückgeben. Über die Annahme des christlichen Glaubens will ich mit euch verhandeln, und ich bin bereit, ihn anzunehmen, wenn mir gefällt, was ihr sagt.«[116] Der tatsächliche Vorschlag des Wesirs lief dagegen wohl auf eine Aufteilung des Seldschukenreiches hinaus. Auf diese Weise sollten die Kreuzfahrer das nördliche Syrien erhalten, während die Fatimiden Palästina für sich wollten. Dieser Vorschlag entsprach genau dem Zustand, der im Jahr 1001 zwischen dem Byzantinischen Reich und Ägypten ausgehandelt worden war. Al-Afdal verkannte bei diesem Vorschlag offensichtlich die tatsächlichen Verhältnisse. Wären die Kreuzfahrer lediglich ein byzantinisches Söldnerheer gewesen, wie der ägyptische Wesir wohl annahm, wäre diese Aufteilung möglich gewesen. Dies war auch immer das Ziel der byzantinischen Politik gewesen. Durch den Vertrag wären die Zustände vor der seldschukischen Eroberung wiederhergestellt worden.

Die Verhandlungen der fatimidischen Gesandten mit den Christen zogen sich über Wochen hin, aber ohne greifbares

Ergebnis. Am Ende zog eine kleine fränkische Gesandtschaft zusammen mit den Ägyptern nach Kairo ab. Durch die Angebote gegen die Seldschuken muß den fränkischen Fürsten erst richtig bewußt geworden sein, daß es keine Einigkeit unter den islamischen Fürsten gab. Dieser Zustand der Uneinigkeit war nur im Interesse der Christen. Die fränkischen Gesandten in Kairo hielten sich aber auch mit Zusagen gegenüber den Fatimiden zurück. Sie wußten, daß Jerusalem ihr einziges Ziel bleiben würde. Der Kreuzzug würde sich selbst verraten, verzichteten sie auf seine eigentliche Absicht, das Heilige Grab in christliche Hand zu bringen. Und wenn al-Afdal den Christen das Angebot gemacht haben sollte, seinen fränkischen Vertragspartnern den Besuch der heiligen Stätten im fatimidischen Einflußbereich zu erlauben, so war es undenkbar, ein solches Angebot der Ungläubigen anzunehmen. So wurden die Gesandten ohne weitere Vollmachten nach Kairo entsandt. Ihren Aufenthalt sollten sie sicherlich dazu nutzen, Informationen über die Fatimiden und ihr Heer zu sammeln. Die Kreuzfahrer mußten dringend wissen, wie es um das Reich bestellt war, dessen Nordgrenze nahe bei Jerusalem verlief.

Doch der Sieg über Ridwan brachte den Kreuzfahrern keinen Nachschub. Die Hungersnot breitete sich weiter im Lager der Belagerer aus. Fälle von Kannibalismus wurden bekannt. Die flämischen »Tafurs«, aus den Reihen des Volkskreuzzuges stammende Kämpfer, ließen sich das Fleisch gefallener Türkenkrieger schmecken. Der in Zypern weilende Patriarch von Jerusalem versuchte die größte Not zu lindern. Seine Nahrungsmittellieferungen brachten aber keine dauerhafte Hilfe.

Als nach der Schlacht gegen Ridwans Heer Ruhe eintrat, war wieder Zeit für Intrigen. Das Problem mit dem Anspruch des byzantinischen Kaisers auf die ehemals zum Byzantinischen Reich gehörenden Gebiete löste sich in dieser Zeit. Noch immer weilte die Abteilung byzantinischer Soldaten unter General Tatikios beim Kreuzzugsheer. Der byzantinische General ließ nach dem Bericht Raimunds von Aguilers nichts unversucht, das Kreuzzugsheer zu schwächen. »Täglich ermahnte Tatikios die Fürsten, sich auf nahe gelegene Festungen zurückzuziehen und die Belagerten mit zahlreichen Ausfällen und Hinterhalten hinauszutreiben.«[117] Als Ende Februar 1098 im Feldlager das Gerücht aufkam, Alexios I. nähere sich mit einer Armee, behauptete Tatikios, zu diesem Heer stoßen zu wollen und verließ das Lager der Belagerer. So schildert jedenfalls Raimund von Aguilers den Abzug des Byzantiners. Nach der Schilderung der Anna Komnene war es Boemund, der Tatikios in die Flucht trieb. So habe er dem byzantinischen General erzählt, die anderen Kreuzfahrerfürsten würden ihm nach dem Leben trachten. Tatikios, zu diesem Zeitpunkt im Hinblick auf die schlechte Versorgungslage des Belagerungsheers und die geringe Aussicht, Antiochia tatsächlich einzunehmen, ohne große Erwartungen, habe auf Boemunds Intrige hin das Heer verlassen.[118] Nun war niemand mehr beim Heer, der einen an den geleisteten Lehnseid erinnern konnte.

Am 5. März trat der Fürstenrat erneut zusammen, um wegen der Maßnahmen zur weiteren Einschließung Antiochias zu verhandeln. Es wurde der Beschluß gefaßt, gegenüber dem Brückentor am Platz des muslimischen Friedhofs ein weiteres Kastell zu errichten. Graf Raimund erklärte sich bereit, dieses von seinen Leuten erbauen zu lassen, wenn ihm die anderen Fürsten die nötige Hilfe gewährten.

Am gleichen Tag brachen Boemund und Graf Raimund zu einer weiteren Versorgungsexpedition auf. Am Tag zuvor war im Hafen von St. Symeon eine englische Flotte eingetroffen. In Konstantinopel, wo man Belagerungsgerät geladen hatte, war auch der verbannte englische Thronerbe

Edgar Atheling an Bord gekommen. Von den Engländern erhofften sich die Fürsten Hilfe für ihre Belagerung. Der Abmarsch reizte die Seldschuken in Antiochia zu einem weiteren Ausfall. Doch sie griffen nicht die Belagerungstruppen an, sondern planten einen Überfall auf die Versorgungskarawane. Sie warteten ab, bis die Christen am nächsten Tag, durch die zu transportierenden Güter behindert, auf dem Rückmarsch waren. Graf Raimunds Trupp zog voran, während Boemund in einigem Abstand mit der Nachhut folgte. Raimund lief genau in die Falle. Sofort entwickelte sich eine regelrechte Schlacht. Auf Seiten der Kreuzfahrer fielen den Berichten zufolge 500 bis 1000 Ritter und Fußsoldaten.[119]

Boemund konnte nicht gleich in die Schlacht eingreifen. Er wendete und eilte zurück nach St. Symeon. Ein Bote war über die Schiffsbrücke zu den Lagern der Kreuzfahrer geeilt und benachrichtigte Herzog Gottfried vom verzweifelten Kampf Graf Raimunds. Sofort stellte dieser eine Truppe zusammen, die dem Grafen zu Hilfe eilen sollte. Doch kaum hatten die Niederlothringer die Schiffsbrücke überquert, erreichte sie ein von Boemund ausgeschickter Bote. Er drang in den Herzog, den Kampf nicht zu wagen. Boemund hatte während des Überfalls die Zahl der Seldschuken weit überschätzt und glaubte nun, ein Eingreifen des Herzogs wäre für dessen Truppe zu gefährlich. Um kein Risiko einzugehen, stellte Herzog Gottfried seine Truppe in Schlachtordnung auf. Niemand glaubte daran, daß Graf Raimund und Boemund die Schlacht überstanden hätten. Doch da kamen die beiden Fürsten mit den Resten ihrer Abteilungen heran. Sie waren den Seldschuken entkommen.

Die siegreichen Seldschuken machten sich, nun selber schwer mit Beute beladen, auf den Weg zurück in die Stadt. Nun entschlossen sich die Kreuzfahrer zu einem Gegenangriff. Zehn Ritter wurden als Kundschafter ausgeschickt, um die Lage zu sondieren. Auf einem Hügel kam es zu einigen Geplänkeln mit den Seldschuken, dann war die Stellung gesichert. Das eilig zusammengestellte Kreuzfahrerheer nahm sogleich Aufstellung im Tal davor. Als nun der Gegenangriff der Kreuzfahrer begann, konnten die Seldschuken nicht bestehen. In diesem Gefecht war es, daß Herzog Gottfried den legendären Schwerthieb führte, mit dem er einen Seldschuken an der Taille zerteilte. Der Oberkörper fiel vom Pferd, das mit dem Unterleib des Toten im Sattel weiterlief.[120]

Als die Seldschuken erkannten, daß die Schlacht für sie verloren war, flohen sie zum Brückentor. Doch aus Furcht, die Kreuzfahrer könnten während der Kämpfe in die Stadt stürmen, schlossen die Torwächter die Pforten und überließen die kopflos fliehenden Soldaten ihrem Schicksal. Sie wurden alle niedergemacht.

Endlich konnte daran gedacht werden, das neue Kastell zu errichten. Der Kampf auf der Brücke hatte wieder einmal die Bedeutung des Brückentores gezeigt. Nun wurde durch die Errichtung des Kastells mit dem Namen »Mahomeria«, den es nach der bei dem muslimischen Friedhof gelegenen Moschee trug, auch dieses Tor endgültig abgeriegelt. Zum Bau wurden die Grabsteine des Friedhofs verwendet. Die Bauarbeiten sollten bis zum 19. März dauern. Mitte April wurde noch ein weiteres Kastell in der Ruine des alten St. Georgs-Kloster errichtet. Dieses lag auf dem Westhang des Cassius-Berges und riegelte das St. Georgs-Tor ab. Tankred erhielt von den Fürsten 400 Mark Silber, um mit seinen Leuten diesen Posten zu halten. Ihm zu Ehren wird das Kastell »Tankreds Turm« genannt.[121] Kaum hatte Tankred seine Stellung eingenommen, fiel ihm auch schon eine türkische Karawane in die Hände. Die eigentlich für die Stadt bestimmten Lebensmittel waren eine willkommene Hilfe.

Die Errichtung von Tankreds Turm bedeutete die endgültige Einschließung Antiochias. Aber weiter zog sich die Belagerung hin.

Sieg durch Verrat

Der April ging dahin, und der Mai kam. Und mit dem siebten Monat der Belagerung erwuchs den Kreuzfahrern die größte Gefahr, in der sie sich seit Beginn des Kreuzzuges befanden. Kerboga, der Atabeg von Mosul, hatte sich entschlossen, den Kampf mit den Christen aufzunehmen. Nun rückte er mit einem gewaltigen Heer zum Entsatz von Antiochia heran. Den Führern der Kreuzfahrer war bewußt, daß sie den Angriff nicht überstehen würden, wenn sie bei Kerbogas Ankunft noch immer vor der Stadt lagerten. Davon spricht auch der arabische Chronist Ibn al-Atir: »Kerboga sammelte Truppen und zog nach Syrien. Mit ihm vereinigten sich die Streitkräfte Syriens, der Türken und Araber. Nur Aleppo war nicht dabei... Als die Franken das hörten, befiel sie Furcht.«[122]
Die Ankunft des Heeres Kerbogas verzögerte sich bis Ende Mai, da er drei Wochen lang vergeblich Edessa belagert hatte. Balduin von Boulogne hielt mit seinen Männern tapfer dort aus. So hatten die Kreuzfahrer von Antiochia genügend Zeit, ihre Pläne zu schmieden. Nun bot sich Boemund von Tarent als Retter an. Jedem der Fürsten muß deutlich gewesen sein, daß ein Angriff Kerbogas nur nach der Eroberung Antiochias zu überstehen wäre. Wie aber in die Stadt hineinkommen, die sie seit Monaten belagerten?
Boemund von Tarent wollte dem Heer den Weg in die Stadtmauern öffnen, dafür später aber in Antiochia herrschen. Diesem Anspruch stand der dem Kaiser des Byzantinischen Reiches geleistete Eid entgegen. Auch Boemund

hatte geschworen, alle ehemals byzantinischen Städte und Gebiete dem Kaiser zu übergeben. Doch der Normanne hatte nicht vor, dem Folge zu leisten. Mittlerweile war nach dem Abzug des Generals Tatikios auch kein Byzantiner mehr beim Heer, der an den Eid gemahnen konnte. Trotzdem benötigte Boemund die Zustimmung der anderen Fürsten, um seinen Eidbruch begehen zu können. Dies legte er seinen Mitfürsten in einer Beratung Ende Mai vor. Zunächst vergingen einige Tage, doch als die Gefahr durch die Annäherung von Kerbogas Armee immer drängender wurde, gaben die anderen Fürsten nach. Boemund sollte Antiochia erhalten, wenn es ihm gelänge, als erster in der Stadt zu sein.

Dessen war der Normanne gewiß. Schon seit Beginn der Belagerung hatte er mit einem der Offiziere Yagi Siyans in Kontakt gestanden. Firuz war ein zum Islam übergetretener Armenier, dem drei Türme der südlichen Stadtbefestigung unterstanden. Dieser wollte Boemund und seine Männer in die Stadt einlassen.

Alles war schon für diesen vorletzten Akt des antiochenischen Dramas bereit, als am 2. Juni 1098 Graf Stephen von Blois das Heer der Kreuzfahrer verließ. Der Graf erklärte sein Abrücken damit, er sei krank.[123]

Am Abend dieses Tages zogen unter dem Kommando Herzog Gottfrieds und Graf Roberts von Flandern 700 Ritter in die Berge um Antiochia. Von den Rittern war keiner in die wahren Absichten bei diesem Unternehmen eingeweiht.[124] Boemund sandte inzwischen einen seiner Soldaten als Dolmetscher zum Turm des Firuz. Kurz verhandelten die beiden Männer noch wegen der Übergabe, dann meldete der Dolmetscher seinem Herrn, daß alles bereit sei.

Boemund wählte nun unter den bereitstehenden Rittern 60 aus, die ihn beim Eindringen in die Stadt unterstützen sollten. Sie schlichen sich in der Dunkelheit bis zum »Turm der zwei Schwestern«, in dem Firuz wartete. Eine Leiter aus Rindsleder war vorbereitet worden, mit deren Hilfe nun der Aufstieg zur Mauer in Angriff genommen wurde. Firuz zog die Leiter an einem Seil nach oben und befestigte sie an der Mauer.

Schließlich stiegen 25 Ritter voll bewaffnet hinauf. Unter den ersten waren der Graf von Flandern, Boemund von Tarent und Herzog Gottfried, wie Raimund von Aguilers berichtet.[125] Als die unten Wartenden nichts mehr von ihren Kameraden hörten, glaubten sie, verraten worden zu sein. Sie weigerten sich, ebenfalls aufzusteigen. Erst als von oben das Signal kam, alle seien wohlauf, ging der Aufstieg weiter. Doch noch einmal wird dieser unterbrochen.

Die Belastung war für die Steine, an denen die Leiter hing, zu groß. So brachen diese aus der Mauer, und die Ritter stürzten haltlos hinab. Die Männer fielen unglücklich in einige Waffen, die man unten abgestellt hatte. Auch wurden einige von den Steinen erschlagen. Dies war für die übrigen kein Grund, das Unternehmen abzubrechen. Schnell wurde die Leiter erneut befestigt, und alle noch wartenden Ritter stiegen auf.[126]

Die Ritter waren gerade auf der Mauer versammelt, da erschien die Mauerwache auf ihrem Kontrollgang. Dem Mann wurde kurzerhand der Kopf abgehauen. Die Ritter machten sich nun daran, die nahe gelegenen Türme zu besetzen. Nach kurzer Zeit waren zehn Türme in der Hand der Kreuzfahrer, ohne daß Alarm geschlagen worden war. Durch ein kleines unbewachtes Tor in der Mauer wurden dann noch weitere Ritter in die Stadt gelassen.

Nun gab es kein Halten mehr. Mit lautem Hörnerklang riefen die Eindringlinge die in den Bergen wartenden Einheiten herbei. Erst zu diesem Zeitpunkt erfuhren die Stadtbevölkerung und die Garnison der Stadt von dem Einbruch.

Mit verzweifelten Steinwürfen suchten die Seldschuken die Kreuzfahrer von dem kleinen Tor fernzuhalten. Doch mit eisernen Werkzeugen schlugen die Ritter gerade dort eine Bresche in die Mauer. Jetzt konnten die Ritter hoch zu Roß in die Stadt stürmen.[127]

Der ausbrechende Kampflärm weckte die ganze Stadt. Die Garnison stellte sich den Kreuzfahrern entgegen, ohne etwas ausrichten zu können. Und die noch in der Stadt weilenden Christen standen den Kreuzfahrern bei. Sie eilten zu den Stadttoren, schlugen die Riegel beiseite und ließen auch die übrigen Truppen in die Stadt ein. Die Kämpfe tobten überall. Auch die Familien der Garnisonssoldaten fielen unter den Schwertern der Christen.[128]

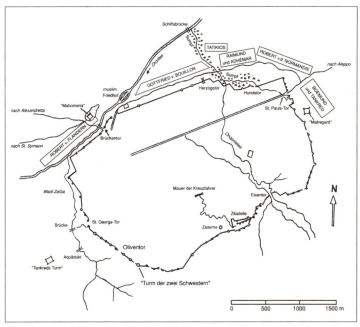

Abb. 3: Die Belagerung von Antiochia (20. Oktober 1097 – 3. Juni 1098).

Yagi Siyan konnte in Begleitung von 30 Pagen fliehen. Über sein unrühmliches Ende berichtet der arabische Chronist Ibn al-Atir: »Bei Tagesanbruch gewann er seine Selbstbesinnung zurück, nachdem er vorher kopflos geflohen war, und wurde gewahr, daß er schon mehrere Farsah zurückgelegt hatte. Er fragte seine Begleiter: ›Wo bin ich?‹ und sie antworteten: ›Vier Farsah von Antiochien entfernt.‹ Da bereute er, daß er sich in Sicherheit gebracht und nicht gekämpft hatte, um den Feind aus dem Land zu treiben oder zu sterben; er begann zu seufzen und zu klagen, daß er seine Frauen und Kinder und die Muslime verlassen hatte, und durch den heftigen Schmerz fiel er ohnmächtig vom Pferd. Seine Begleiter wollten ihn wieder in den Sattel setzen, aber er konnte sich nicht mehr aufrecht halten, denn er war dem Tode nahe; deswegen ließen sie ihn und zogen davon. Ein armenischer Holzfäller fand ihn, als er in den letzten Zügen lag, tötete ihn, hieb ihm den Kopf ab und brachte ihn den Franken nach Antiochia.«[129]

Seinem Sohn Schams ad-Daula gelang der Rückzug in die Zitadelle. Hier hielten die Reste der seldschukischen Garnison aus, weiter auf Kerboga hoffend.

Im Würgegriff

Die Erstürmung und Besetzung der Stadt war ein großer Erfolg für das christliche Heer. Man war in Besitz einer Stadt mit völlig intakten Verteidigungsanlagen. Durch den Verrat des Firuz war es nicht nötig gewesen, auch nur einen Turm zu beschädigen. Die Lage der fränkischen Truppen war verteidigungstechnisch innerhalb der Stadt wesentlich günstiger, was den drohenden Angriff Kerbogas anging. Andererseits ging es ihnen nicht viel besser als zuvor Yagi Siyan. Auch sie hatten bei weitem nicht genügend Männer, um den Mauerkranz und alle Türme zu besetzen. Dazu kam noch, daß die Zitadelle umstellt werden mußte, was weitere Kräfte band. Mit Erschrecken müssen die Eroberer nach ihrem wilden Sturm durch die Stadt und der anschließenden Plünderung festgestellt haben, daß keine nennenswerten Vorräte an Lebensmitteln vorhanden waren. Bei dem Wüten waren diese weitgehend vernichtet worden. Auch erwuchs dem Heer ein inneres Problem. Die in der Stadt lebenden syrischen Christen erwiesen sich als nicht zuverlässig. »Ihre Treulosigkeit war für ein Heer, das eine Stadt zu verteidigen hatte, eine weit größere Gefahr als für eines, das draußen im Feld lag«, beurteilt Steven Runciman diese Lage.[130] Die Fürsten bereiteten die Verteidigung der Stadt vor und verteilten ihre Truppen auf den Mauern.

Während die Krieger sich auf die kommenden Kämpfe vorbereiteten, wandte sich Bischof Adhémar den Kirchen der Stadt zu. Zunächst galt es, die von den Muslimen entweihten Gotteshäuser zu säubern und wieder für den christlichen Gottesdienst herzurichten. Der Patriarch Johannes Oxeites wurde aus dem Kerker befreit. Nun konnte er sein Amt wieder antreten. So verhalfen die lateinischen Christen dem griechisch-orthodoxen Kirchenfürsten wieder zu seiner Würde. Die Entscheidung, Johannes wieder einzusetzen, entsprang dem Bemühen, die griechisch-orthodoxe Bevölkerung Antiochias nicht zu verärgern. Außerdem sah sich der Patriarch zu dieser Zeit noch immer als Teil der römischen Kirche.

Den Kreuzfahrern blieben nur zwei Tage, sich in Antiochia einzurichten. Schon am 5. Juni 1098 überschritt Kerboga mit seiner riesigen Heeresmacht die Eiserne Brücke. Zwei Tage später errichtete der Atabeg sein Feldlager zwei Meilen von den Mauern der Stadt entfernt an derselben Stelle, wo noch Tage zuvor das Heer der Kreuzfahrer gelagert hatte.

Der weiter in der Zitadelle ausharrende Schams ad-Daula nahm sofort Kontakt mit dem Entsatzheer auf. Er bat darum, das Kommando über die Festung behalten zu dürfen. Doch Kerboga ignorierte seine Bitten. Die Zitadelle wurde von Achmed ibn Merwan, Kerbogas ergebenem Statthalter, besetzt. Der Atabeg setzte bei dem beabsichtigten Sturm auf die Zitadelle als Schlüsselstellung und Ausgangspunkt des Angriffs. Dies aber hatten Boemund von Tarent und Raimund von Toulouse vorhergesehen. Daher hatten sie in aller Eile eine Mauer aufführen lassen, mit der sie die Zitadelle von den übrigen Stadtbefestigungen abtrennten. Und hier mußte sich die Kampfkraft der Kreuzfahrer schon am 9. Juni beweisen. Achmed ibn Merwan führte im Morgengrauen einen heftigen Angriff gegen die hastig gebaute Mauer. Zu diesem Zeitpunkt hatten Hugo von Vermandois, Graf Robert von Flandern und Herzog Robert von der Normandie die Last der Verteidigung dieser Mauer zu tragen. Und nur der Zähigkeit und Aufmerksamkeit ihrer Wachmannschaften war es zu verdanken, daß Achmed keinen Erfolg hatte. Die Verluste waren allerdings beträchtlich. Auch Anselm von Ribemont berichtet in seinem zweiten Brief an den Bischof Manasses von Reims von scharfen Kämpfen in diesen Tagen. Am 11. Juni griffen im Morgengrauen die Muslime nochmals die neue Mauer an. Hier hörte Anselm den Schlachtruf der Muslime, denn »...mit lauten Stimmen riefen sie *Baphometh* an...«[131] Doch Kerbogas Truppen konnten den Kreuzfahrern nicht beikommen.

Kerboga sah nun ein, daß ein Sturm auf die Befestigungen zu aufwendig wäre. Damit war beschlossen, die Kreuzfahrer in der Stadt zu belagern. Kerboga konnte sich sicher sein, mit dieser Taktik schnellen Erfolg zu haben. Die Stadt war vorher lange belagert worden und die nun innerhalb der Stadtmauern eingeschlossene Armee hatte schon gehungert, als sie vor der Stadt lagerte. Dieser Umstand mußte den Seldschukenfürsten zuversichtlich machen, innerhalb kürzester Zeit, vielleicht von Tagen, Herr über Antiochia zu sein. So wurde die Stadt völlig eingeschlossen. Ein verzweifelter Ausfall der Kreuzfahrer, der dies verhindern sollte, scheiterte. Die Seldschuken trieben die christlichen Krieger zurück in die Mauern.

Noch in der gleichen Nacht kam es zu einem Ausbruch aus der Stadt. Ein kleiner Trupp unter der Führung von Wilhelm und Alberich von Grant-Mesnil und dem Grafen Lambert von Clermont durchbrach den Ring der Belagerer. Im Schutz der Nacht gelangten sie ungestört bis nach St. Symeon. Im Hafen der Stadt lagen noch immer die Schiffe aus Genua und wohl einige aus der Flotte des Piraten Guynemer. Als die Entkommenen nun von der ausweglos erscheinenden Lage des Kreuzzugsheeres berichteten, floh die Flotte nach Tarsos. Offensichtlich waren die Flüchtlinge fest davon überzeugt, es gäbe keine Hoffnung mehr. In Tarsos weilte inzwischen auch Stephen von Blois. Er hatte mittlerweile beabsichtigt, nach Antiochia zurückzukehren, doch der Anblick von Kerbogas Streitmacht in der Ferne hatte ihn wieder zur Umkehr bewogen. Was Wilhelm, Alberich und Lambert über die Einschließung Antiochias berichteten, dürfte Graf Stephen in seinem Entschluß, zu seiner geliebten Adele zurückzukehren, nur bestärkt haben.

Ein Visionär

Die Moral der Kreuzfahrer war schwer angeschlagen. Der Hunger nahm zu, Desertionen gab es täglich. Fulcher von Chartres berichtet, die Deserteure hätten sich im Schutz der Nacht außen an den Stadtmauern abgeseilt.[132] Bei den

schrumpfenden Vorräten konnten sich selbst die Reichen nur noch unter Schwierigkeiten mit Lebensmitteln versorgen. Für ein kleines Brot war ein Goldstück zu zahlen, für ein Ei zwei, ein Huhn kostete sogar fünfzehn. Wer diese Preise nicht zahlen konnte, ernährte sich von Blättern oder kochte Leder, um es genießbar zu machen. Die Verzweiflung wuchs ständig.
Da ließ sich am 10. Juni 1098 ein einfacher Mann namens Peter Bartholomäus bei Graf Raimund von Toulouse melden. Er verlangte, mit Bischof Adhémar von Le Puy sprechen zu dürfen. Peter war eine etwas zwielichtige Gestalt. Unter seinen Kameraden hatte er keinen guten Ruf, es hieß, er habe sich nur für »die gröberen Freuden des Lebens« begeistern können. Als Bediensteter eines Pilgers aus der Provençe war er zum Kreuzzug ausgezogen. Obwohl Peter bäuerlicher Herkunft war, konnte er aber Lesen und Schreiben.
Dieser Mann eröffnete nun dem päpstlichen Legaten, er habe seit Monaten Visionen des Hl. Andreas. In diesen Visionen habe der Heilige ihm geoffenbart, wo der Speer zu finden sei, mit dem ein römischer Legionär Christus nach der Kreuzigung in die Seite gestochen hatte.
Schon am 30. Dezember 1097 wollte Peter seine erste Erscheinung gehabt haben. Der Hl. Andreas, der in Begleitung eines zweiten Mannes erschienen sei, habe ihm aufgetragen, Bischof Adhémar und Graf Raimund Botschaften auszurichten. Den Bischof sollte er für die Vernachlässigung seiner Predigerpflichten tadeln, dem Grafen aber das Versteck des Heiligen Speers mitteilen. In seiner Vision hatte sich Peter Bartholomäus in die Kathedrale von Antiochia versetzt gesehen. Diese wurde Ende 1097 von den Muslimen als Moschee genutzt. Am Südeingang der südlichen Kapelle versank der Hl. Andreas im Boden, um kurz darauf mit dem Speer in Händen wieder zu erscheinen.

Die Entgegennahme der Reliquie wurde dem Bauernburschen verweigert. Erst nach der Einnahme Antiochias solle er mit zwölf anderen in die Kathedrale kommen, um sie zu suchen.

Peter befolgte die Anweisungen aus der Heiligenvision nicht. Er habe gefürchtet, ein so armer Mann wie er würde kein Gehör bei den hohen Herren finden, sagte er später. Als er an einem Vorstoß nach Edessa teilnahm, auf dem Lebensmittel für die Kreuzfahrer beschafft werden sollten, hatte er eine weitere Vision. Am Morgen des 10. Februar 1098, in einer Burg nahe Edessa, erschien ihm erneut der Hl. Andreas. Zur Strafe für sein Zögern, den Auftrag zu erfüllen, befiel Peter eine Augenkrankheit. Der Heilige versprach dem Visionär, alle Heiligen würden wieder leibliche Gestalt annehmen wollen, um an der Seite der Kreuzfahrer zu kämpfen. Peter versprach erneut, seinen Auftrag auszuführen. Aber zurück beim Belagerungsheer unterließ er es wieder aus Angst vor den Fürsten. Schließlich nahm ihn sein Herr im März 1098 mit auf eine Reise nach Zypern, wo Lebensmittel gekauft werden sollten.

Am Vorabend des Palmsonntags schlief Peter in demselben Zelt wie sein Herr, als ihn eine weitere Vision überfiel. Sein Herr hörte zwar die gesprochenen Worte, nahm die eigentliche Vision aber nicht wahr. Nun endlich versuchte Peter, bei Graf Raimund vorgelassen zu werden. Es gelang ihm zu diesem Zeitpunkt nicht, und so resignierte er wieder. Die vierte Vision hatte er schließlich in Mamistra, von wo aus er sich nach Zypern einschiffen wollte. Peter bat nun seinen Herrn, zum Belagerungsheer zurückkehren zu dürfen, doch dieser zwang ihn, in See zu gehen. Das Schiff wurde aber durch widrige Winde dreimal zurückgetrieben. Am Ende landete es in St. Symeon. Nun machte sich Peter Bartholomäus wieder auf den Weg zurück nach Antiochia. Eine Erkrankung hielt ihn auf, und so traf er erst nach dem Fall der Stadt ein. Nur knapp entging er am 10. Juni dem Tod in der Schlacht. Eine weitere Vision folgte. Und jetzt fand er endlich den Mut, bei Graf Raimund vorzusprechen.

Ablehnung und Glaube

Peter Bartholomäus stieß mit seiner Geschichte auf geteiltes Interesse. Graf Raimund war in seiner naiven Frömmigkeit sogleich bereit, ernst zu nehmen, was Peter berichtete. Der päpstliche Legat, von der Vision angegriffen, machte dagegen keinen Hehl aus seinem Mißtrauen. Es wurde schon vermutet, daß dieses Mißtrauen gegenüber den Visionen des Peter Bartholomäus dadurch genährt wurde, daß Adhémar schon in Konstantinopel den Heiligen Speer gesehen hatte. Aber der Graf von Toulouse versprach dem Visionär, in fünf Tagen selbst bei der Suche nach dem Heiligen Speer in der Kathedrale zu helfen. Peter wurde der Obhut des Feldgeistlichen des Grafen übergeben.
Hatte Adhémar von Le Puy die Vision Peters nicht ernstgenommen, so war er aber bereit, einem anderen zu glauben. Der aus der Valence stammende Priester Stephan war ein gut beleumundeter Kleriker und entsprach als solcher wohl mehr den Vorstellungen des Bischofs von einem Mann mit Visionen. Auch schwor Stephan auf die Heilige Schrift, die Wahrheit gesagt zu haben. Was hatte Stephan erlebt?
Am Abend zuvor hatte er sich mit anderen Geistlichen zu einem Bittgottesdienst versammelt. Am Ende der Messe waren alle anderen eingeschlafen. Nur Stephan wachte. Seinem Bericht zufolge sei ihm dann Christus erschienen. Dieser fragte ihn nach dem Oberbefehlshaber des Kreuzzugsheeres. Stephan gab an, wie es der Wahrheit entsprach, daß es keinen solchen gäbe. Er fügte hinzu, die obersten Machtbefugnisse lägen aber in den Händen eines Bischofs. Chri-

stus sagte nun zu Stephan, er solle diesem Bischof ausrichten, wenn dessen Leute zum christlichen Lebenswandel zurückkehren würden, werde er ihnen in fünf Tagen Schutz senden. Die Vision wurde nun noch von weiteren Heiligen belebt. Die Heilige Jungfrau Maria sei erschienen, sagte Stephan, die von der Fürsprache sprach, die sie um der Kreuzzugsteilnehmer willen bei Gott eingelegt habe. Auch der Hl. Petrus sei erschienen.
Dieser Vision schenkte Bischof Adhémar uneingeschränkt Glauben. Unzweifelhaft bezog sich die Ansprache Christi auf ihn selbst. Denn nur er konnte mit dem Bischof gemeint sein, von dem der Heiland sprach.
Diese Vision enthielt ein gutes Stück Politik. Seit der Kreuzzug aufgebrochen war, hatten die Streitigkeiten wegen der uneinheitlichen Führung des Heeres im Fürstenrat angehalten. Die Eigeninteressen der Kreuzzugsführer hatten das Heer schon mehr als einmal an den Rand einer Katastrophe geführt. Es fehlte ein Oberbefehlshaber, dem sich auch die selbstherrlichen Fürsten freiwillig unterordnen würden.
Am Beginn des Kreuzzuges hatte Graf Raimund von Toulouse gehofft, den weltlichen Oberbefehl über das Gesamtunternehmen übernehmen zu können. Immerhin war er nicht nur der reichste und daheim einflußreichste der Kreuzzugsführer, sondern hatte sich auch als erster bereit erklärt, das Kreuz zu nehmen. Offensichtlich schon vor der Rede von Clermont hatte er Papst Urban II. seine Teilnahme zugesagt. Die Realität hatte aber anders ausgesehen. Raimund hatte sich seit dem Zusammentreffen der Heersäulen in Konstantinopel gegen die anderen Fürsten nicht durchsetzen können. Sein ständig schwelender Streit mit Boemund von Tarent rührte daher. Seine Stimme hatte im Fürstenrat kein besonderes Gewicht. Graf Raimund mußte sich in Hinsicht auf seinen Führungsanspruch auch selbst unsicher sein, denn es war Hugo von Vermandois gewesen,

der aus der Hand des Papstes die Standarte Petri entgegengenommen hatte.
Adhémar von Le Puy war es ähnlich ergangen wie dem Grafen von Toulouse. Seine Ernennung zum Legaten des Kreuzzugsheeres hatte in ihm sicherlich die Hoffnung geweckt, seiner von der Kirche gewährten Autorität würden sich die weltlichen Fürsten willig beugen. Auch mit Adhémar hatte Urban II. schon vor der Rede von Clermont gesprochen. Und der Bischof war der erste gewesen, der vor aller Augen das Kreuz nahm. Selbst Graf Raimunds Boten erklärten dessen Kreuznahme erst Tage später. Seinen Anspruch glaubte Adhémar auch auf Aussagen des Papstes selbst stützen zu können. Dieser hatte ihn deutlich als Führer des zu planenden Zuges betitelt. »Inwieweit Adhémars Funktionen in Urbans Plänen nicht nur geistlicher, sondern auch politischer Natur sein sollten, ist umstritten, doch dürfen eventuelle politische Aufgaben keineswegs überschätzt werden«, schreibt Hans-Eduard Mayer zur Frage von Bischof Adhémars ursprünglicher Aufgabe im Kreuzzugsheer.[133]
Nun unterstützten die beiden gemeldeten Visionen die rivalisierenden Kreuzzugsführer. Nach Peter Bartholomäus stand der Himmel hinter dem Grafen Raimund, Stephans Vision gab eindeutig Bischof Adhémar den Vorzug. Dabei hatten beide Seher jeder für sich von einer Fünftagefrist gesprochen, innerhalb derer die Hilfe des Himmels gewährt werden würde. Die Frage blieb nur, welche der beiden Visionen sich als echt erweisen würde. Im Heer wurde der Beginn der anbefohlenen Grabungen in der Kathedrale sicherlich mit Spannung erwartet. Ein letztes Zeichen erschien am 14. Juni: Am Himmel flammte ein Meteor auf, der sich dann in drei Teile spaltete, die auf das Lager der Türken zu fallen schienen. Dies schien das Ende der Belagerer zu bekräftigen.
Am Morgen des 15. Juni begann in der Kathedrale die

Suche nach dem Heiligen Speer. Unter den zwölf Männern, die Peter Bartholomäus bei den Grabungen halfen, befanden sich Graf Raimund von Toulouse, der Bischof von Orange und auch der Chronist Raimund von Aguilers. Dieser Umstand bescherte der Nachwelt eine lebendige Schilderung der Vorgänge dieses Tages. Der Fußboden wurde an der von Peter bezeichneten Stelle, rechts vom Altar,[134] aufgerissen. Dann machte man sich daran, in die Tiefe zu graben. Doch bis zum Abend konnte nichts gefunden werden. Graf Raimund verließ schließlich enttäuscht die Kathedrale. Er sah seine Hoffnungen auf den himmlischen Beistand wohl zerstört. Doch Peter Bartholomäus wollte seine Vision nicht so einfach aufgeben. Nur im Hemd sprang er in die ausgehobene Grube. Und unter den Gebeten der Anwesenden legte er in der Erde ein Stück Eisen frei. Raimund von Aguilers sprang in die Grube hinab und küßte das Eisen, während es noch in der Erde steckte. Triumphierend wurde das Eisenstück geborgen. Die Vision des Peter Bartholomäus hatte sich bewährt. Der Himmel gewährte dem Christenheer seine Huld, das war nun gewiß. Im ganzen Heer verbreitete sich diese Nachricht wie ein Lauffeuer.

Die Wirkung des Fundes war einzigartig. Die Moral hob sich, selbst die in der Stadt anwesenden griechischen und armenischen Christen zweifelten gleichfalls nicht an dem Wunder. Nie wird zu klären sein, wie es zustande kam. Schon gleich nach dem Fund des Eisens wurde Peter Bartholomäus unterstellt, er sei ein Scharlatan. Auch moderne Historiker sprechen von der Möglichkeit, daß der Visionär schon während der Aufräumungsarbeiten in der Kathedrale nach der Eroberung der Stadt das Eisenstück unter dem Fußboden versteckte. Adhémar von Le Puy sprach sein Mißtrauen gegen Peter offen aus. Er war immerhin der eigentliche Geschädigte des Wunders. Der Heilige Speer war der unumstößliche Beweis für die Richtigkeit der gegen ihn gerichteten Vorwürfe aus der Vision Peters. Doch die Kritik tat dem Glauben an die Echtheit der Reliquie keinen Abbruch. Christen aller konkurrierenden Bekenntnisse, Lateiner, griechisch-orthodoxe, Armenier und Syrer, glaubten an die Kraft des Heiligen Speers.

Peter Bartholomäus wartete schließlich noch mit einer weiteren Vision auf: Der Hl. Andreas empfehle ein fünftägiges Fasten für die Sünden des Heeres und dann einen Angriff auf das Heer Kerbogas. Der Sieg würde dann den Kreuzfahrern gehören.

Graf Raimund von Toulouse lag zu dieser Zeit krank auf seinem Lager und konnte sich nicht um die Belange des Heeres kümmern. Boemund von Tarent gab nun die Befehle. Und ihm erschien die Gelegenheit günstig, tatsächlich gegen die Belagerer vorzugehen.

Der Befreiungsschlag

Im Lager Kerbogas machten sich mit der Zeit Auflösungserscheinungen bemerkbar, die dem Belagerungsheer über kurz oder lang seine Schlagkraft nehmen würden. Der Atabeg von Mosul hatte nicht soviel Macht über seine Verbündeten, wie nötig gewesen wäre, um das Heer zusammenzuhalten. Die Emire, die sich ihm angeschlossen hatten, zeigten unmißverständlich, daß sie sich als unabhängige Herrscher verstanden. Und so wurde schon an der Lage vor Antiochia deutlich, wie sehr der letztendliche Erfolg der Kreuzfahrer von der Uneinigkeit der seldschukischen und arabischen Fürsten Syriens abhängig sein würde. Ob die Kreuzfahrer selbst dies sahen, bleibt ungewiß, die Fatimiden in Kairo jedenfalls gedachten, aus dem herrschenden Zustand ihren Vorteil zu ziehen.

Ridwan von Aleppo zeigte kein Interesse an Kerbogas Feldzug gegen das Christenheer. Er blieb der Belagerung fern. Seine Niederlage am 9. Februar 1098, als er zu spät versucht hatte, Antiochia zu entsetzen, hatte ihn wohl zu der Ansicht gebracht, gegen das Heer der Kreuzfahrer nichts ausrichten zu können. Als Kerboga nun wegen des Beistands mit Ridwan verhandelte, brachte er damit Duqaq von Damaskus gegen sich auf. Dem Fürsten von Damaskus lag derzeit sein eigenes Herrschaftsgebiet mehr am Herzen als Antiochia. Die Begehrlichkeit der Fatimiden hatte sich auf Jerusalem gerichtet. Sie wollten die Verhältnisse vor der seldschukischen Eroberung Palästinas wiederherstellen.
Aber Uneinigkeit herrschte nicht nur gegenüber Kerboga. Die in seinem Heer vereinigten Emire hatten auch untereinander die größten Schwierigkeiten. So wollte der Emir von Homs wegen einer Familienangelegenheit nicht zusammen mit dem Emir von Menbidsch kämpfen. Des weiteren trieben Reibereien zwischen den Türken und Arabern im Heer einen Keil in die Truppen. Kerboga war nicht mehr Herr der Lage, sein Heer lief ihm davon. Täglich nahmen die Desertionen zu.
Diese Lage war den Führern des Kreuzzuges anscheinend nicht entgangen. Am 27. Juni 1098 machten sich Peter von Amiens und ein Franke namens Herluin, der Arabisch und Persisch sprach, als Unterhändler ins Lager Kerbogas auf. Wie Fulcher von Chartres notiert, bestand die durch Peter von Amiens überbrachte Forderung der Kreuzfahrer darin, daß die Muslime alle Gebiete räumen sollten, die einst in der Hand der Christen waren. Ansonsten würde der Krieg am nächsten Tag beginnen. Daneben wurde angeboten, den Konflikt durch Einzel- oder Gruppenkämpfe unter den Kriegern der beiden Heere zu entscheiden. Die siegreiche Seite sollte die Stadt erhalten. Doch Kerboga habe dieses Ansinnen, im Vertrauen auf seine gewaltige Streitmacht, ab-

gelehnt.[135] Der Atabeg von Mosul beharrte auf einer bedingungslosen Übergabe.

Nach diesem ablehnenden Bescheid konnte nur noch eine Entscheidungsschlacht das Blatt wenden. Den Kreuzfahrern muß deutlich gewesen sein, daß sie eine Fortsetzung der Belagerung nicht überstehen konnten. Ausgehungert, wie die Kämpfer jetzt schon waren, würde Kerboga auch mit einem zusammengeschmolzenen eigenen Heer in wenigen Wochen die Stürmung der Stadt wagen können. Bischof Adhémar von Le Puy hielt die Soldaten an, für die Schlacht die letzten Reserven zu mobilisieren: »Am vorangehenden Abend befahl er durch Herolde allen Soldaten der Armee Gottes, daß jeder so viel Getreide aufbringen solle, wie er könne, wie teuer es auch sei, um sein Pferd zu versorgen, damit diese, die am Morgen die Reiter tragen sollten, in der Stunde der Schlacht nicht schwach vor Hunger würden. Es wurde befohlen, es wurde getan.«[136]

Boemund von Tarent ließ im Morgengrauen des 28. Juni 1098 das Heer der Kreuzfahrer zum Gefecht antreten. Zuerst zogen die Bannerträger der einzelnen Abteilungen zur Schlacht aus, unter diesen waren auch Priester in weißen Gewändern. Die Priester sangen weinend Hymnen und beteten.

Das Heer war schon in der Stadt in sechs Gruppen eingeteilt worden. Hugo von Vermandois und Robert von Flandern führten die Franken und Flamen. Gottfried von Bouillon mit seinen Lothringern bildete die zweite Gruppe, die Normannen der Normandie unter der Führung ihres Herzogs Robert die dritte. Bischof Adhémar von Le Puy führte anstelle des schwer erkrankten Raimund von Toulouse als vierte Gruppe die Provençalen und die Kontingente aus Toulouse. Boemund von Tarent und sein Neffe Tankred führten schließlich die fünfte und sechste Gruppe, die aus den Normannen Italiens bestanden. Die Bewachung der noch immer von Kerbogas Männern gehaltenen Zitadelle wurde 200 Männern überlassen, die Graf Raimund vom Krankenlager aus leitete.

Daß die kommende Schlacht über Erfolg oder Untergang des gesamten Kreuzzugsunternehmens entscheiden würde, dürfte allen im Kreuzzugsheer bewußt gewesen sein. Sollten sie an diesem Tag unterliegen, würde keiner von ihnen nach Jerusalem kommen, geschweige denn die Heimat wiedersehen. In dieser Lage war der feste Glaube an den himmlische Beistand von entscheidender militärischer Bedeutung. Die zur Schlacht antretenden Männer brauchten die innere Gewißheit ihrer höheren Bestimmung fast mehr zur Motivierung ihres Kampfes als die Angst um Freiheit oder Leben. Wenn sie hier versagten, wäre Jerusalem verloren, sie hätten die Christenheit, ja sie hätten Christus selbst verraten. So war geistlicher Beistand wichtig und motivierend. Welcher Anblick muß sich den muslimischen Kriegern geboten haben, als auf den Mauern der Stadt die Feldgeistlichen der Kreuzzugsführer Bittgottesdienste lasen, als Weihrauchschwaden über die Gotteskrieger wallten! Andere Geistliche, allen voran Bischof Adhémar von Le Puy in seiner Eigenschaft als Befehlshaber einer eigenen Truppe, zogen mit dem Heer aus. Und sie waren auch entschlossen zu kämpfen.

Die mit Abstand größte Ehre an diesem Tag wurde dem Mann zuteil, der den Heiligen Speer in die Schlacht tragen durfte. Diese Reliquie sollten die Kreuzfahrer vor Augen haben, wenn sie in diese so wichtige Schlacht zogen. Die Quellen sind sich allerdings nicht einig, wer dies war. Einerseits behauptet der Chronist Raimund von Aguilers, er sei es gewesen, wogegen es in der »Gesta Francorum« heißt, es sei Bischof Adhémar von Le Puy gewesen.[137] Boemund wußte, welche Wirkung der Fund des Speereisens schon auf das Heer gehabt hatte. Nun sollte die Reliquie als Zeichen der göttlichen Huld den Kämpfern auch auf dem Schlachtfeld zeigen, wer mit ihnen in den Kampf zog. Man fühlt sich an die alttestamentliche Geschichte im ersten Samuelbuch erinnert, wo die Israeliten in höchster militärischer Not die Bundeslade in die Schlacht gegen die Philister mitnahmen.[138] Und das Heer der Kreuzfahrer hatte die Gewißheit göttlichen Beistands bitter nötig. Unzählige der Kämpfer dürften halb verhungert gewesen sein, hatten kaum vernünftige Waffen oder keine Reittiere mehr. Als sie zur Schlacht vor die Stadt marschierten, war ihr Anblick sicherlich nicht sehr prächtig. Die Feldzeichen der Fürsten flatterten über verhungerten, ausgezehrten Gestalten, gefangen in Verzweiflung und Angst. Aber in ihnen brannte der Wille, die kommende Auseinandersetzung für sich zu entscheiden.

Als sie die Kreuzfahrer durch das Brückentor auf den Plan ziehen sahen,[139] drangen seine Berater in den Atabegen Kerboga, unverzüglich angreifen zu lassen. Ibn al-Atir gibt folgenden Dialog wieder: »... ›Du sollst dich am Tor aufstellen und jeden töten, der herauskommt; jetzt, wo sie sich aufgespalten haben, ist es leicht, mit ihnen fertig zu werden.‹ Er entgegnete: ›Nein, wartet, bis alle herausgekommen sind: Dann töten wir sie‹, und erlaubte ihnen nicht, sie durch einen sofortigen Angriff zu überraschen. Als einige Muslime dabei waren, eine Gruppe von Herausgekommenen zu töten, schritt er selbst ein, hielt sie zurück und verbot es ihnen.«[140] Der zögernde Atabeg wollte offensichtlich ein Vorhutgeplänkel vermeiden. Für ihn erschien es nur sinnvoll, das Gesamtheer der Kreuzfahrer anzugreifen und es zu vernichten. So konnten die Kreuzfahrer in aller Ruhe über die Brücke ziehen und ihre Schlachtordnung entfalten. »Umschließungstaktiken von hinten fürchtend, wandten unsere Kräfte ihre Schlachtreihen den Bergen zu, die volle zwei Meilen von der Brücke entfernt waren«, schreibt Raimund von Aguilers.[141]

Als Kerboga nun der gesamten zur Schlacht antretenden Streitmacht der Kreuzfahrer ansichtig wurde, versuchte er ein letztes Mal Verhandlungen aufzunehmen. Ein Herold wurde ausgesandt, der mit dem feindlichen Heer verhandeln sollte. Doch dieser wurde unbeachtet gelassen. Das Heer der Christen, zu allem entschlossen, marschierte weiter. »Als dann alle Franken herausgekommen waren und keiner von ihnen mehr in Antiochia war, eröffneten sie eine große Schlacht«, hält Ibn al-Atir trocken fest.[142]
Nun die angebotene Schlacht annehmend, begann Kerboga zu taktieren. Er ließ sein Heer zurückweichen. Damit hoffte er, die Feinde in unwegsames Gelände locken zu können. Dort sollten die seldschukischen Bogenschützen mit ihren berüchtigten Pfeilhageln die Reihen der Christen lichten. Eine weitere Abteilung seines Heeres sandte der Atabeg aus, um die linke Flanke des Kreuzzugsheeres zu umfassen, die keine Deckung durch den Fluß hatte. Boemund antwortete auf dieses Umflankungsmanöver mit der Bildung einer siebenten Heeresgruppe aus Truppen Herzog Gottfrieds und Herzog Roberts von der Normandie unter Reinhold von Toul. Diese hielt den Angriff an der Flanke auf. Inzwischen entwickelte sich die Schlacht auch an der Hauptfront. Die ersten Toten waren zu beklagen. Es gelang den muslimischen Bogenschützen allerdings nicht, die vordringenden Ritter in ihren schweren Rüstungen zum Halten zu bringen. Dabei zeigten die Linien der Muslime schon erste Auflösungserscheinungen. Das unermüdliche Vordringen der christlichen Kämpfer wurde von einer neuerlichen Vision des Eingreifens der himmlischen Mächte unterstützt. Nach der Schlacht wurde berichtet, an einem Berghang sei eine Gruppe von Rittern auf weißen Pferden und mit weißen Bannern erschienen. Als deren Führer glaubten die Kreuzritter den Hl. Georg, den Hl. Merkurius und den Hl. Demetrius erkennen zu können.

Auch arbeiteten die Emire dem christlichen Heer in die Hände. Ihre Furcht bestand darin, Kerboga könne nach einem Sieg zu mächtig werden. Sie allein wären dann die Benachteiligten. Und so begannen sie, das Feld zu räumen. Dies mußte auch der arabische Chronist Ibn al-Atir einräumen: »Die Muslims wandten sich sogleich zur Flucht, wegen der Geringschätzung und dem Hochmut, mit dem Kerboga sie behandelt hatte.«[143] Duqaq von Damaskus führte diese Massendesertion an. Allein Soqman der Artukide, der Herr von Jerusalem, und der Emir von Homs hielten dem Atabeg von Mosul die Treue. Im Heer des verzweifelten Kerboga brach nun wegen des unaufhaltsamen Vordringens der Christen und des Verrats durch ihre eigenen Verbündeten Panik aus. Als letzten Versuch ließ Kerboga das trockene Gras vor den Linien der Kreuzfahrer anzünden. Doch auch dies konnte die Schlacht nicht mehr wenden. Seine beiden letzten Getreuen gaben schließlich ebenfalls auf. Als Kerboga sich geschlagen gab, war sein Heer bereits in heillosem Durcheinander auf der Flucht. »Ihre Niederlage war vollkommen, ohne daß nur einer sein Schwert oder Lanze benutzte, oder einen Pfeil abgeschossen hätte... nur eine Gruppe von Kämpfern für den Glauben wehrte sich aus Verlangen nach dem Tod als Blutzeugen.«[144] Die christlichen Ritter jagten die Fliehenden bis zur Eisernen Brücke. Tausende wurden noch niedergemacht. Wer zu Tankreds Turm floh, war ebenso verloren, wie die Kämpfer, die auf der weiteren Flucht von Syrern und Armeniern erschlagen wurden. Mit einem kleinen Rest seiner eigenen Truppen erreichte Kerboga Mosul. Doch seine Macht war für alle Zeiten dahin.
Allein die Zitadelle war noch nicht gefallen. Als Achmed ibn Merwan, der Befehlshaber, die Schlacht für seine Seite verloren sah, nahm er Verhandlungen wegen der Übergabe der Festung auf. Doch als zunächst Raimund von Toulouse

sein Banner schickte, lehnte er die Übergabe ab. Er ergab sich erst Boemund von Tarent. Es hat den Anschein, als habe der Normanne zuvor mit Achmed eine geheime Abmachung für diesen Fall getroffen. Boemund gewährte der Garnison freies Geleit. Achmed und einige seiner Getreuen traten zum Christentum über und schlossen sich der Truppe Boemunds an.

Herr der Stadt

Nach dem unerwarteten, aber umfassenden Sieg mußten sich die Kreuzfahrer darüber einigen, wer Herr über Antiochia sein sollte. Ihr Eid band sie an das Versprechen, auch diese Stadt dem byzantinischen Kaiser auszuhändigen. Doch nicht alle Fürsten, die diesen Eid geschworen hatten, waren bereit, sich an die Zusage zu halten. Boemund von Tarent, der Eroberer und siegreiche Verteidiger Antiochias, hatte von Anfang an keinen Zweifel daran gelassen, die Stadt als Kern einer Herrschaft für sich zu beanspruchen. Er hatte schon vor der Stürmung die meisten Fürsten auf seiner Seite gehabt, die ihm gern diesen Besitz lassen wollten, sollte er den Feldzug zum Erfolg führen. Vor dem Sturm hatte es geheißen, der Normanne könne die Stadt sein eigen nennen, wenn es seinen Truppen gelänge, als erste einzudringen und wenn Alexios I. nicht persönlich erscheine, um seinen Anspruch zu erheben. Die erste Bedingung hatte Boemund durch seinen Handstreich mit Leichtigkeit erfüllt. Die zweite Bedingung erfüllte sich mit dem immer längeren Ausbleiben des Kaisers. Boemund hatte zweifellos alle Argumente auf seiner Seite. Hinzu kam noch das Prestige, das er sich durch die siegreich geführte Schlacht gegen Kerboga bei den Kreuzfahrern erworben hatte. Nach dem Sieg blieb nur Raimund von Toulouse, der als einziger Alexios I. keinen Lehnseid geleistet hatte, bei seiner Meinung, die Stadt müsse ausgeliefert werden. Doch der Kaiser kam nicht. Diesen hatte ja Stephen von Blois in völliger Verkennung der militärischen Lage zur Umkehr bewegt. Und ohne General Tatikios war auch kein Byzantiner im Heer, dem die Stadt hätte übergeben werden können. Die Lage war also günstig für Boemund. Dieser Mann, der Jahre zuvor schon beabsichtigt hatte, von Italien aus byzantinisches Gebiet für sich zu erobern, griff nun tatsächlich nach altem byzantinischen Besitz.

Raimund von Toulouse drückte mit seiner unnachgiebigen Haltung in der Rückgabefrage nicht nur seine Abneigung gegen Boemund aus, sondern sicherlich auch sein Bedürfnis nach Sicherheit. Würde die Stadt nicht dem Kaiser überlassen, war zu erwarten, daß dieser dem Kreuzzug seine Unterstützung vollends entziehen würde. Dies aber bedeutete wiederum ausbleibende Versorgung mit Lebensmitteln, fehlende militärische Unterstützung und keine Sicherung der schon eroberten Nachschubwege. Auch dürfte der Gedanke eine Rolle gespielt haben, daß nach einem Abfall der Kreuzfahrer von Alexios I. von einer gemeinsamen Unternehmung der gesamten Christenheit nicht mehr die Rede sein konnte. Allein Adhémar von Le Puy vertrat dieselben Ansichten wie Graf Raimund.

Um nun eine Entscheidung herbeizuführen, wurde Hugo von Vermandois ausgesandt, um mit Alexios I. Kontakt aufzunehmen. Zum Zeitpunkt ihrer siegreichen Schlacht wußten die Kreuzfahrer noch nicht, daß der byzantinische Kaiser seinen Feldzug längst abgebrochen hatte. Stephen von Blois hatte am 2. Juni das Heer verlassen und bis zum 28. Juni, dem Tag der Schlacht, waren die Kreuzfahrer von allen Nachrichten abgeschnitten. Hugo von Vermandois brach zu seiner Gesandtschaft in Begleitung Balduins von Hennegau und einer kleinen Gruppe bewaffneter Begleiter im Juli 1098 auf. Die Männer müssen geglaubt haben, keine weite Reise vor sich zu haben, erwarteten sie doch, den Kaiser und sein Heer irgendwo auf ihrem früheren Marschweg anzutreffen. Ein Überfall einer türkischen Streifschar dezimierte Hugos Schar. Welches Schicksal dem Grafen von Hennegau widerfuhr, ist nicht bekannt, er blieb verschollen. Der weitere Weg war nicht weniger beschwerlich, und so war es Herbst, als der Unterhändler in Konstantinopel eintraf. Nun war es für den Kaiser aber zu spät. Die fortgeschrittene Jahreszeit erlaubte den erneuten Aufbruch des Heeres nicht. Vor dem Frühjahr des kommenden Jahres wäre Antiochia nicht zu erreichen gewesen.

Der Kreuzzug verharrt

Die Kreuzzugsführer hatten sich darauf geeinigt, das Heer bis zum 1. November 1098 in Antiochia ausruhen zu lassen. Dieser Entschluß entsprach den Bedürfnissen der Kreuzfahrer und den jahreszeitlichen Umständen. Die Kämpfer und Pilger waren ausgehungert und geschwächt, ebenso die wenigen Tiere, die die monatelangen Entbehrungen überlebt hatten. Alle mußten erst wieder zu Kräften kommen, bevor an den Weitermarsch zu denken war. Der Aufbruch in Richtung Süden konnte auch erst erfolgen, wenn die Sommerhitze vorüber war. Allzu leicht hätte das Wasser für die Massen knapp werden können. Dieses Risiko wollte niemand eingehen.
Die Entscheidung im Streit um den Besitz von Antiochia bahnte sich während dieser Zeit an. Zunächst machte sich Boemund zum Herren der Zitadelle. Die in der Festung stationierten Wachtruppen, die sich aus den Kontingenten Gottfrieds von Bouillon, Roberts von Flandern und des Grafen von Toulouse zuammensetzten, wurden von dem

Normannen kurzerhand entfernt. Das Einverständnis des Lothringers und des Grafen von Flandern kann vorausgesetzt werden. Raimund waren die Hände gebunden, denn seine Krankheit dauerte an. Als auch noch Bischof Adhémar erkrankte, fehlte den südfranzösischen Truppen eine tatkräftige Führung. Sie wurden zum Spielball der Normannen. Schon am 14. Juli hatte Boemund deutlich gezeigt, daß er sich nun als den alleinigen Herrn der Stadt sah. Die nach Antiochia geeilten Kaufleute aus Genua erhielten von ihm an diesem Tag einen Freibrief. Darin erkannte Boemund ihnen einen Markt, eine Kirche und dreißig Häuser zu.
Die sich hinziehende Wartezeit auf den Weitermarsch nutzten einige der kleineren Adeligen zu Raubzügen und kleinen Eroberungen im Umfeld Antiochias. So gelang es dem aus dem Limousin stammenden Ritter Raimund Pilet, am 20. Juli die Stadt Tel-Mannas für sich zu erobern.
Am 1. August ereignete sich eine Tragödie größeren Ausmaßes. An diesem Tag starb Adhémar von Le Puy an den Folgen seiner Erkrankung. Er war das prominenteste Opfer einer Mitte Juli im Heer ausgebrochenen Epidemie. Das Heer der Kreuzfahrer verlor nicht nur den geistigen Führer, sondern auch einen fähigen Feldherren. Er hatte bei Doryläum den Sieg gesichert und hatte auch in der Schlacht um Antiochia erfolgreich seine Truppen in den Kampf geführt. Sein Charisma hatte ihn zu einer wichtigen Persönlichkeit im Heer gemacht. Auf dem diplomatischen Parkett hatte er das gute Einvernehmen zwischen Rom und der Kirche von Konstantinopel garantiert.
Nach dem Tod des päpstlichen Legaten trat Peter Bartholomäus wieder mit einer Vision vor. Diese vermittelt allerdings den Eindruck, von den Interessen der provençalischen Truppen bestimmt zu sein. Peter behauptete nun, der Hl. Andreas habe ihm mitgeteilt, Antiochia solle dem überlassen bleiben, der zur Zeit Anspruch auf den Besitz der Stadt er-

hebe. Ein zu wählender Patriarch der lateinischen Kirche solle über die Rechtschaffenheit desjenigen befinden. Auch solle das Kreuzzugsheer nun nach Jerusalem weiterziehen. Die Forderung war deutlich. Boemund von Tarent sollte Antiochia behalten dürfen und der Feldzug sollte fortgesetzt werden. Es hat den Anschein, als habe sich Peter Bartholomäus zum Sprachrohr der Massen des Kreuzzugsheeres gemacht, und habe unter Berufung auf den Hl. Andreas deren Forderung nach einem Abzug nach Jerusalem formuliert. Die Angehörigen der Heere sahen offensichtlich die kleinteiligen Streitereien ihrer Herren als unnütze Verzögerungen für den Heiligen Krieg an. Sie waren ausgezogen, nicht um Fürstentümer zu begründen, sondern tatsächlich in der Absicht, die Heilige Stadt zu befreien. Doch noch immer war keiner der Fürsten bereit zum Abrücken.

Der August 1098 brachte eine Veränderung in der politischen Konstellation in Palästina. Die Fatimiden hatten wohl inzwischen erkannt, daß die Verhandlungen mit den Kreuzfahrern über eine Aufteilung Palästinas ergebnislos bleiben würden. Und so hatten sie sich entschlossen, vollendete Tatsachen zu schaffen. Als die Kreuzfahrer sich noch in Antiochia aufhielten, war Jerusalem nicht mehr in der Hand der Seldschuken.

Der fatimidische Wesir al-Afdal hatte mittlerweile erkannt, daß es auf dem vertraglichen Wege mit den Kreuzfahrern keine Einigung geben würde, und war selbst zur Tat geschritten. Nach der Niederlage Kerbogas vor Antiochia war er mit dem ägyptischen Heer in Palästina eingefallen. Die Macht in dieser Provinz des seldschukischen Reiches teilten sich zu dieser Zeit die Söhne des Emirs Artuk, Soqman und Ilghazi. Sie erkannten Duqaq von Damaskus als ihren Herren an. Als das ägyptische Heer herannahte, hatten sich die Brüder auf Jerusalem zurückgezogen. Sie hofften, innerhalb der starken Mauern den Belagerungsmaschinen der Ägypter standhalten zu können, bis Duqaq ihnen zu Hilfe kommen würde. Am 18. Juli begann die Belagerung. Obwohl al-Afdal mit vierzig Steinschleudern ausgerüstet war, hielten die Belagerten vierzig Tage in der Stadt aus. Dann waren durch den unausgesetzten Beschuß die Mauern derart beschädigt, daß sich Soqman und Ilghazi ergaben. Am 26. August 1098 rückte das fatimidische Heer in Jerusalem ein. Mit ihren Truppen konnten die Seldschuken frei nach Damaskus abziehen, wo sie sich mit ihren Vettern vereinten. Die Fatimiden schoben nun ihre Nordgrenze bis zum Hundefluß, an der Küste nördlich von Beirut, vor. Die Verteidigungswerke Jerusalems wurden rasch wieder instand gesetzt.

Die Anfang August in Antiochia ausgebrochene Epidemie hatte die Fürsten in die Flucht getrieben. Jeder hatte im Umland seinen Aufenthalt gesucht, wo er abwartete, bis die Krankheit ihre Kraft verloren hatte. Schließlich trat der Fürstenrat am 11. September wieder in Antiochia zusammen. Es wurde ein Brief an Papst Urban II. aufgesetzt. Darin schilderten die Kreuzfahrer die Eroberung Antiochias und berichteten vom Tod des Legaten Adhémar. Im Bewußtsein, daß nur eine übergeordnete, von ihnen allen anerkannte Autorität die immer wieder aufbrechenden Streitigkeiten schlichten könnte, baten sie darum, der Papst möge sich in eigener Person an die Spitze des Kreuzzuges setzen. Dieser Vorschlag erinnert an die ursprüngliche Absicht Papst Gregors VII., höchstpersönlich einen Zug in den Osten zu führen. »Man sieht die Ratlosigkeit der Fürsten hinter dieser Bitte, die so wenig Aussicht auf Erfolg haben konnte«,[145] schreibt der Historiker Adolf Waas zu diesem Brief.

Durch den sich immer länger hinziehenden Aufenthalt der Kreuzfahrer in Antiochia wurde die Frage der Lebensmittelversorgung wieder akut. Graf Raimund wollte deshalb einen Raubzug unternehmen, mußte diesen aber verschieben. Gottfried von Bouillon hatte ihn gebeten, ihm auf einem Feldzug gegen Azaz, einer Stadt an der Straße von Edessa und Turbessel nach Antiochia, beizustehen. Dieser Feldzug diente der Unterstützung des Emirs Omar von Azaz, der im Streit mit Ridwan von Aleppo lag. Zum ersten Mal stritt ein christliches Heer auf Seiten eines muslimischen Verbündeten. Nach der erfolgreichen Abwehr Ridwans konnte Raimund von Toulouse sich doch noch der Beschaffung von Lebensmitteln widmen. Verluste entstanden auf diesem Zug nur durch einen unvermuteten Überfall.

Nochmals zog Graf Raimund im Oktober aus. Von der am Orontes gelegenen Stadt Rugia aus unternahm er einen Angriff auf die Stadt Albara (h. al-Barrah). Obwohl sich die muslimische Bevölkerung kampflos ergab, wurde ein Teil niedergemacht, der andere als Sklaven nach Antiochia verkauft. Die entvölkerte Stadt wurde sodann christlich besiedelt. Die Moschee wurde zu einer Kirche. Graf Raimund hielt nun mit seinen Kaplänen und den anderen Fürsten Rat, welchen der Geistlichen aus seinem Gefolge er auswählen sollte, um ihn zum Bischof von Albara zu ernennen. Nach dieser Versammlung stieg einer der Kapläne auf die Stadtmauer, um von dort zum Volk zu sprechen. Er teilte den Menschen das Vorhaben des Grafen mit. Die Leute forderten nun eine Wahl des Bischofs. Der Kaplan fragte die Menge, ob es einen Geistlichen gäbe, der sich dem Zuspruch der Gläubigen sicher sei und sich ebenso gegen die Heiden stelle, wie er zur Hilfe für seine christlichen Brüder bereit sei. Da riefen die Pilger den Namen Peters von Narbonne. Dieser erklärte sich dann bereit, das Amt zu übernehmen und es bis zu seinem Tode auszuüben. Von Graf Raimund erhielt der neue Bischof die Hälfte des Stadtgebiets von Albara zur Sicherung seiner Einkünfte.[146] Es war dies die Begründung des ersten lateinischen Bistums durch die Kreuzfahrer. Ein Konflikt mit der griechisch-orthodoxen Kirche war deswegen nicht zu befürchten, da es bisher in der Stadt keine Christen gegeben hatte. Geweiht wurde der neue Bischof von dem griechisch-orthodoxen Patriarchen Johannes Oxeites von Antiochia. Der erste Schritt zur Begründung einer lateinischen Kirchenorganisation im Orient war getan.

Am 1. November 1098, dem verabredeten Abmarschtermin des Heeres, trafen die Fürsten wieder in Antiochia ein. Raimund von Toulouse kam von Albara, Gottfried von Bouillon verließ Turbessel, während der Graf von Flandern und der Herzog von der Normandie bereits in der Stadt weilten. Boemund, gerade von einer Krankheit genesen, kam zwei Tage später. Am 5. November begann schließlich eine Ratsversammlung der Fürsten in der St. Peters-Kathedrale. Die auf Seiten Boemunds stehenden Teilnehmer forderten Antiochia für diesen. Gottfried von Bouillon und Robert von Flandern unterstützten diese Ansicht, meldeten sich aber nicht zu Wort. Sie fürchteten wohl, des Meineids bezichtigt zu werden. Wieder pochte Raimund von Toulouse auf die Einhaltung des dem Kaiser des Byzantinischen Reiches geschworenen Eides. Eine Einigung war so nicht zu erzielen. Nun machte das Heer selbst seinem Unmut Luft. Offen stellten die Soldaten den Fürsten ein unmißverständliches Ultimatum. Sie wollten weder mit denen etwas zu tun haben, die in Antiochia bleiben wollten, noch mit denen, die auf Alexios I. warteten. Die erste Äußerung ging gegen Boemund, die zweite zielte auf Graf Raimund. Um ihrer Forderung nach Abzug gen Jerusalem Nachdruck zu verleihen, drohten sie, die Mauern Antiochias niederreißen zu wollen. Unter diesem Druck kam es in einer Geheimbesprechung der bedeutendsten Kreuzzugsführer zu einem Kompromiß: Graf Raimund wollte sich allen Beschlüssen des Fürstenrates beugen, wenn Boemund den Kreuzzug bis Jerusalem begleiten würde. Eine wirkliche Regelung der Besitzverhältnisse in Antiochia gab es nicht. Man bestätigte Boemund seine Rechte an der Zitadelle und sprach ihm zwei Drittel der Stadt zu. Raimund dagegen erhielt den ehemaligen Palast Yagi Siyans und die Kontrolle über die befestigte Brücke. Wann das Heer nach Jerusalem aufbrechen sollte, blieb weiterhin offen.

Um den Vormarsch nach Palästina auf der linken Flanke zu sichern, mußte zunächst die Festung Maarat an-Numan erobert werden. Nur so war ein Abmarsch ohne die Gefahr eines feindlichen Überfalls auf die Marschkolonnen möglich. Am 27. November erreichten die Kontingente der Grafen von Flandern und Toulouse die Festung. Am nächsten Morgen wurde ihr Sturmangriff abgewiesen. Auch der nach dem Eintreffen Boemunds von Tarent mit seinen Truppen am Nachmittag erneute Sturm auf die Mauern schlug fehl. Nun begann die Belagerung, die auch nach zwei Wochen noch keinen Erfolg zeitigte. Schließlich sollte der Sturm mittels eines hölzernen Belagerungsturms auf Rädern bewerkstelligt werden.

Am 1. Dezember schoben Raimunds Männer unter dem Befehl Wilhelms von Montpellier den Turm gegen einen der Türme der Verteidigungswerke der Stadt. Es war den Kämpfern aber nicht möglich, den Turm zu besteigen und die Mauer zu besetzen. Da verfiel man auf die Idee, im Schutz der Holzkonstruktion den Steinturm zu unterwühlen. Der Erfolg zeigte sich bald: Der Turm stürzte zusammen. Die Soldaten Raimunds drangen in die Stadt ein und begannen zu plündern. Wieder wollte Boemund den Erfolg an sich reißen. Er ließ verkünden, jeder Bewohner werde geschont, der sich in ein bestimmtes Gebäude flüchte. So dachte er, die Stadt in die Hand zu bekommen. Im Laufe der Nacht machten sich die Bewohner daran, ihre Häuser und Zisternen zur Verteidigung bereitzumachen. Um Schonung zu erlangen, versprachen sie die Entrichtung einer Steuer. Als aber am nächsten Morgen die Kämpfe wieder aufflammten, gab es keine Gnade. Die Kreuzfahrer stürmten durch die Mauerbresche und machten alles nieder, was ihnen in den Weg kam. Auch der von Boemund versprochene Schutz rettete niemanden vor Tod oder Sklaverei.

Boemund hatte sich den größten Teil der Beute gesichert. Er weigerte sich, die von Graf Raimund eroberte Stadt mit seinen Leuten zu verlassen, bevor dieser nicht seine Besitzungen in Antiochia aufgab. In dieser Lage drängte das Heer auf eine endgültige Entscheidung. Zu Weihnachten erklärten die Soldaten, sie seien bereit, Graf Raimund als Führer des Kreuzzuges anzuerkennen, wenn er für den baldigen Aufbruch sorge. Diesem Druck gab der Graf nach und begab sich von Maarat an-Numan nach Rugia. Boemund zog nach Antiochia ab. In Rugia wurde nochmals ein Treffen der Fürsten einberufen. Nun versuchte Graf Raimund die anderen Kreuzzugsführer durch Bestechung für sich zu gewinnen. Doch diese lehnten die gebotenen Summen ab. Da das Heer im Abmarsch die einzige Rettung aus seiner mittlerweile wieder bedenklichen Versorgungslage sah, schritt man zu drastischen Maßnahmen. Um ihren Forderungen Nachdruck zu verleihen, machten sich die halb verhungerten Soldaten und Pilger daran, die Mauern von Maarat an-Numan niederzureißen.

Diese Sprache verstand Graf Raimund nun endlich. Einen weiteren Aufenthalt durfte es nicht geben. Der 13. Januar des Jahres 1099 sah den feierlichen Auszug der Kreuzfahrer von Maarat an-Numan. Als Führer der bewaffneten Pilgerfahrt schritt Graf Raimund von Toulouse barfuß und nur mit dem Hemd bekleidet dem Heer voran. Die Stadt wurde niedergebrannt. Eine Rückkehr sollte es nicht geben. Dem

Zug schlossen sich auch diejenigen wieder an, die eigene Herrschaften erlangt hatten: der Bischof von Albara, Peter von Narbonne, und der Herr von Tel-Mannas, Raimund Pilet. Zuletzt schloß sich Robert von der Normandie mit seinen Leuten dem Zug an, begleitet von dem Normannen Tankred. Die Truppen, die von Graf Raimund in Antiochia zurückgelassen worden waren, verließen eigenmächtig ihren Posten und zogen gleichfalls mit. Sie hatten sich gegen Boemunds Gefolge nicht behaupten können. Gottfried von Bouillon und Robert von Flandern zögerten noch einen ganzen Monat mit dem Abmarsch, bis auch sie von ihren Truppen dazu gezwungen wurden.
Boemund von Tarent blieb der Herr von Antiochia. Der Same des zweiten Kreuzfahrerstaates, des Fürstentums von Antiochia, war gelegt.

VII. BUCH

Jerusalem: Das umkämpfte Heiligtum

Graf Raimund auf Kreuzzug

Fünfzehn Monate waren über Belagerung und Eroberung von Antiochia, dem folgenden Streit zwischen den Fürsten und den Vorbereitungen zum Abmarsch dahingegangen. Die günstige Prognose, die Stephen von Blois in seinem Brief geäußert hatte, war zu optimistisch gewesen. Anfang des Jahres 1099, fast vier Jahre nach der Rede Papst Urbans II. in Clermont, hatte das Kreuzzugsheer erst die Grenze zu Syrien erreicht. Die Verluste waren beträchtlich gewesen. Dabei hatten nicht nur die ständigen Kämpfe mit den Seldschuken dezimierend gewirkt, sondern auch der das Heer wie ein Gespenst begleitende Hunger und die Krankheiten. Auch war ein nicht unerheblicher Teil der Truppen durch die Sonderunternehmungen Balduins von Boulogne in Edessa und Boemunds von Tarent in Antiochia gebunden.
Vor den Kreuzfahrern lagen nun endlose Meilen eines schweren Marsches durch ein Gebiet, das viele Herren hatte. Doch dieser Umstand sollte dem Kreuzzug nicht zum Nachteil gereichen, eher zum Gewinn. Die in Nordsyrien ansässigen Dynastien waren über den Zusammenbruch der seldschukischen Macht nicht unglücklich. Auch waren sie zutiefst beeindruckt vom Sieg der Kreuzfahrer

über Kerboga bei Antiochia. Der Emir von Hama, der Schwiegervater Ridwans von Aleppo, schon zweimal von den Kreuzfahrern geschlagen, leistete keinen Widerstand gegen das Christenheer. Ebenso verhielt sich der Emir von Homs, der kurz zuvor noch an der Seite Kerbogas kämpfte. Entscheidend für den Vormarsch des christlichen Heeres aber war die Haltung zweier arabischer Familien, die Gebiete beherrschten, durch die der Marsch verlaufen würde. Die Dynastie der Munqidhiten von Schaizar hatten das Gebiet zwischen Orontes und der Küste unter Kontrolle. Der Küstenstreifen vom mittleren Libanon bis zur Grenze des Fatimidenreiches wurde dagegen von den Banu Ammar von Tripolis beherrscht. Ohne die Unterstützung dieser arabischen Familien oder deren Neutralität würden die Franken nur schwerlich ihren Zug fortsetzen können.
Die erste Etappe des Vormarsches ging nur bis nach Kafartab, das 12 Meilen südlich von Maarat an-Numan liegt. Bis zum 16. Januar gab Raimund von Toulouse hier seinen Truppen Zeit, sich neu zu verproviantieren. Hier stießen auch Tankred und Herzog Robert von der Normandie wieder zu den Kreuzfahrern. Der Emir von Schaizar nahm in Kafartab Kontakt mit den Kreuzfahrern auf. Seine Gesandten boten den Kreuzfahrern wegkundige Führer und billige Verpflegung an. Als Gegenleistung erwartete der Emir, daß das Heer in Frieden durch sein Gebiet ziehen würde. Allerdings gelang es nicht völlig, Plünderungen zu verhindern. Die Schuld daran trug einer der einheimischen Führer.
Die Herden der durchzogenen Gegend waren in ein Nebental des Sarout getrieben worden. Dadurch sollten die Kreuzfahrer daran gehindert werden, sich ihrer zu bemächtigen. Das Heer verließ am 17. Januar Kafartab und wurde von seinen Führern zwischen Schaizar und Hama über den Orontes geleitet. Dann ging der Weg das Sarouttal hinauf. Und nun wies einer der Führer fälschlicherweise die Kreuz-

fahrer ausgerechnet in das Tal, in dem sich die Herden befanden. Niemand konnte verhindern, daß die Kreuzfahrer sich der Tiere bemächtigten. Die Beute war ungeheuer. Selbst der Befehlshaber der das Tal beherrschenden Festung wagte es nicht, sich den Kreuzfahrern entgegenzustellen. Ihre Beute verkauften sie auf den Märkten von Schaizar und Hama. Den Erlös verwendete man zum Erwerb der dringend benötigten Packpferde.
Raimund von Toulouse und Tankred besprachen inzwischen die Frage nach dem besten Marschweg. Raimund wollte sich westlich wenden, die Nosairi-Berge überwinden und möglichst schnell zur Küste vorstoßen. Der Marsch entlang der Küste würde den Kontakt zu Antiochia nicht abreißen lassen. Auch wäre über die bereits in christlicher Hand befindliche Stadt Laodikaia (h. Latakia) eine Versorgung des Heeres über See möglich. Diesem Plan widersprach der Normanne. Tankred verwies auf die geringe Truppenstärke des Heeres. Es bestand mittlerweile nur noch aus 1000 Rittern und 5000 Mann zu Fuß. Die von Graf Raimund vorgeschlagene Route würde es erforderlich machen, alle am Weg liegenden Festungen zu erobern. Das kleine Heer wäre aber nicht in der Lage, einen fortgesetzten Belagerungskrieg zu führen. Tankreds eigene Lösung war einfach, aber genial. Er schlug vor, auf dem direkten Weg nach Jerusalem zu ziehen und die Küstenfestungen im wahrsten Sinne des Wortes »rechts liegen zu lassen«. Tankred rechnete damit, sobald Jerusalem gefallen sei, würde Nachzug aus Europa kommen. Mit einem neuen, großen Heer würde man dann die Festungen erobern können. Die Städte Tripolis, Tyros und Akkon sah Tankred nicht als Gefahr.
Doch stand diesem Plan Duqaq von Damaskus entgegen. Er beherrschte das gesamte Land zwischen dem Libanon und der Wüste. Es war zu befürchten, daß sich Duqaq, anders als die Emire, den Kreuzfahrern entgegenstellen würde. In Ab-

wägung beider Ansichten wurde ein Kompromiß gewählt. Das Heer sollte durch die Buqaia-Ebene zwischen den Nosairi-Bergen und dem Libanon weiter südlich zur Küste vorstoßen. Diese Ebene bildete den einzigen unbehinderten Zugang vom Inneren Syriens zum Meer.

Die Kreuzfahrer setzten sich also in Marsch und erreichten am 22. Januar die Stadt Masyaf. Der Stadtherr schloß mit den Kreuzfahrern einen Vertrag. Dann wandte sich das Heer in Richtung Südosten, um den Dschebel Helou zu umgehen. So erreichten sie die Stadt Rfaniya. In den nächsten drei Tagen verproviantierte sich das Heer in der von ihren Bewohnern verlassenen Stadt.

Die Buqaia-Ebene wurde von der Festung Hosn el-Akrad beherrscht. Um an das Vieh der in der Ebene ansässigen Bevölkerung zu kommen, das diese in die Stadtmauern geholt hatten, griff das Kreuzzugsheer die Burg an. Der Angriff am 28. Januar wurde von den Bewohnern mit einer List zum Stehen gebracht. Sie öffneten ein Tor und trieben einen Teil der Herden hinaus. Die Kreuzfahrer, auf leichte Beute mehr versessen, als auf die Eroberung der Burg, zerstreuten sich beim Einfangen der Tiere. Da überfielen die Burginsassen die Plünderer. Graf Raimund, von seiner Leibwache im Stich gelassen, wäre um ein Haar in die Hände der Stadtbewohner gefallen.

Als die Kreuzfahrer am folgenden Tag einen ernsthaften Sturm auf die Burg unternahmen, war diese verlassen. Nun wurde ein dreiwöchiger Aufenthalt eingelegt, während dem auch das Fest Mariä Lichtmeß begangen wurde.

In dieser Zeit erschienen Gesandtschaften der Emire, die in den angrenzenden Gebieten herrschten, und versicherten Graf Raimund ihrer Freundschaft. Der Emir von Hama versprach, den Kreuzzug nicht angreifen zu wollen. Auch Dschakak el-Mulk Abu'l Hassan, der Emir von Tripolis aus der arabischen Familie der Banu Ammar, verfolgte nun die-

selbe Politik, die gegenüber den Seldschuken erfolgreich gewesen war. Er spielte die neuen Herren genauso gegen die Fatimiden aus. Fränkische Botschafter, die das Banner Raimunds mit sich führten, zogen mit nach Tripolis. Sie waren beeindruckt von dem blühenden Wohlstand des Landes. Nach ihrer Rückkehr schlugen sie dem Grafen von Toulouse vor, eine Festung des reichen Emirats zum Schein anzugreifen. Auf diese Weise sei wohl der Emir zur Zahlung einer größeren Summe zu bringen. Als Gegenleistung würde man ihm zusichern, von weiteren Angriffen abzusehen. So ließ sich Graf Raimund, wie immer in Geldschwierigkeiten, zum Angriff auf Arqa überreden.
Am 14. Februar lagerte das Kreuzzugsheer vor den Mauern der Stadt. Um die Versorgung des Heeres über See zu sichern, wurden Raimund Pilet und Graf Raimund von Turenne ausgesandt, die Stadt Tortosa zu erobern. Nach ihrer Ankunft dort am Abend des 16. Februar griffen sie zu einer List. Die Nacht über gaukelten sie der Garnison von Tortosa durch das Anzünden zahlreicher Feuer ein größeres Belagerungsheer vor, als sie hatten. Noch in dieser Nacht floh die Garnison auf dem Seeweg. Die Bewohner öffneten am nächsten Morgen den Kreuzfahrern die Tore. Dieser leichte Sieg überzeugte auch den Statthalter von Marqiye, sich Graf Raimund zu unterwerfen. Der Erfolg von Tortosa sicherte den Kreuzfahrern bequeme Seewege nach Antiochia und Zypern, aber auch nach Europa.

Wieder vereint

Nach den Erfolgen Raimunds von Toulouse seit seinem Abmarsch aus Maarat an-Numan hielt es auch die übrigen Fürsten nicht mehr in Antiochia. So machten sich Gottfried von Bouillon, Boemund von Tarent und Robert von Flandern gegen Ende Februar 1099 von Antiochia aus in Richtung Laodikaia auf den Marsch. Boemund kehrte aber von dort aus wieder um. Er hielt es wohl für sicherer, in Antiochia zu bleiben. Herzog Gottfried und Herzog Robert von der Normandie machten sich dagegen an die Belagerung der Stadt Dschabala. Da sandte Graf Raimund den Bischof von Albara mit der Bitte zu ihnen, ihn bei der Belagerung von Arqa zu unterstützen.

Graf Raimund hatte sich mit der Belagerung deutlich übernommen. Sein Heer war einfach zu klein, um die erbittert verteidigte Stadt einzuschließen. Hier bewies sich Tankreds Voraussicht, der davon abgeraten hatte, sich auf solche Belagerungen einzulassen. Doch die Belagerung einfach abzubrechen, wagte Graf Raimund nicht. Er hätte so nur dem Emir von Tripolis seine Schwäche gezeigt. Die Belagerung zog sich hin, das Belagerungsheer genoß indessen die gute Versorgung. Als aber Anfang März das Gerücht umlief, ein Heer unter Führung des Kalifen von Bagdad rücke zum Entsatz von Arqa heran, kam Raimund zu dem Entschluß, um Hilfe zu bitten. Gottfried und Robert schlossen einen Waffenstillstand mit dem Emir von Dschabala, der sich ihnen unterwarf. Die gleich nach ihrer Ankunft vor Tripolis unternommenen Raubzüge in die Buqaia-Ebene brachten eine unglaubliche Beute. Vor allem wurden Nutztiere erbeutet. Besonders beeindruckend dürften die Kamele gewesen sein.

Als Raimund von Toulouse und seine fürstlichen Konkurrenten wieder aufeinandertrafen, brachen die alten Streitereien wieder auf. Tankred wechselte sofort wieder die Seiten, obwohl Graf Raimund ihm 5000 Goldstücke gezahlt hatte. Auch die Truppen übernahmen die Haltung ihrer Herren, so daß eine sinnvolle Abstimmung der Bemühungen nicht möglich war. In die Auseinandersetzungen hinein kamen Briefe von Alexios I. Darin teilte der byzantinische Kaiser mit, er sei nun bereit, sich nach Syrien in Marsch zu setzen. Er kündigte seine Ankunft für den St. Johannis-Tag Ende Juni 1099 an. Dann wollte er die Kreuzfahrer nach Palästina führen. Graf Raimund war bereit, das Angebot anzunehmen. Vom kaiserlichen Beistand erhoffte er sich wohl, seine Stellung als alleiniger Führer des Kreuzzuges wiederherstellen zu können. Dabei rührten sich auch unter seinen eigenen Leuten Stimmen, wie die Raimunds von Aguilers, die im byzantinischen Kaiser den Kreuzzugsführer sahen, dem sich alle anderen Fürsten beugen würden. Diese Lösung war schon in dem Brief an den Papst vom 11. September 1098 angestrebt worden. Der Kaiser hatte dem Papst gegenüber den Vorzug, selbst entschlossen zu sein, den Feldzug zu führen. Doch die Masse der Kämpfer im Kreuzzugsheer war nicht bereit, weiter zu warten. Der Marsch nach Jerusalem sollte weitergehen, egal ob in Begleitung des Kaisers oder nicht. Sie hatten bisher die gesamte Last der Kämpfe allein getragen, nur ihre Tapferkeit und Todesverachtung hatte sie so weit gebracht. Die Zuversicht der »kleinen Leute« im Heer, daß Gott mit ihnen war, muß gerade durch die Härte ihres Lebens auf dem Zug bestätigt worden sein. Wer brauchte da noch Fürsten als Führer, die den Heiligen Krieg ständig durch ihre kleinmütige Raffsucht behinderten?

So stand Graf Raimund allein gegen die Meinung des Heeres und der anderen Fürsten, die keinesfalls den Kaiser als Heerführer haben wollten. Alexios I. war von sich aus entschlossen, in den Kreuzzug nicht mehr aktiv einzugreifen. Seine diesbezüglichen Äußerungen waren nicht wirklich ernstgemeint gewesen. Diese Haltung bedeutete aber in der byzantinischen Diplomatie keine Neutralität, keine Nichteinmischung in die Tagespolitik der beteiligten Parteien. Der Kaiser nahm nun Beziehungen zu beiden Seiten auf. Es würde sich zeigen, wer die Auseinandersetzungen der Kreuzfahrer mit den Muslimen siegreich bestehen würde.

Das Byzantinische Reich würde jedenfalls auf der richtigen Seite stehen. In einem Schreiben an die Fatimiden in Kairo erklärte der Kaiser, mit dem Kreuzzug nichts zu tun zu haben. Dies war ein geschickter Schachzug. Palästina war für Alexios I. ohnehin nicht interessant. Ihm schwebte eine Einigung mit den Fatimiden vor, bei der er die Chance erhalten würde, den Zustand seines Reiches vor dem Eindringen der Seldschuken wiederherzustellen. Auch war beabsichtigt, die Schutzherrschaft über die im fatimidischen Reich ansässigen rechtgläubigen Christen zu erneuern.

Zu allem Unglück für Alexios I. fingen die Kreuzfahrer Briefe zwischen Konstantinopel und Kairo ab. Nun hatten sie Beweise in Händen, daß der Kaiser sie verriet. Dazu kam noch das lange Ausbleiben der schon im Frühjahr 1098 nach Kairo abgegangenen Gesandtschaft der Kreuzfahrer. Diese, so glaubte man im Heer, sei zurückgehalten worden, solange der Kaiser mit den Fatimiden verhandelte. Ende April aber kamen die Unterhändler ins Feldlager vor Arqa. Das Angebot, das sie mitbrachten, war von den Fatimiden sicherlich großzügig gemeint, zeigte aber ihre völlige Verkennung der Lage. Die Pilger würden, so hieß es, freien Zugang zu allen heiligen Stätten in Palästina erhalten, wenn die Kreuzfahrer davon absähe, die Grenzen des Fatimidenreiches zu überschreiten. Die Entschlossenheit der Kreuzfahrer, Jerusalem tatsächlich erobern zu wollen, erkannten die Ägypter nicht. Die Fürsten der Kreuzfahrer lehnten das Angebot ab.

Feuerprobe

Nun hätte das Heer weiterziehen können. Aber Raimund von Toulouse wehrte den Abmarsch. Zuerst sollte das belagerte Arqa erobert werden. Wieder einmal trat am 5. April 1099 Peter Bartholomäus auf den Plan. Er verkündete,

Christus selbst und der Hl. Andreas hätten ihm in einer Vision verkündet, die Stadt Arqa müsse gestürmt werden. Auf diese Prophezeiung hin schlugen die Wellen hoch gegen den Bauern-Visionär. Unverkennbar vertrat er die Wünsche des Grafen Raimund. Arnulf von Rohes, der Feldprediger Roberts von der Normandie, sprach nun öffentlich aus, er glaube nicht an die Visionen Peters. Auch an die Echtheit des von Raimund von Toulouse so verehrten Heiligen Speers wollte er nicht mehr glauben. Nun traten die Provençalen geschlossen für ihren Grafen ein. Weitere Zeugen der Visionen Peters wurden vorgeführt. Unter ihnen der Priester Peter Desiderius, der behauptete, in einer Vision Bischof Adhémar im Höllenfeuer gesehen zu haben, wo er für seine Zweifel büßte. Diese Gegenstimmen verunsicherten Arnulf und brachten ihn zum Widerruf. Da aber die Kritik aus den Reihen der Normannen weiter anhielt, ließ sich der geschmähte Peter Bartholomäus auf ein Gottesurteil ein. Dazu wählte er die wohl beeindruckendste Inszenierung, die Feuerprobe. »Ich wünsche es nicht nur, sondern ich bitte euch, daß ihr ein Feuer in Brand setzt, und ich werde die Feuerprobe mit der Heiligen Lanze in meinen Händen auf mich nehmen; und wenn sie wirklich die Lanze des Herrn ist, werde ich ungezeichnet daraus hervorgehen«,[147] sagte der Visionär.

Die vier Tage bis zu diesem Gottesurteil mußte Peter fasten. Am Karfreitag, dem 8. April 1099, begann man im Morgengrauen in einem engen Durchgang zwei Holzstöße zu errichten. Gegen Mittag waren die Scheiterhaufen fertig. Sie waren vier Fuß hoch, nur einen Fuß auseinander und dreizehn Fuß lang. Eine riesige Menge von Zuschauern sammelte sich, keiner wollte versäumen, was nun geschehen sollte. Das Olivenholz wurde in Brand gesetzt. Als die Flammen in den Himmel schlugen, beschwor Raimund von Aguilers Gott, durch diese Feuerprobe ein Zeichen zu senden, ob der Heilige Speer nun echt sei oder nicht. Peter Bartholomäus, nur in ein einfaches Hemd gekleidet, kniete vor dem Bischof von Albara nieder und beschwor erneut die Tatsache seiner Vision. Dann gab man ihm den Heiligen Speer. Der Visionär wandte sich nun den flammenden Holzstößen zu. »... Peter beugte die Knie, machte das Zeichen des Kreuzes, schritt tapfer und furchtlos in den flammenden Scheiterhaufen, zögerte kurz in dessen Mitte und verließ mit der Gnade Gottes schließlich die Flammen.«[148]

Der Chronist Raimund von Aguilers, der selbst an die Echtheit des Heiligen Speers glaubte, behauptet, Peter wäre unverletzt aus den Flammen entkommen. Er wirft den Umstehenden vor, ihn in die Flammen zurückgestoßen zu haben. Hätte ihn nicht der schnell hinzugesprungene Ritter Raimund Pilet festgehalten, er wäre gänzlich ins Feuer zurückgefallen. Dagegen stand für Fulcher von Chartres, der nicht bei der Feuerprobe anwesend war, fest, Peter habe die Probe nicht bestanden.

Die Verwundungen des Visionärs waren schwer. Zwölf Tage wand sich Peter Bartholomäus in Todesqualen auf seinem Lager. Helfen konnte ihm niemand. Und so starb er am zwölften Tag seines Leidens als Opfer seines Fanatismus, vielleicht auch seines tiefen Glaubens.

Das Schicksal des Heiligen Speers war besiegelt. Außer den Provençalen glaubte niemand mehr an die Reliquie. Doch Graf Raimund, unberührt in seinem Glauben, verwahrte das Speereisen. Nach dem Bericht des armenischen Chronisten Matthäus von Edessa brachte Graf Raimund den Heiligen Speer gegen Ende seines Lebens nach Konstantinopel.[149] Dort wird der umstrittene Fund aus der Kathedrale von Antiochia seinen Platz in einer Reliquiensammlung gefunden haben. Das weitere Schicksal des Heiligen Speers ist nicht bekannt.

Die Straße nach Jerusalem

Erst am 13. Mai 1099 konnte Graf Raimund endlich dazu bewegt werden, die sinnlose Belagerung von Arqa aufzuheben. Das Heer setzte sich in Richtung Tripolis in Marsch. Als Route wählte man die an der Küste entlangführende Straße. Hier konnte das Heer sicher sein, von den englischen und genuesischen Flotten versorgt zu werden. Die Straße nach Damaskus wurde wegen der schwierigen Wasserversorgung gemieden, der Weg über den Libanon wegen seiner schweren Gangbarkeit für die Packtiere.
Als sich das Kreuzzugsheer Tripolis und seinen Gärten näherte, war der dort herrschende Emir bereit, sich mit den Christen gutzustellen. Um Plünderungen abzuwenden, ließ er 300 christliche Gefangene frei. Darüber hinaus gab er diesen 15 000 Goldstücke und 15 Pferde. Dem Heer lieferte er Lasttiere und Futter. Ob sein Angebot, Christ werden zu wollen, wenn die Kreuzfahrer über die Fatimiden siegten, ernstgemeint war, bleibt dahingestellt.
Am 16. Mai setzte sich das Heer wieder in Bewegung. Den weiteren Weg wiesen Führer, die der Emir von Tripolis gestellt hatte. So wurden die Kreuzfahrer entlang der gefährlichen Straße rund um das Kap von Ras Shaqqa geführt. Der Zug durch die Städte Batrun und Dschebail, die unter der Oberhoheit des Emirs standen, verlief friedlich. Den Hundefluß, der seit dem August des Jahres 1098 die Nordgrenze des fatimidischen Reiches bildete, erreichten die Kreuzfahrer am 19. Mai 1099.
Die Überschreitung der fatimidischen Grenze bedeutete, daß der Kreuzzug nun die Küstenstraße verlassen mußte. Die Fatimiden verfügten über eine große Flotte, die jederzeit die Küstenstädte schützen konnte. Unter diesen Umständen wäre es nicht möglich gewesen, diese Städte »im Vorübergehen« zu besetzen. Von der Küste abgeschnitten,

mußte das Heer aber auch von nun an auf die Versorgung durch die eigenen Flotten verzichten. Eile tat also Not.

Vor Beirut kam es nicht zu Schwierigkeiten. In ihrer Angst, die heranrückenden Christen könnten ihre blühende Stadt und die Obsthaine und Weinberge ringsum plündern und zerstören, boten die Einwohner Geschenke und freies Geleit an. So ging der Marsch zügig voran und Sidon wurde am 20. Mai erreicht. Hier regte sich der erste Widerstand gegen die Kreuzfahrer.

Als das Kreuzzugsheer am Fluß Nahr el-Awali lagerte, wurden es von der Garnison von Sidon angegriffen. Dieser Angriff blieb erfolglos, animierte die Kreuzfahrer aber zur Verwüstung der Vororte von Sidon.

Weiteren Kampfhandlungen ausweichend marschierte das Heer in die Umgebung von Tyros weiter. Hier wurde zwei Tage haltgemacht, damit Balduin von Le Bourq und weitere aus Antiochia kommende Ritter Zeit hatten, wieder zum Heer zu stoßen. Die Stadt Tyros blieb ruhig, Kämpfe gab es nicht. Der 23. Mai sah die Überquerung der »Leiter von Tyros« und der Berge von Naqoura. Akkon wurde am folgenden Tag erreicht. Der dortige Statthalter riskierte nichts und verpflegte das Kreuzzugsheer bereitwillig. Von Akkon aus ging der Zug über Haifa wieder entlang der Küste am Berg Karmel vorbei nach Caesarea. Vom 26. bis zum 30. Mai lagerten die christlichen Scharen in der Stadt und begingen hier das Pfingstfest. Als im Lager eine von einem Habicht geschlagene Taube zu Boden fiel, stellte sich heraus, daß es eine Brieftaube war. Der so zuvorkommende Statthalter von Akkon hatte sie mit einer Nachricht abgesandt, mit der er die Muslime Palästinas zum Widerstand gegen das Kreuzzugsheer aufrief.

An der Küste ging es weiter bis Arsuf. Von dort wandte sich das Kreuzzugsheer wieder landeinwärts. Am 3. Juni war Ramla (h. Ramleh) erreicht. Diese rein muslimische Stadt war vor dem Einfall der Seldschuken die Hauptstadt der Provinz gewesen, war nun aber bedeutungslos. Die Bevölkerung und die kleine Garnison floh in Richtung Südwesten. Die große St. Georgs-Kirche in Lydda, einem Dorf eine Meile entfernt von Ramla, hatten sie zerstört zurückgelassen. Die Vorhut des Kreuzzugsheeres unter Robert von Flandern und Gaston von Béarn erreichte Ramla verlassen. Die Kreuzfahrer gelobten, aus den Städten Ramla und Lydda eine Herrschaft zu bilden und die Kirche wieder aufzubauen. Eine Diözese unter dem Patrozinium des Hl. Georgs sollte hier eingerichtet werden. Der normannische Priester Robert von Rouen wurde zum Bischof ernannt. Bei dieser Bistumsgründung ist die Parallele zu Albara unverkennbar: Die Kreuzfahrer setzten den Bischof nicht anstelle eines griechisch-orthodoxen Kollegen ein, sondern gründeten ein neues lateinisches Bistum im bisher muslimischen Gebiet. Der Historiker Steven Runciman sieht in der Ernennung Roberts von Rouen die Absicht der Kreuzfahrer, erobertes Gebiet der Kirche unterstellen zu wollen.[150] Bischof Robert erhielt zum militärischen Schutz seines Gebietes eine kleine Gruppe von Soldaten zugewiesen.

Unter den Fürsten wurde nun besprochen, was weiter zu tun sei. Die eine Seite wollte Jerusalem nicht im Hochsommer angreifen, die andere zunächst gegen Ägypten marschieren. Doch man einigte sich darauf, bei dem vorgesehenen Marschziel zu bleiben: Jerusalem. Der Befehl zum Weitermarsch wurde gegeben. Schon am nächsten Tag lagerten die Kreuzfahrer im Dorf Emmaus (h. Amwas).

Am Abend dieses Tages erschienen Boten bei den Fürsten. Es waren Abgesandte der griechischen und syrischen Christen, die in Bethlehem lebten. sie boten den Kreuzfahrern die Übergabe ihrer Stadt an, wenn diese zum Schutz vor Übergriffen der Muslime eine Abteilung Soldaten aussenden würden. In der Stadt befanden sich neben den ansässi-

gen Einwohnern auch die von den Muslimen aus Jerusalem einige Tage zuvor ausgewiesenen Christen. Sie fürchteten, den Muslimen doch noch zum Opfer zu fallen. Der Fürstenrat war einverstanden. Schnell wurden 200 berittene und schwerbewaffnete Ritter ausgewählt. An die Spitze dieser Truppe wurde Tankred berufen. Diesen begleitete Balduin von Le Bourq. Die Reiter brauchten die ganze Nacht für ihren Ritt. Jerusalem lag am Weg, doch sie machten keinen Aufenthalt. In der hellen Nacht konnten sie sicher die Silhouette der Stadt am Horizont sehen. Es war früher Morgen, als sie endlich Bethlehem erreichten, die Stadt, in der Jesus geboren worden war. Ob es das noch schwache Morgenlicht war, oder das Aussehen der Reiter, die zu diesem Zeitpunkt sicherlich schon zahlreiche orientalische Kleidungsstücke und Waffen trugen, jedenfalls glaubten die Einwohner der Stadt zunächst, Muslime vor sich zu haben. »Aber als sie diese näher von Angesicht zu Angesicht betrachteten«, schreibt Fulcher von Chartres, »zweifelten sie nicht, daß sie Franken waren. Sofort, nachdem sie glücklich ihre Kreuze und Banner aufgehoben hatten, kamen sie heran, um sich mit den Franken zu treffen unter Weinen und frommen Gesang...«[151]
In der Geburtsbasilika, die die Stätte der Geburt Jesu überdeckt, wurde nun ein Dankgottesdienst abgehalten. Dann zeigte man den Rittern die heilige Stätte. Als besondere Ehre wurde über der Kirche das Banner Tankreds aufgepflanzt. Diese symbolische Handlung der Einwohner sollte den jungen Normannen noch Schwierigkeiten bereiten. Die neue Gemeinschaft mit ihren aus der Ferne gekommenen Glaubensbrüdern besiegelten die syrischen Christen noch mit dem Friedenskuß. Noch am selben Vormittag brach Tankred mit seinen Leuten wieder auf. Er wollte nicht zu spät kommen, wenn das Hauptheer Jerusalem erreichte.
Und Tankred tat gut daran, sich zu beeilen. Das bei Em-

maus lagernde Heer war nicht mehr zu halten gewesen, als sich das Gerücht von der Ankunft der Boten aus Bethlehem verbreitete. Nun wurde dem Fußvolk und den Pilgern bewußt, wie nahe sie der Heiligen Stadt waren. Da kannten sie nur noch eins: das Lager abbrechen und losmarschieren. Die Fürsten hatten den kommenden Morgen für den Aufbruch vorgesehene, doch konnten sie sich nicht durchsetzen. Die Menschen bestürmten die Nacht über ihre Anführer, nun doch endlich abzurücken. Schließlich gab es kein Halten mehr, noch vor Sonnenaufgang brach alles übereilt auf. Das ruhelose Vorwärtshasten in dieser Nacht beschreibt der Chronist Albert von Aachen mit bewegenden Worten: »Und so war die Nacht kaum zur Hälfte verflossen, da brachen alle, groß und klein, das Lager ab und machten sich auf den Weg durch die engen Pfade und steilen Schluchten des hügeligen Landes. Und alle Ritter drängten nun stürmisch vorwärts, den anderen voraus, damit sie nicht auf dem Wege in den engen Schluchten von der Menge des sich drängenden Fußvolkes aufgehalten würden. Und so eilten alle, groß und klein, in gleicher Absicht des Weges nach Jerusalem.«[152]

Weiter angestachelt wurde der Durchhaltewille der Marschkolonnen, als ein französischer Ritter vor Jerusalem die erste Beute machte. Gaston von Beziers hatte sich mit 30 Berittenen schon vor dem Aufbruch des Heeres davongestohlen. Ihn hatte die Hoffnung getragen, in der Umgebung der noch sorglosen Stadt leichte Beute machen zu können. Und sein Raubzug gelang. Nahe bei der Heiligen Stadt stießen Gaston und seine Männer auf Rinderherden, die nur von wenigen Hirten bewacht wurden. Die Hirten nahmen reißaus, als die Ritter herannahten. So war es ein leichtes, die Tiere zusammenzutreiben und sich wieder auf den Rückweg zu machen. Doch die Hirten waren inzwischen nach Jerusalem geeilt, von wo sie bewaffnete Verstärkung holten. Die Muslime machten sich sofort an die Verfolgung der plündernden Kreuzfahrer. Gaston mußte erkennen, daß seine Gruppe bei weitem nicht ausreiche, um gegen die zahlenmäßig überlegenen Feinde zu bestehen. Also warfen sich er und seine Männer auf ihre Pferde und suchten das Weite. Ihre schon sicher geglaubte Beute zurücklassend, flohen sie auf einen nahe gelegenen Berg. Von dort aus sahen sie Tankred, der mit seinen Rittern gerade auf dem Rückweg von Bethlehem war. Nun wendete sich das Blatt. Die beiden abenteuerlustigen Ritter vereinigten ihre Kampfgruppen und stürmten, nun selbst in der Überzahl, gegen Gastons Verfolger. Eilig wendeten die muslimischen Krieger ihre Pferde und flohen zurück nach Jerusalem. So kamen die Christen wieder in den Besitz der Beute Gastons.

Die Marschkolonnen des Kreuzzugsheeres hatten Gaston und Tankred mittlerweile eingeholt. Überrascht fragten die Marschierer, wo die Ritter ihre Beute gemacht hätten. Als die Antwort »Jerusalem« lautete, löste dies große Freude aus:

»Da aber die Pilger den Namen Jerusalem hören, da brechen alle vor Freude in Weinen und Tränen aus, daß sie so nahe schon dem heiligen Orte der ersehnten Stadt seien, um derentwillen sie soviel Mühsale und Gefahren, Todesnöte und Hunger erduldet hatten. Bald aber vergessen sie vor Sehnsucht nach der Stadt und vor Verlangen, die heiligen Mauern zu sehen, all ihr Elend und ihre Müdigkeit und schneller noch als zuvor eilen sie ihres Weges dahin. Und nicht lange mehr dauert es, da stehen sie vor den Mauern von Jerusalem, ungefähr 60 000 Pilger beiderlei Geschlechts, und Hymnen und Lobgesänge erschallen laut und alle weinen vor Freude.«[153] Das Heer machte halt auf der Kuppe eines 895 Meter hohen Berges, der elf Kilometer nördlich von Jerusalem liegt. Der Legende nach wurde an dieser Stelle der alt-

testamentliche Prophet Samuel begraben, weshalb hier schon die Byzantiner eine Kirche errichtet hatten. Von hier aus sahen die Kreuzfahrer zum ersten Mal die Mauern und Kuppeln der Heiligen Stadt im Sonnenglanz des Vormittags. Es war der 7. Juni des Jahres 1099, ein Dienstag.
Der Kreuzzug hatte im vierten Jahr nach der Rede Papst Urbans in Clermont sein Ziel erreicht. Im Heer herrschte unglaubliche Freude über das bisher erreichte, den Berg nannte man *mons gaudii*, Montjoie, den »Berg der Freude«.

Jerusalem die Hohe

Mit Augen, die sich vor Ergriffenheit mit Tränen füllten, blickten die Pilger und die Kämpfer auf die vor ihnen liegende Stadt. Was hatten sie nicht alles erlitten, welche Strapazen überstanden, um hierher zu kommen!
Manch einer besaß nun nichts mehr außer den Kleidern auf dem Leib und auch diese zerfielen zu Lumpen. Selbst unter den einst so stolz ausgezogenen Rittern war mancher, der sich nicht mehr viel vom Bettelvolk im Troß unterschied. Ausgehungert waren sie alle, selbst die hohen Geistlichen und Fürsten waren kaum Schatten ihrer selbst. Doch nun, mit dem Blick auf das Ziel, wurde das Feuer in ihnen, das sie schon mehrmals auf dem Zug zu ihren Taten aufgestachelt hatte, zu einer rasenden Flamme.
Doch die Ergriffenheit durfte nicht die Oberhand behalten. Ein überstürzter Angriff auf die stark befestigte Stadt mit ihrer großen fatimidischen Garnison wäre ein aussichtsloses Unterfangen gewesen.
Jerusalem hatte seit der Eroberung durch den Kalifen Omar (Klf. 634–644) im Jahr 638 sein Erscheinungsbild stark verändert. Die muslimischen Eroberer hatten die Stadt nicht vernachlässigt. Den Kreuzfahrern bot sich daher ein einzig-

artiger Anblick. Von ihrem Standpunkt auf dem Montjoie konnten sie das prächtigste Bauwerk der Stadt an deren höchstem Punkt sehen. Im Sonnenlicht blinkte die vergoldete Kuppel des Felsendoms.

Als Kalif Omar Jerusalem für den Islam erobert hatte, galt seine erste Sorge dem Tempelberg. Der von Kaiser Hadrian (Ks. 117–138) auf den Resten des herodianischen Tempels errichtete Tempel des Iuppiter Capitolinus war zu dieser Zeit völlig zerfallen. Schon im Jahr 333 hatte ein aus Bordeaux kommender Pilger an dieser Stelle nur noch zwei Reiterstatuen gesehen und in der Nähe einen durchlöcherten Stein, an dem die Juden einmal jährlich um den verlorenen Tempel klagten. Die letzten Baureste waren beseitigt worden, als die Juden im Jahr 363 unter der Herrschaft des christenfeindlichen Kaisers Julian (Ks. 361–363) versuchten, ihren Tempel wiederaufzubauen. In der folgenden Zeit wurde der Tempelberg zum Müllplatz von Jerusalem. Im nunmehr christlichen *Imperium Romanum* spielte dieser Ort keine Rolle mehr. Das Denken der Christen war beherrscht von der Überwindung des alten jüdischen Tempels. Nach den Evangelien hatte Jesus gelehrt, ein jeder sei ein Tempel Gottes. So bestand kein Interesse mehr an dem Bauwerk, und der Platz, der es einst getragen hatte, verkam.

Für Kalif Omar und jeden anderen Muslim dagegen hatte der Tempelberg eine große Bedeutung. Der Platz war so hochgeschätzt, daß er bis heute als drittheiligster Ort des Islam nach Mekka und Medina gilt. Diese religiöse Wertschätzung geht zurück auf die 17. Sure des Koran, betitelt »Die Nachtfahrt«, wo es im ersten Vers heißt:

»Preis dem, der seinen Diener des Nachts entführte von der heiligen Moschee zur fernsten Moschee, deren Umgebung wir gesegnet haben, um ihm unsre Zeichen zu zeigen. Siehe, er ist der Hörende, der Schauende.«

Diese wundersame Versetzung des Propheten Mohammed

fand nach der islamischen Tradition am 17. Tag des Monats Rabî al-awwal im Jahr vor seiner Auswanderung nach Medina statt, nach christlicher Zeitrechnung am 10. Oktober 621. Der in der »Nachtfahrt« als die »ferne Moschee« bezeichnete Ort wurde mit dem Tempelberg gleichgesetzt. Daher war es für Kalif Omar seine heiligste Pflicht als gläubiger Muslim, diesem Ort die Ehre zukommen zu lassen, die ihm zustand. Und Omar hatte die Macht und die Mittel dazu.
Der Patriarch von Jerusalem, Sophronius, mußte Omar auf den Tempelberg begleiten, wo ihn der Kalif zwang, in all dem angehäuften Müll herumzukriechen. Nach der Demütigung des höchsten christlichen Würdenträgers von Jerusalem machte sich der Kalif eigenhändig daran, den ersten Schutt wegzuräumen. Er füllte sein kostbares Gewand mit Sand und Steinen, um sie wie ein einfacher Handlanger wegzutragen.
Diese Handlung des Kalifen war das Signal zum Baubeginn am Felsendom, der Qubbet as-Sakra. Den Namen trägt dieses Bauwerk nach dem rohen Felsen, den es wie eine kostbare Schatulle umschließt. An diesem Felsen lokalisieren die Muslime bis heute Spuren, die von der »Nachtreise« des Propheten zeugen. Am Rande des Felsens wurde die Fußspur des Propheten Mohammed entdeckt. Dieser Teil des Steins wurde später vom Felsen gelöst und in einem eigenen Schrein untergebracht, der noch heute im Felsendom zu sehen ist. Daneben wurden noch weitere Spuren ausgemacht, so die Fingerabdrücke des Erzengels Gabriel und ein Hufabdruck des Pferdes Buraq. Auf diesem soll der Prophet Mohammed durch die Lüfte von Mekka nach Jerusalem geritten sein. In der unter dem Felsen liegenden Höhle wurden die Plätze gefunden, an denen der Prophet Mohammed zusammen mit den Propheten des Alten Testaments, darunter auch die Könige David und Salomo, betete.

Dieser heilige Felsen wurde nun das Zentrum einer der Perlen der arabischen Architektur. In einem genialen Entwurf faßten die Architekten Omars den Felsen ein. Umgeben ist der Felsen von einer seiner Form angepaßten Balustrade. Diese wiederum umstehen kreisförmig 16 Säulen. Diesen Säulenkreis, der die Kuppel trägt, umzieht ein Wandelgang, der von weiteren Säulen abgegrenzt wird, die nun aber ein Achteck bilden. Dieses Achteck wiederholen die Außenwände des Gebäudes. Die von außen golden strahlende Kuppel ist, wie auch der übrige Innenraum des Felsendoms, mit Mosaiken überzogen. In einem langen Inschriftenband ziehen sich Koranverse um das Innere des die Kuppel tragenden Tambours. Aus der Mitte der Kuppel hing zur Zeit der Kreuzfahrer an einer langen Kette eine Ampel herab. Von außen ist der Felsendom im unteren Teil mit Marmorplatten verziert, nach oben hin folgen Mosaiken, in denen blaue Steine dominieren. Unter dem Dach zieht sich um das ganze Bauwerk ein Inschriftenband, in dem Kalif Omar als Bauherr genannt wurde. Erst später maßte sich Kalif al-Mamun (Klf. 813–833) an, der Bauherr zu sein, und ließ seinen Namen in die Inschrift einsetzen.

Der Felsendom war nie eine Moschee, wenn diesem Bauwerk auch oft der Name »Omar-Moschee« beigelegt wird. Er ist ein Schatzhaus, gebaut zum Schutz eines heiligen Ortes.

Am Südrand des Tempelplatzes wurde die Moschee al-Aksa errichtet. Anfangs noch ein roher Holzbau auf den Fundamenten zerstörter Gebäude, wurde auch diese in der Folgezeit prächtig ausgestaltet. Das Erdbeben des Jahres 1033 zerstörte auch diesen Bau, doch wurde er noch aufwendiger wieder aufgerichtet. Und so strahlte neben der großen goldenen Kuppel des Felsendoms die silberne der großen Moschee von Jerusalem.

Wenn auch der Anblick der goldenen Kuppel die Kreuz-

fahrer gefesselt haben wird, so suchten sie doch sicherlich im Gewirr der Dächer nach einem anderen Anhaltspunkt, der Kuppel der Grabeskirche. Diese war das eigentliche Ziel aller ihrer Hoffnungen und Wünsche. Doch sie werden im Juni des Jahres 1099 schwer enttäuscht gewesen sein. Die Grabeskirche war nicht mehr der prunkvolle Bau, den Kaiser Konstantin einst hatte errichten lassen. Seit der islamischen Eroberung war der Erhalt schwierig geworden. Und dann brachte die Christenverfolgung des Kalifen al-Hakim (Klf. 996–1021) im Jahr 1009 der Kirche fast das Ende. Er gab seinen Untergebenen den Auftrag, alle Kirchen im Heiligen Land zu zerstören, ohne Ausnahme. So machten diese sich auch daran, das Heilige Grab selbst zu zerschlagen. Als die Wut der Kirchenstürmer verebbt war, bot sich ein Bild der Verwüstung. Das Heilige Grab war bis auf einen kleinen Rest abgetragen worden. Die Anastasis war schwer beschädigt und auch das Martyrion lag in Trümmern. Die Herrschaft al-Hakims endete mit seinem spurlosen Verschwinden im Jahr 1021. Die Grabeskirche blieb eine Ruine. Erst sechs Jahre später gelang es dem byzantinischen Kaiser Konstantin VIII. Porphyrogennetos (Ks. 1025–1028) mit den Fatimiden einen Vertrag auszuhandeln, nach dem die Araber den Christen gestatteten, die Grabeskirche wieder herzustellen. Der Vertrag wurde zwar im Jahr 1036 erneuert, aber es dauerte noch bis ins Jahr 1046, daß die Bauarbeiten unter Kaiser Konstantin IX. Monomachos (Ks. 1042–1055) endlich beginnen konnten.
So machten sich die Christen unter der Aufsicht byzantinischer Beamter an das mühselige Werk, ihre heiligste Kirche wieder aufzubauen. Das Heilige Grab selbst war nicht wieder herzustellen, und so mußte ein künstlicher Bau den gewachsenen Fels ersetzen. Erst im Jahr 1048 konnte die das Heilige Grab umgebende Rotunde wieder erneuert werden.

Der östliche Teil der Kirche, das Martyrion, lag im Jahr 1099 noch immer in Trümmern.

Im Jahr 1071, dem Jahr des seldschukischen Sieges bei Mantzikert, ergab sich Jerusalem dem Turkmenen Atsiz. In der Folge versuchte noch der fatimidische Wesir Bedr, der Besitznahme entgegenzuarbeiten, doch war sein Bemühen vergebens. Atsiz hatte sich schließlich auch noch zum Herren von Damaskus gemacht, doch Tutusch, der Bruder Malik Schahs I. tötete ihn. Dem neuen Herren überließen die Fatimiden seine Eroberungen. Jerusalem vergab Tutusch im Jahr 1086 als Lehen an Artuk. Nun begannen für die dort ansässigen Christen und auch für die Pilger schwere Zeiten. Die Seldschuken und Turkmenen bedrückten sie ohne Gnade. Artuk und seine Angehörigen nutzten ihre Macht zur Bereicherung. Der Patriarch Symeon wurde allein zu dem Zweck inhaftiert, um von den Christen ein hohes Lösegeld zu erpressen.[154]

Die Strategen des Kreuzzugsheeres suchten mit den Augen aber noch weitere Punkte der Stadt ab. Die Lage Jerusalems stellte die Belagerer vor größte Probleme. Im Osten, wo sich der Ölberg erhob, verhinderte das Kidrontal den Zugang zur Mauer. Auch im Westen war eine Annäherung aufgrund des Geländes schwierig. Allein im Norden und im Süden war die Stadt zugänglich für ein Belagerungsheer. Doch auch hier ergaben sich große Schwierigkeiten. Vor den gewaltigen Mauern zogen sich Gräben entlang, und selbst vor diesen waren noch Vormauern zu überwinden.

Die Mauern und die Tore Jerusalems standen im Zentrum des Interesses. Die von Zinnen bekrönte Mauer war mit den Soldaten der Garnison und sicherlich auch bewaffneten Männern aus der Stadtbevölkerung besetzt. Von den Mauern, die im Jahr 1099 Jerusalem umschlossen, ist heute nichts mehr erhalten. Doch stimmt der Verlauf der noch immer erhalte-

nen mamelukischen Mauer des 16. Jahrhunderts weitgehend mit diesem Zustand überein. Die Nordmauer lag im Mittelalter einige Meter weiter nördlich als die heutige Mauer. Im Nordosten der Stadt dagegen entspricht die heutige Linie dem mittelalterlichen Verlauf der Vorwerke, im Süden und Westen noch immer dem des Mittelalters. Die Ostseite der Stadt wurde durch das Kidrontal und die hohe Tempelmauer geschützt. Die Höhe der Mauern dürfte in etwa der heutigen Höhe entsprochen haben.
Die Jerusalem völlig umschließende Mauer wurde von mehreren Toren durchbrochen. Der Pilger Theoderich schreibt in seinen Aufzeichnungen, Jerusalem habe zu seiner Zeit insgesamt sieben Tore gehabt. An jeder der vier Seiten der Stadt befand sich ein Haupttor. Im Westen, nahe dem Davidsturm, lag das »Davidstor« an der Stelle des heutigen »Jaffa-Tores«. Gegenüber im Osten führte das »Goldene Tor« von außerhalb der Stadt direkt auf den Tempelplatz. Das bis heute wichtigste Tor war schon zur Zeit des Kreuzzuges das in der Mitte der Nordmauer liegende Tor, das die Araber »Säulentor« nannten, das bei den Kreuzfahrern »St. Stephanus-Tor« genannt wurde und heute als »Damaskustor« bekannt ist. Im Süden der Stadt lag das Zions-Tor. Neben diesen großen Toren gab es noch weitere, kleinere Zugänge in die Stadt. So durchbrach das »Blumentor« die Nordmauer östlich des St. Stephanus-Tores. Im Süden, nahe dem Tempelberg gab es das »Misttor«.
Besondere Aufmerksamkeit dürfte bei den Belagerern der »Davidsturm« geweckt haben, der sich in der Mitte der Westmauer erhob. Noch heute sind Reste dieses Bauwerks erhalten. In der Bausubstanz geht dieser Turm noch auf die Zeit des Königs Herodes des Großen zurück. Dieser hatte ursprünglich drei Türme errichten lassen, die seine Festung sicherten. Benannt waren diese Türme nach seinen Kindern. In der byzantinischen Zeit bestand nur noch der »Phasael-

turm«, der nun in die erneuerte Stadtbefestigung einbezogen wurde. Seither trug der Turm auch den Namen »Davidsturm«. Selbst die Araber übernahmen diese Bezeichnung, denn eine in diesen Turm eingebaute Gebetsnische (Mihrab) wurde »Mihrab Davids« genannt. Auf allen Seiten war der Turm von tiefen Gräben umgeben. Fünf eiserne Türen bildeten Zugänge ins Innere und eine Treppe mit 200 Stufen führte auf die Turmspitze. Selbst für eine Belagerung des Turms war vorgesorgt. Im Inneren wurde Getreide gelagert und er verfügte auch über eine eigene Zisterne. Hier residierte der fatimidische Gouverneur Jerusalems. Dieser Turm war also ein Teil der Befestigung, mit dem die Kreuzfahrer rechnen mußten.

Die Belagerung der Heiligen Stadt

Jerusalem bot durch seine Lage und die vorhandenen Befestigungen nur auf der Nordseite und im Südwesten Punkte, die anzugreifen vielversprechend war. Die aus arabischen und sudanesischen Einheiten bestehende fatimidische Garnison wurde von Iftikhar ad-Daula befehligt. Die bei der Erstürmung der Stadt im August 1098 beschädigten Mauern waren längst wieder ausgebessert. Als die Kunde vom Herannahen der Kreuzfahrer in die Stadt gelangte, hatte Iftikhar alle Brunnen außerhalb der Stadt unbrauchbar machen lassen. Man hatte sie mit Tierkadavern vergiftet oder gänzlich verstopft. Die christliche Bevölkerung aller Bekenntnisse war aus der Stadt gewiesen worden. Der Statthalter wollte keine »fünfte Kolonne« innerhalb der Mauern seiner Stadt. Außerdem entspannte sich so das Versorgungsproblem, da nun weniger hungrige Mäuler zu stopfen waren. Die jüdische Gemeinde blieb in der Stadt. Sie werden von den Kreuzfahrern nichts Gutes erwartet haben. Die

Nachrichten von den Massakern in den Städten am Rhein hatten die Heilige Stadt sicherlich längst erreicht. Von den heranrückenden Christen konnten sie keine Gnade erwarten. Und so hofften wohl auch sie auf ein Entsatzheer aus Ägypten. Iftikhars Boten machten sich auf den Weg nach Süden.
Das Heer der Kreuzfahrer war viel zu klein, um eine vollständige Einschließung Jerusalems zu erreichen. Dies hatten die Römer im Jahr 70 getan, als sie Sperranlagen selbst über den Ölberg zogen. Doch dazu hatten dem Feldherren Titus vier Legionen, etwa 24 000 Mann, und eine ungestörte Versorgung zur Verfügung gestanden. Die Kreuzfahrer beschränkten sich darauf, nur die Abschnitte der Mauer zu berennen, die für sie erreichbar waren.
Am 7. Juni hatte sich Gottfried von Bouillon mit seinen Truppen zunächst gegenüber des Davidsturms gelagert. So war die Straße abgesperrt, die auf das Davidstor zulief. Bei Gottfried lagerten sich weiterhin Tankred, Raimund von Toulouse und zwei italienische Bischöfe mit ihren Truppen. Robert von Flandern und Hugh von St. Pol bewachten das Gebiet zwischen dem Davidstor und der Sultans-Zisterne. Die Nordseite der Stadt wurde ebenfalls besetzt. Robert von der Normandie und Conant von der Bretagne errichteten ihr Lager in einiger Entfernung von Jerusalem bei der St. Stephanus-Kirche. Hier verlief eine Straße vom St. Stephanus-Tor nach Norden in Richtung Nablus.
Die Kreuzfahrer waren sich bewußt, daß sie in großer Zeitnot waren. Iftikhar und seine Truppen waren mit Lebensmitteln und Wasser bestens versorgt. Auch verfügte die Garnison über eine wesentlich bessere Bewaffnung als die christlichen Kämpfer vor den Mauern. Die Angriffe der Steinschleudern der Kreuzfahrer auf die Türme der Stadt waren aussichtslos, da der Statthalter diese mit Säcken behängen ließ, die mit Baumwolle und Heu gefüllt waren,

was einen guten Schutz gegen die Geschosse bot. Die Zeit arbeitete für Iftikhar und seine Männer. Mit jedem Tag, den er aushielt, war das Herannahen einer großen ägyptischen Armee zu erwarten.
Anders sah es da für die Kreuzfahrer aus. In den Lagern mußten 12 000 Menschen mit Nahrung und Wasser versorgt werden. Nur die Quelle von Siloa im Süden von Jerusalem gab alle drei Tage ein wenig Wasser, ansonsten war in der Umgebung keines zu finden. Diese Quelle war aber nicht ergiebig genug, außerdem konnte sie von den Mauern der Stadt her unter Beschuß genommen werden. So waren die Kreuzfahrer gezwungen, weit ins Umland hinauszuziehen, um Wasser zu finden. Dies machte sich Iftikhar zunutze, um das Christenheer zu dezimieren. Kleine muslimische Streifscharen verließen die Stadt durch die unbewachten Tore und legten sich bei den Quellen in den Hinterhalt. Kamen die Christen, um Wasser zu holen, wurden sie massakriert.
Aber nicht nur das Wasser allein war ein Problem. Wieder einmal wurden die Lebensmittel knapp. Es stellte sich dieselbe Lage ein, wie vor Antiochia: Die Belagerer hungerten. Die Vorräte, derer sich die Fürsten und ihre Männer bemächtigen konnten, reichten nur Tage. Und in dem heißen, durch die Sommerhitze ausgedörrten Land wurde es immer schwieriger, etwas Eßbares aufzutreiben. Da noch immer kein Hafen an der Küste erobert war, blieb eine Versorgung von See aus unmöglich. So wurde der Druck auf das Heer immer größer. Je länger die Belagerung andauerte, desto schwächer wurden Mensch und Tier. Wie sollten halb verdurstete, dem Hungertode nahe Soldaten die gewaltigen Mauern stürmen, die selbst den wohlversorgten Legionen des Titus über Monate getrotzt hatten?
Also suchte man wieder Hilfe bei Gott. Am 12. Juni wurde ein großer Pilgerzug zum Ölberg ausgeschickt. Dort hauste

ein greiser Einsiedler. Dieser predigte zu der Menge. Am nächsten Tage, so sagte er, sollten sie die Mauern berennen. Es erhoben sich Gegenstimmen. Man habe nicht genügend Belagerungsmaschinen, um den Sturmangriff zum Erfolg führen zu können. Hier sprachen die erfahrenen Militärs, nicht die religiösen Schwärmer. Dem entgegnete der Eremit, wenn ihr Glaube nur stark genug sei, werde Gott ihnen im Kampf beistehen. Und zum wiederholten Male auf diesem Abenteuer zwischen Pilgerfahrt und Kriegszug siegte der tiefe Glaube und das Vertrauen der Menschen in Gott über die Erwägungen der Vernunft. War es nicht diese Haltung gewesen, die den Befreiungsschlag von Antiochia ermöglicht hatte? Auch die Fürsten gaben dem Eremiten recht. Der Angriff wurde für den Sonnenaufgang des 13. Juni 1099 festgesetzt.
In der Nacht wartete noch viel Arbeit auf die christlichen Streiter. Tankred war es als einzigem gelungen, genug Holz aufzutreiben, um wenigstens eine Sturmleiter anzufertigen. Anderes Belagerungsgerät gab es nicht. Aber der Eremit hatte den Fürsten den Sieg versprochen. Und so waren alle Beteiligten mit Feuereifer bei der Arbeit.
Endlich graute der Morgen, und die Fürsten gaben den Befehl, zum Angriff aufzumarschieren. Die Herolde stießen in die Trompeten und Signalhörner. In den zuvor bezeichneten Sammelpunkten traten die Kämpfer zum Sturm an. Die Chronisten des Kreuzzuges machen keine genauen Angaben zu dem Punkt, an dem der Angriff ansetzte. Doch läßt sich aus ihren Berichten indirekt herauslesen, daß es eine Stelle der Nordmauer, zwischen dem »Quadratischen Turm« und dem St. Stephanus-Tor war. Diesem Mauerabschnitt gegenüber lag das Lager Tankreds. Und so konnte er wohl auch das Ziel des Angriffs bestimmen.
Doch es war nicht leicht, an die Stadtmauer heranzukommen. Vor dieser erhob sich in einiger Entfernung eine Vor-

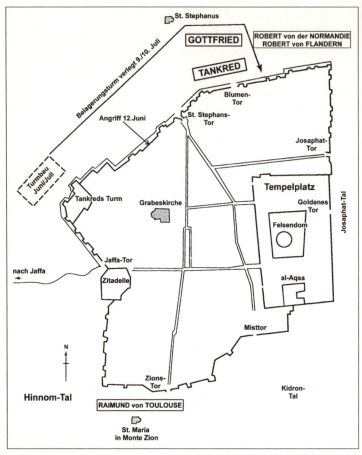

Abb. 4: Die Belagerung von Jerusalem (7. Juni – 15. Juli 1099).

mauer, eine »barbicana«, wie sie von den Kreuzfahrern genannt wurde. Diese Vormauer hatte den einzigen Zweck, einen potentiellen Angreifer vor dem Sturm auf die Hauptmauer in Reichweite der in der Stadt aufgestellten Katapulte aufzuhalten. Die mittelalterliche Belagerungstechnik hatte einige Apparaturen entwickelt, mit denen man eine solche Vormauer ohne großes Risiko überwinden konnte. Bei einem gut vorbereiteten Angriff hätten sogenannte »Widder« zur Verfügung gestanden. Dabei handelte es sich um gewaltige Rammbalken in einer Pendelaufhängung, die von einigen Männern gegen die berannte Mauer gestoßen werden konnten. Diese Maschinen waren zum Schutz gegen feindliche Angriffe mit einem Schutzdach versehen. Unter diesem konnten die Soldaten sicher mit der Ramme arbeiten. Aber eine solche Belagerungsmaschine stand nicht zur Verfügung. Die Soldaten mußten sich allein auf ihre Schilde verlassen. Diese hoben sie über ihre Köpfe und bewegten sich so in »Schildkrötenformation« auf die Vormauer zu. Doch gegen die schweren Schleudersteine der Katapulte boten die Schilde wenig Schutz. Und die Arbeit an der Mauer dauerte lange. Die Männer hatten nur eiserne Hämmer und Hacken zur Verfügung, um das Hindernis soweit einzureißen, daß eine größere Zahl von Kämpfern an die Stadtmauer vordringen konnte. Und so fielen etliche der Angreifer schon während dieser Arbeiten Steinwürfen und Pfeilschüssen zum Opfer. Doch das Vorhaben gelang. Schließlich brach die Vormauer zusammen. Die Bresche gab den Weg frei. Nun konnten sich die Angreifer weitgehend sicher zwischen den beiden Mauern bewegen, denn die Reichweite der Katapulte konnte nicht sofort verkürzt werden. Die christlichen Soldaten waren zwar immer noch den Steinen und Pfeilen der Verteidiger ausgesetzt, doch dagegen reichten die Schilde als Schutz. Jedenfalls gelang es den Christen, die Sturmleiter an der Stadtmauer aufzurichten. Nun galt es, mutige Männer zu finden, die den Aufstieg wagten.

Schon vor Beginn des Kampfes hatte es eine Auseinandersetzung gegeben, wer die Sturmleiter als erster besteigen sollte. Diese Aufgabe war zweifelsohne eine der größten Heldentaten für die Kämpfer. Der erste auf der Leiter mußte damit rechnen, daß Steine auf ihn hinuntergeworfen

wurden, daß man mit Pfeilen auf ihn schoß. Aber wenn er auch lebend auf der Mauer ankommen sollte, würde er zunächst völlig allein den Verteidigern gegenüberstehen. Nach allen vernünftigen Überlegungen war diesem verwegenen Krieger schwere Verletzung oder gar der Tod gewiß. Doch dieses Risiko nahmen die Ritter in Kauf, es war ein ehrenvoller Tod, so zu fallen; andererseits wartete unsterblicher Ruhm auf den, der das Abenteuer überleben sollte. Der hitzköpfige Tankred wollte es selbst wagen. Er verwies darauf, die Leiter zur Verfügung gestellt zu haben. Daraus leitete er auch das Recht ab, den Angriff auf Jerusalem anführen zu dürfen. Neben der abenteuerlichen Seite dieses Vorhabens hatte Tankred aber sicherlich noch andere Dinge im Kopf. Wenn er als erster Fürst in der Stadt wäre, hätte er später bei der Verteilung der Beute ohne Zweifel ein gewichtiges Wort mitzureden. Und dies war ihm das Risiko wert. Doch die anderen Fürsten sprachen ein Machtwort. Nicht er sollte der erste auf der Mauer sein, sondern ein ansonsten unbekannter Ritter namens Raimbold von Chartres. Tankred fügte sich der Entscheidung.
Raimbold machte sich an den Aufstieg. Allein blieb er nicht, denn hinter ihm drängten weitere Kämpfer die Leiter hinauf. In einer Hand hielt Raimbold sein Schwert, bereit zum Kampf. Als er die Mauerkrone endlich in Griffweite hatte, streckte er die Hand aus, um sich hinaufzuziehen. Auf diesen Moment hatten die muslimischen Krieger gewartet. Die so vorwitzig ausgestreckte Hand wurde dem jungen Ritter abgehauen. Seine Kameraden halfen dem Schwerverletzten wieder hinunter. Der erste Held des Kampfes um Jerusalem wurde in das Lager Tankreds gebracht, wo er versorgt wurde.
Trotz seiner schweren Verletzung war Raimbolds Einsatz nicht umsonst gewesen. Zahlreiche Ritter erkletterten nach ihm die Mauer und stellten die muslimischen Verteidiger

zum Kampf. Mit Schwertern und Lanzen drangen sie auf ihre Feinde ein. Doch die Gegenwehr war heftig. Der Kampf wogte stundenlang hin und her. Den Christen war es zwar gelungen, sich auf der Mauer festzusetzen, aber die Übermacht der Verteidiger war zu groß.

Als der Kampf nach zwölf Stunden zur Stunde der Vesper von den Fürsten endlich abgebrochen wurde, waren etliche Tote zu beklagen. Von den Gefallenen dieses Tages ist nur einer dem Namen nach bekannt, es war Reginald, der Seneschall Hugos von Liziniac. Die christlichen Chroniken verzeichnen einstimmig, es seien zwar viele christliche Kämpfer gefallen, aber wesentlich mehr Muslime. Der Rückzug von der Mauer erfolgte allerdings nicht fluchtartig, immerhin war es sogar möglich, die Sturmleiter wieder mitzunehmen. Anscheinend waren auch die Verteidiger zu erschöpft, um weiteres zu unternehmen.

An diesem Abend muß die Enttäuschung bitter gewesen sein. Mit nur einer Sturmleiter als Zugang zur Stadtmauer hatte keine Möglichkeit bestanden, umfangreichere Truppen auf die Mauer zu bringen. Doch war nach diesem erfolglosen Angriff die Moral nicht völlig am Ende. Der Glaube an einen Sieg über die Ungläubigen war anscheinend ungebrochen. Zunächst gaben die Fürsten ihren Truppen einen Tag, um sich zu erholen. Dann wurde am 15. Juni der Fürstenrat wieder einberufen. Dieser faßte zunächst den Beschluß, von weiteren Angriffen abzusehen. Der gescheiterte Sturmangriff hatte gezeigt, daß die Stadt so nicht zu nehmen sei. Das Heer mußte sich auf eine Belagerung einrichten. Erst sollten mehr Sturmleitern und anderes Belagerungsgerät angefertigt werden. Dazu fehlte es aber an Material. Holz war in der näheren Umgebung von Jerusalem nicht zu beschaffen. Wie sollte man sich also behelfen?

Da kam Hilfe von einem syrischen Christen, der sich im Land gut auskannte. Er wußte von einem Wald, nur vier

Meilen von der Stadt entfernt, wo die Kreuzfahrer genügend Holz für ihr Vorhaben finden würden. Sogleich machten sich Robert von Flandern, Robert von der Normandie und Gerard von Quiersch mit einigen weiteren Rittern und Fußsoldaten auf, um von dort Baumaterial für die Belagerungsmaschinen zu holen. Ungestört von feindlichen Angriffen konnten sie ihrer Arbeit nachgehen und kamen mit großen Mengen an Holz zurück ins Lager.

Segel der Hoffnung

Die Trupps hatten sich gerade zur Holzbeschaffung auf den Weg gemacht, da trafen am 17. Juni Boten beim Belagerungsheer ein. Sie kamen von sechs Schiffen aus Genua, die in dem nur eine Tagesreise entfernten Mittelmeerhafen von Jaffa angelandet waren. Die Seefahrer hatten die weitgehend in Ruinen liegende Stadt verlassen angetroffen.
Für das Kreuzzugsheer bedeutete diese Flotte eine willkommene Hilfe. Die Besetzung des Hafens von Jaffa war eine Eroberung von überragender Bedeutung. Von nun an würde es möglich sein, das Heer von See her mit allem nötigen zu versorgen. Schiffe aus Zypern, Laodikaia und Tortosa könnten die Verbindung zur Außenwelt aufrechterhalten. Es mußte also alles darangesetzt werden, diesen Hafen zu halten. Daneben benötigte man dringend eine Eskorte, um die Waren und Hilfsmittel sicher von den Schiffen zum Belagerungsheer zu bringen. Im Gebiet zwischen Jerusalem und dem Meer waren weiterhin fatimidische Einheiten unterwegs. Der Fürstenrat übertrug deshalb Graf Raimund die Aufgabe, für die Sicherheit der Flotte zu sorgen. Und so machten sich in seinem Auftrag am folgenden Tag drei Einheiten auf den Weg. Für viele der Kämpfer sollte es ein Marsch in den Tod sein.

Als erster rückte Graf Geldemar Carpinel an der Spitze von 30 Rittern und 50 Fußsoldaten ab. Kaum war die Einheit unterwegs, da kamen den anderen Fürsten Bedenken wegen der geringen Zahl der ausgesandten Kämpfer. Sie brachten Graf Raimund dazu, auch noch Raimund Pilet mit weiteren 50 Rittern auszusenden. Begleitet wurde er von Wilhelm Sabran, dem sich sein persönliches Gefolge anschloß.
Graf Geldemar gelangte bis in das zwischen Lydda und Ramla gelegene Gebiet. In den »Gesta Francorum« wird berichtet, er habe vorgehabt, die fatimidischen Truppen in der Gegend von seinem eigentlichen Vorhaben abzulenken. Aber gerade dadurch geriet er mit seinen Männern in höchste Not.
Mit einem Mal stand die kleine Truppe einer fatimidischen Einheit von 600 Mann gegenüber. Graf Geldemar hatte sich anscheinend zu weit vorgewagt. Nun gab es kein Zurück. Im letzten Moment gelang es noch, einen Boten abzusenden, der Hilfe holen sollte. Dann stellte der Graf seine Leute zum Kampf auf und ging in die Offensive. Raimund von Aguilers schreibt darüber: »Geldemar stellte seine Ritter und Bogenschützen wegen ihrer kleinen Anzahl im ersten Glied auf, und vertrauend auf Gottes Hilfe marschierte er sofort gegen den Feind.«[155] Eine Reserve gab es nicht. Trotzdem warfen sich die christlichen Kämpfer ihren heranstürmenden Feinden entgegen. Geldemar sah in seiner Offensivstrategie offensichtlich die einzige Chance. Aus den früheren Kämpfen gegen die mit Bögen bewaffneten muslimischen Reiter wußte er, daß nur ein massierter Angriff Erfolg versprach. Den Muslimen war es in ihrer Übermacht aber ein leichtes, die Kreuzfahrer einzukreisen. Die Truppe kam zum Stehen. Der Pfeilregen begann. Die Ritter und Bogenschützen wehrten sich tapfer. Schon dem ersten Ansturm fielen vier Ritter und eine Anzahl der Bogenschützen zum Opfer. Schließlich waren alle Fußsoldaten gefallen. Die

schwer gepanzerten Ritter hielten dagegen aus. Verwundet und mit der Zeit ermüdend, setzten sie ihren verzweifelten Verteidigungskampf fort.

Inzwischen hatte der Bote die Einheit Raimund Pilets erreicht. Die Ritter gaben ihren Pferden die Sporen und preschten hin zum Kampfplatz. Die von ihnen aufgewirbelte Staubwolke gab den tapfer aushaltenden Männern Geldemar Carpinels wieder Mut und neue Zuversicht. Bei den Muslimen lösten die herannahenden Reiter dagegen Schrecken aus. Sie müssen wohl befürchtet haben, nun gegen eine weitaus größere Truppe antreten zu müssen. Als Raimund Pilet mit seinen Rittern heran war, stellten sich die Muslime in zwei Reihen zum Kampf. Sie konnten aber dem massierten Angriff der Ritter nicht standhalten. Schon bei der ersten Attacke fällte jeder Ritter seinen Gegner. Mit der Wucht der eingelegten Lanzen hatten die Muslime wohl nicht gerechnet. So machten erstmals fatimidische Krieger Bekanntschaft mit der Kampfweise der Europäer. Sie hatten solange die Oberhand, wie sie in Bewegung bleiben konnten, aber als sie sich der Angriffslinie der fränkischen Ritter stellen mußten, waren sie unterlegen. Obwohl noch immer zahlenmäßig überlegen, wandten sie sich zur Flucht. Die Kreuzfahrer setzten nach. Die Flucht entwickelte sich zu einer wilden Verfolgungsjagd, bei der die Muslime verzweifelt versuchten, ihren Feinden zu entkommen. Sie entledigten sich aller hinderlichen Gegenstände, Waffen, Kleidung und ihrer Satteltaschen, um das nackte Leben zu retten. Doch die Christen kannten keine Gnade. Die Chroniken verzeichnen, daß in diesem Kampf 200 Muslime fielen. Die Beute der Ritter war beträchtlich. Sie trieben 103 Pferde zusammen und die weggeworfenen Waffen und anderen Dinge sammelte man ein. Das Abenteuer, das so bedrohlich begonnen hatte, wandte sich so für die Überlebenden zum Guten. Die Verluste waren beträchtlich gewesen. Neben

den 50 unbekannten Fußsoldaten hatten auch sechs Ritter den Tod gefunden. Unter den gefallenen Rittern war auch Achard von Montmerle, ein noch junger Mann. Er hatte, um seine Beteiligung am Kreuzzug finanzieren zu können, sein väterliches Erbe an die Stadt Cluny verpachtet.[156]
Schließlich erreichten die siegreichen Ritter Jaffa. Die Seefahrer empfingen sie mit großer Freude und bewirteten sie mit allem, was die Schiffsbäuche hergaben. Man begann auch, die Schiffe zu entladen, um die Waren zum Abtransport zum Kreuzzugsheer bereitzumachen. Doch die große Freude sollte schon am nächsten Morgen in großes Entsetzen umschlagen. Durch die angekommenen Ritter unachtsam geworden, hatten die Genuesen keinen Ausguck mehr besetzt. Und so merkten sie erst viel zu spät, daß in der Nacht die Flotte der Fatimiden vor Jaffa Stellung bezogen hatte. In aller Eile gingen die Genuesen zu See, mußten aber feststellen, daß sie gegen die Übermacht nicht würden bestehen können. So gaben sie ihre Schiffe auf. Alle noch verwendbaren beweglichen Teile, die Segel und das Tauwerk, wurden an Land gebracht. Die Kreuzfahrer stellten nun eine Karawane zusammen, die sich schwer beladen auf den Weg nach Jerusalem machte.
Für das Heer waren die Genuesen sehr willkommen. Sie waren gute Zimmerleute, die sich auf den Bau von Belagerungsmaschinen verstanden. Und unter den von den Schiffen herangeschleppten Materialien befand sich alles, was für die Arbeiten nötig war: Seile, Hämmer, Nägel, Äxte, Hacken und Beile.[157]
Aber noch immer war nicht genügend Holz zur Anfertigung großer Belagerungsmaschinen vorhanden. Nachdem die nächste Umgebung Jerusalems erfolglos abgesucht worden war, machten sich Tankred und Robert von Flandern auf den weiten Weg in die Wälder bei Samaria. Von dort kehrten sie mit einer Karawane zurück, die aus schwer mit

Baumstämmen und Brettern beladenen Kamelen und muslimischen Gefangenen bestand. Nun konnten die Zimmerarbeiten beginnen.

Die Spezialisten arbeiteten mit Eifer an den Belagerungstürmen. Herzog Gottfried ließ seinen Turm in der Nähe der St. Stephanus-Kirche bauen, Graf Raimund bei St. Maria in Monte Zion. Um die Türme beweglich zu machen, wurden sie mit Rädern versehen. Die oberen Stockwerke wurden mit Schleudermaschinen bestückt. Herzog Gottfrieds Turm wurde unter der Leitung von Gaston de Béarn gebaut, bei Graf Raimund übernahm Wilhelm Ricou, unter dessen Leitung sich die Genuesen ans Werk machten, diese Aufgabe. Drei Wochen sollten über die Arbeiten vergehen.

Die Arbeiten wurden in extremer Weise durch die herrschende Hitze beeinträchtigt. Der Durst war die schlimmste Plage. Dazu kam noch der heiße Wüstenwind Chamsin, der über Tage hin ununterbrochen wehte. Er zerrte an den Nerven der Westeuropäer, die ihn nicht gewohnt waren. Inzwischen darbten alle vor Durst. Die Tiere, Schlachtrösser, Packpferde und Schlachtvieh, verdursteten zu Hunderten. Vereinzelt machten sich Trupps von Wasserholern auf den weiten Weg bis zum Jordan. Wenn auch die einheimischen Christen den Weg zu Wasserlöchern und Brunnen wiesen, war deren Aufsuchen weiterhin kein ungefährliches Unterfangen. Immer wieder gerieten die Gruppen in Hinterhalte.

Und wie so oft waren sich die Fürsten uneins. Der Streit ging wieder um den Besitz eroberter Gebiete. Die Geistlichen und auch die weltlichen Fürsten waren nicht damit einverstanden, daß Tankred Bethlehem für sich beanspruchte. Die Aufpflanzung seines Banners über der Geburtsbasilika wurde ihm so ausgelegt, als habe er die Kirche als weltlichen Besitz beansprucht. Als der Normanne sich gegen die Haltung der anderen Fürsten sträubte, wurde eine

Entscheidung dieser Frage zunächst aufgeschoben. Aber sogleich begann eine Debatte, die zum momentanen Zeitpunkt nicht gerade angebracht erschien. Obwohl man noch immer vor den fest verschlossenen Toren Jerusalems lagerte und ein Erfolg des geplanten Sturms nicht absehbar war, stritten sich die Fürsten um den künftigen Status der Stadt. Der Vorschlag, einen König zu ernennen, wurde abgelehnt. Die Geistlichkeit erklärte einstimmig, daß kein Christ an der Stätte die Königskrone tragen dürfe, wo Christus die Dornenkrone getragen habe. So blieb auch dieser Streit ungeklärt.

Die unklare Lage in den Lagern der Kreuzfahrer veranlaßte viele, den Kreuzzug zu verlassen. Anscheinend begann nun bei einem Teil der Menschen die Motivation zu schwinden. Die Parallelen mit der Situation vor Antiochia sind überdeutlich. Eine Gruppe von Kreuzfahrern zog zum Jordan, wo sie sich nochmals taufen ließen. Von dort aus nahmen sie den Weg nach Jaffa, in der Hoffnung, fränkische Schiffe könnten sie von dort nach Europa bringen.

Der Juli kam heran, da verbreitete sich die Nachricht, das Heer der Fatimiden habe sich von Ägypten her auf den Weg nach Jerusalem gemacht. Es gab nun keine Zeit mehr zu verlieren. Was in Antiochia gut und billig war, half jetzt auch vor Jerusalem. Am Morgen des 6. Juli 1099 suchte Peter Desiderius den Bruder des verstorbenen Legaten Adhémar von Le Puy, Wilhelm Hugo von Monteil, und seinen Lehnsherrn Isoard von Garp auf. Er habe eine neuerliche Vision des Adhémar gehabt, erklärte er. Dieser habe befohlen, die Fürsten sollten ihre selbstsüchtigen Streitereien aufgeben, eine Fastenzeit abhalten lassen und in einer Prozession barfuß um die Mauern der Heiligen Stadt ziehen. Hielten sie diese Weisungen ein, würde die Stadt binnen neun Tagen fallen. Hatte man seine frühere Vision, in der er Adhémar hatte im Höllenfeuer brennen

sehen, nicht ernstgenommen, so war der neuerlichen Erscheinung des Visionärs ein besseres Schicksal beschieden. Das ganze Heer nahm die Prophezeiung als echt an und machte sich eifrig an die Durchführung der Anweisungen. Die befohlende Fastenzeit wurde drei Tage lang eisern befolgt. Die feierliche Prozession um die Stadt fand am 8. Juli 1099, einem Freitag, statt. Es war ein prächtiger Umzug. Voran schritten Priester mit Kreuzen und den Reliquien von Heiligen. Ihnen folgten die Ritter und andere kriegstaugliche Männer, die ihre Waffen schwangen und Trompeten bliesen. Sie alle gingen barfuß. Den Schluß bildeten die Massen des Fußvolkes und die Pilger. Die Prozession nahm ihren Weg rings um die Mauern der belagerten Heiligen Stadt. Für die Muslime in der Stadt war der Anblick dieses frommen Umzuges ein Grund zur Belustigung. Die Kämpfer strömten auf den Mauern zusammen und verspotteten die Christen. Der Umzug erreichte schließlich den Ölberg und machte dort an der Stelle halt, an der den Traditionen nach Jesus zum Himmel aufgefahren ist. Drei Predigten feuerten hier die Versammelten an.
Zuerst sprach Peter von Amiens. Dann erhob Raimund von Aguilers seine Stimme. Den Abschluß bildete Arnulf von Rohes, der Feldkaplan Roberts von der Normandie. Er galt als der beste Prediger im Heer. Die Reden beeindruckten alle. Die Fürsten begruben ihren Streit. Auch Raimund von Toulouse und Tankred gelobten, wieder gemeinsam zu kämpfen.
Angefeuert von dem, was sie auf dem Ölberg gehört hatten, machten sich die Kreuzfahrer wieder ans Werk. Vordringlich wurde an der Fertigstellung der Belagerungstürme gearbeitet. Graf Raimund gab bekannt, in fünf Tagen sei sein Turm zum Sturm bereit. Er rief die Reichen dazu auf, alle Lasttiere und alle Diener den Zimmerleuten als Hilfe bei der Arbeit zur Verfügung zu stellen. Viele kräftige Hände

und Rücken wurden noch gebraucht, um die schweren Balken und Bretter heranzuschaffen. Zwei Ritter sollten jeweils eine Sturmleiter herstellen. Frauen und alte Männer nähten Ochsen- und Kamelhäute zusammen, die dann auf die Außenseite der Belagerungstürme genagelt wurden. Diese Maßnahme sollte die trockenen Holzkonstruktionen vor der gefährlichsten Waffe der Verteidiger schützen: dem »Griechischen Feuer«.
Es handelte sich dabei um die am weitesten entwickelte Waffe des Mittelalters. Übertroffen wurde dieser brennbare Kampfstoff erst vom Schwarzpulver. Eine ähnlich verheerende Wirkung sollte erst im 20. Jahrhundert das berüchtigte Napalm entfalten. Woher die Rezeptur zu dieser gefährlichen Substanz stammte, ist nicht genau bekannt. Es wird vermutet, sie sei aus China gekommen. In historischen Berichten Europas tritt das »Griechische Feuer« erstmals um das Jahr 330 auf. Andere Traditionen schreiben die Erfindung dieses Kampfstoffes dem aus Heliopolis im Libanon stammenden Kallinikos zu, der im 7. Jahrhundert lebte. Doch mag es sich hier um eine Weiterentwicklung handeln, eine Abänderung der ursprünglichen Rezeptur.
Die Grundlagen bildeten ungebrannter Kalk, Pech, Schwefel, Petroleum und Salpeter. Verschiedene andere Stoffe wurden je nach Einsatzform hinzugefügt. Im Kampf auf See hatte diese Mischung den Vorteil, selbst auf dem Wasser zu brennen. Ansonsten stellte sie deshalb eine große Gefahr dar, weil sie, einmal in Brand gesetzt, mit Wasser nicht zu löschen war. Das Geheimnis des »Griechischen Feuers« war lange Zeit von den Byzantinern eifersüchtig gehütet worden. Doch schließlich gelangte das Rezept durch Verrat in die Hände der Araber. Diese setzten es von da an erfolgreich bei Angriff und Verteidigung ein. Die beim Kampf um Jerusalem zum Einsatz kommenden Belagerungsgeräte wären dieser Waffe nicht gewachsen gewesen, hätten die

Kreuzfahrer nicht über einige Informationen verfügt, die sie zu ihrem Vorteil nutzen konnten.
Die frischen Häute auf der Außenseite der Belagerungstürme gaben der Substanz keinen Halt, sie tropfte einfach herab. Und für den Fall, daß das »Griechische Feuer« doch einen Brand entfachen sollte, hatten sie ein weiteres großes Geheimnis in Erfahrung gebracht. Einige syrische Christen hatten die Kreuzfahrer darauf hingewiesen, daß es möglich sei, die Brände mit Essig zu löschen.

Der Sturm bricht los

Mit der Zeit war es aber unmöglich geworden, die Arbeiten an den Belagerungsmaschinen vor den Belagerten zu verbergen. Und so hatte Ifthikar umgehend reagiert. Es war abzusehen, gegen welche Abschnitte der Stadtmauer die Belagerungstürme herangeführt werden sollten. Sie waren der Bequemlichkeit halber diesen Stellen gegenüber gebaut worden. Und so machten sich die fatimidischen Krieger daran, diese Mauerabschnitte in aller Eile zu verstärken. Die Belagerer mußten hilflos zusehen, wie sie den Wettlauf zwischen Turmbau und Mauerverstärkung verloren.
Aber noch hatte Herzog Gottfried einen Trumpf in der Hand. Die Nordmauer Jerusalems war lang, und warum sollte er unbedingt den nun am besten auf einen Angriff vorbereiteten Abschnitt berennen? Weiter im Osten waren die nicht direkt bedrohten Abschnitte der Mauern nicht verstärkt worden. »Der ebene Boden bot einen besseren Zugang zur Mauer für unsere Kampfmaschinen, und auch die Entlegenheit und Schwäche dieses nördlichen Platzes hatte die Sarazenen veranlaßt, ihn unbefestigt zu lassen«,[158] hält Raimund von Aguilers fest. Und so war der schwerwiegende Entschluß schnell geschafft.

Noch in der Nacht nach der Prozession begannen die Vorbereitungen für den geplanten Großangriff. Im Schutze der Dunkelheit zerlegten die Lothringer die bis dahin gegen den Westabschnitt der Nordmauer gerichteten Belagerungsgeräte. Die Steinschleudern und ein inzwischen angefertigter »Widder« wurden zur St. Stephanus-Kirche geschafft. Hierher wurde auch das Lager der Kreuzfahrer verlegt. Als erstes wurden die Wurfmaschinen in Stellung gebracht.
Gleich am folgenden Morgen nahmen sie den Beschuß der Vormauern auf. Dieser Abschnitt der Befestigungen Jerusalems war bis dahin von den Verteidigern noch nicht mit Schutzvorrichtungen versehen worden. Anscheinend hatte niemand damit gerechnet, daß ein erneuter Angriff hier ansetzen würde. Erst als die geschleuderten Steine schon einigen Schaden hatten anrichten können, machten sich die Verteidiger daran, Sicherungsmaßnahmen zu ergreifen. Die neu aufgestelltem Katapulte nahmen ihre Arbeit auf. Entsetzt mußten die Verteidiger erkennen, daß der andauernde Beschuß die Stadtmauer schwer beschädigte. Um weitere Beschädigungen zu verhindern, mußten umfassende Maßnahmen getroffen werden. Man brachte Säcke auf die Mauer, die mit Stroh und Spreu gefüllt waren. Diese wurden dann mit Hilfe von starken Schiffstauen aneinandergebunden und außen an die gefährdeten Mauerabschnitte gehängt. Nun prallten die Schleudersteine nur noch auf die weichen Säcke und konnten keinen Schaden mehr anrichten. Im Gegenzug befahl Herzog Gottfried, diese Schutzverkleidungen in Brand zu setzen. Brandpfeile flogen hinüber. Das Feuer breitete sich rasch aus und verzehrte in kürzester Zeit die schützenden Säcke, woraufhin die von den Katapulten verschossenen Steine wieder ihre volle Wirkung entfalten konnten.[159]
In dieser Lage müssen die Verteidiger die Vormauern aufgeben haben. Die Kreuzfahrer konnten nun ungehindert

den »Widder« zum Einsatz bringen. Dieser Mauerbrecher war »... eine Maschine von schrecklichem Gewicht und Bau, mit Flechtwerk und Reisig bedeckt«.[160] Das berädete Monstrum wurde an der Vormauer in Stellung gebracht. Die Besatzung der Maschine machte sich an die Arbeit. Es galt nun, mit dem eisernen Widderkopf der Ramme die Mauer zum Einsturz zu bringen. Der Angriff hatte sofort Erfolg. Innerhalb kürzester Zeit gelang es, die Vormauer zu durchbrechen. Damit war eine Bresche geschaffen, durch die auch die anderen Belagerungsmaschinen näher an die eigentliche Stadtmauer Jerusalems herangebracht werden konnten. So war es möglich, diese Mauer unter direkten Beschuß zu nehmen. Der Widder selbst wurde von den Kämpfern bis an die Stadtmauer herangeschoben und begann nun auch dort sein zerstörerisches Werk. Als die Nacht über Jerusalem hereinbrach und die Kämpfe weitgehend eingestellt werden mußten, war viel erreicht worden. Die Vorwerke waren überwunden, die Kreuzfahrer konnten sich weitgehend ungehindert in nächster Nähe zur Stadtmauer bewegen.

Noch in derselben Nacht wurde damit begonnen, den großen Belagerungsturm Herzog Gottfrieds zu der am Tag zuvor gebrochenen Bresche umzusetzen. Dazu mußte der Turm vollständig zerlegt werden. Diese Arbeiten und der Transport der Teile nahmen die ganze Nacht in Anspruch.

Am nächsten Morgen sahen sich die Verteidiger einer völlig neuen Situation gegenüber. Der Turm war noch nicht wieder kampfbereit, doch dies war nur eine Frage von wenigen Tagen. Noch stand er weit außerhalb der Reichweite der Katapulte in der Stadt. Man mußte sich also auf einen Angriff dieser Kriegsmaschine einrichten. Der Widder war dagegen ein wesentlich dringlicheres Problem. Die eiserne Ramme führte ihre Stöße unermüdlich weiter gegen die Stadtmauer. Schon allzubald waren die Bemühungen der

Kreuzfahrer erneut von Erfolg gekrönt. Die Mauer gab nach und brach zusammen. Die Verteidiger waren in heller Aufregung. Ein Durchbruch der Kreuzfahrer in die Stadt mußte unter allen Umständen verhindert werden. Die einfachste Lösung bestand darin, den Widder zu verbrennen, bevor die Bresche erweitert werden konnte. Dies war relativ leicht zu bewerkstelligen, denn die schwerfällige Masse der Kampfmaschine stand direkt an der Mauer. Nun begann ein verbissenes Hin und Her zwischen den Verteidigern und den Kreuzfahrern. Von oben wurden brennender Schwefel, Pech und heißes Wachs herabgegossen, um die Maschine in Brand zu setzen, während die Angreifer verzweifelt bemüht waren, den Brand einzudämmen. Sie mußten ihr kostbares Wasser zum Löschen verwenden. Da nahmen die Katapulte die Mauerkrone gezielt unter Beschuß und vereitelten die Bemühungen der Verteidiger. Endlich konnte der Brand gelöscht werden.

Diese Kämpfe müssen zwei Tage angedauert haben. Während dieser Zeit arbeiteten die Handwerker Herzog Gottfrieds in aller Hast an der Neuerrichtung des Belagerungsturms. Als der Angriff des Widders an der Mauer steckenblieb, war der Turm gerade zum Sturm bereit.

An diesem Tag, es war der 12. Juli, war auch Graf Raimund bereit, von seiner Stellung auf dem Berg Zion aus den Sturm auf die Stadt zu beginnen. Er stand an der Südmauer einem anderen Problem gegenüber, als Herzog Gottfried im Norden der Stadt. Hatte der Lothringer eine Vormauer durchbrechen müssen, so hatte sein provençalischer Kampfgenosse einen Graben zu überwinden. Der Graf gab also seinen Leuten den Befehl, diesen Graben mit Steinen und Erde zu füllen. Drei Tage sollte diese Arbeit dauern und war ein lebensgefährliches Unterfangen, denn die Steine schleppenden Kreuzfahrer wurden von der Mauer aus unter scharfen Beschuß genommen. Deshalb nahmen die eigenen Steinschleudern die betroffenen Mauerabschnitte unter Beschuß, um diese Gefahr einzudämmen. Unter diesem Schutz ging die Arbeit unermüdlich voran. Tag und Nacht schleppten Kämpfer und Pilger Steine heran. Wegen der weiter bestehenden Gefahr bei dieser Arbeit versprach Graf Raimund jedem, der drei Steine in den Graben trug, ein Silberstück. Diese Belohnung war anscheinend Ansporn genug, sich der Gefahr auszusetzen: Nach drei Tagen war der Graben aufgefüllt.

Den eigentlichen Beginn des Sturms auf Jerusalem hatte der Fürstenrat für die Nacht vom 13. auf den 14. Juli festgesetzt. Die Hauptlast der Kämpfe sollten die Truppen im Norden und Süden tragen, während ein Entlastungsangriff gegen die Nordwestecke der Stadt dort Kräfte binden sollte.

Der 14. Juli war erfüllt von hartnäckig vorgetragenen Kämpfen. Keine Seite war bereit, klein beizugeben. Die Katapulte der Verteidiger schossen sich auf die Belagerungsmaschinen der Angreifer ein. Auf seiten der Kreuzfahrer standen nach den weitgehend verläßlichen Zahlen, die Raimund von Aguilers nennt, 12 000 Soldaten zum Sturm der Stadt bereit, dazu noch 1200 bis 1300 Ritter.[161] Den ganzen Tag über schleppten die Kreuzfahrer die Belagerungstürme näher an die Mauern heran, beschossen die Katapulte alle erreichbaren Stellen der Mauern. Und so mußten die Muslime fürchten, daß Jerusalem noch in der kommenden Nacht oder am kommenden Tag fallen würde.[162]

Der Triumph des Kreuzes

Es war ein herrlicher Sommermorgen, wenn man den Chronisten glauben will, an dem die Kreuzfahrer zum letzten Sturm auf die gewaltigen Befestigungen Jerusalems ansetzten. Die Iden des Juli des Jahres eintausendneunhundertneunundneunzig nach der Fleischwerdung des Herrn, wie die zeitgenössischen Berichte diesen Tag bezeichnen, der 15. Juli 1099 nach dem modernen Kalender, sollte den Triumph des Kreuzes über die muslimischen Verteidiger der Heiligen Stadt bringen.

Bei Sonnenaufgang erklangen in den Lagern der Kreuzfahrer die Trompeten und weckten die wenigen, die in der letzten Nacht Schlaf gefunden hatten. Die Belagerungstürme waren die ganze Nacht über bemannt geblieben, um sie vor den weiterhin vorgetragenen Versuchen der Verteidiger zu schützen, sie zu zerstören. Noch immer standen die so entscheidend wichtigen Belagerungsmaschinen in der Reichweite der Katapulte, die schon den ganzen vorherigen Tag Steine und Griechisches Feuer verschossen hatten. Auch die Verteidiger hatten eine schlaflose Nacht verbracht. Immer befürchtend, einige der Belagerer könnten im Schutz der Dunkelheit Leitern an die Mauern legen, hatten sie ruhelos Wache halten müssen. Als der Morgen graute und zuerst den Tempelplatz in rotes Licht tauchte, war ein Großteil von Ifthikars Männern auf den Mauern und Türmen. Wie die Stadtbevölkerung diese Nacht verbrachte, ist nicht überliefert. Seit vier Wochen hielten sie verzweifelt aus, halfen bei den zur Verteidigung notwendigen Arbeiten und löschten Brände. Ihre ganze Hoffnung richtete sich auf das Eintreffen eines Entsatzheeres aus Ägypten. Würde es am folgenden Tag kommen? Doch war eher der Generalangriff der Kreuzfahrer zu fürchten. Die letzten Tage hatten gezeigt, wie gering die Aussichten auf eine Abwehr der Belagerer waren. So werden Angst und Hoffnungslosigkeit regiert haben. Was in nur wenigen Stunden über sie hereinbrechen würde, ahnte wohl niemand unter den Einwohnern Jerusalems. Daß am Abend dieses so strahlend beginnenden Tages niemand von ihnen mehr leben, oder in der Sklaverei der Christen schmachten sollte, lag ihren Gedanken ebenso

fern. Der Ruf des Muezzims erklang über einer zum Tode verurteilten Stadt. Und die Trompeten der Belagerer kündeten den Beginn des Kampfes wie die Posaunen des Jüngsten Gerichts. Und für beide Seiten bestand in dem kommenden Kampf weitgehend kein Unterschied zu dem göttlichen Endgericht, das nach dem Glauben beider Religionen über Gläubige und Ungläubige, Heilige und Sünder, Lebende und Tote, hereinbrechen würde. Der Heilige Kampf um die Heilige Stadt würde ein für allemal zeigen, welcher Gott der Stärkere sei. Daran glaubten die Kämpfer auf beiden Seiten, und so verrichteten sie an diesem Morgen ihre Gebete mit Inbrunst, darauf hoffend, würdig zu sein, ihrem Gott im Kampf zu dienen.
Die Kreuzfahrer begaben sich zu ihren Sammelplätzen. Hatten sie gegessen? Hatten sie überhaupt genügend Wasser gehabt, um ihren brennenden Durst zu löschen? Ihre Waffen konnten sie tragen, und sie waren ausgeruht genug, um die Belagerungstürme zu besteigen und die Wachen an den Katapulten abzulösen. Auch sammelten sich die an den Belagerungstürmen, denen die schwere Arbeit bevorstand, die riesigen Belagerungsmaschinen an die Mauern heranzuschieben. Wenn man dem Chronisten Albert von Aachen Glauben schenken darf, waren die Verteidiger am meisten überrascht, daß der Angriff schon so früh am Morgen begann. Es war vier Uhr früh, als das Signal zum Angriff ertönte.
Als der Beschuß durch die großen Katapulte und die Bogen- und Armbrustschützen begann, war man in der Stadt zunächst verwirrt. Doch alsbald setzte die Gegenwehr mit aller Macht ein. Die muslimischen Krieger verteilten sich auf den Mauern und Türmen und überschütteten die Angreifer mit Pfeilen und Steinen.
Die größte Gefahr für die Kämpfer in den Belagerungstürmen waren die von den Maschinen der Verteidiger ge-

schleuderten Brandsätze und Steine. In der Stadt befanden sich mindestens vierzehn Geschütze, deren Reichweite bis zu den Vorwerken reichte. Albert von Aachen spricht davon, daß neun Katapulte den Belagerungsturm Raimunds von Toulouse unter Beschuß nahmen, während die restlichen fünf im Norden der Stadt gegen die Maschine Herzog Gottfrieds standen. Da der Beschuß so lange nicht verhindert werden konnte, wie sich die Türme noch innerhalb der Reichweite der feindlichen Katapulte befanden, waren zahlreiche Schutzmaßnahmen getroffen worden. Die frischen Ochsenhäute, mit denen die Holzkonstruktionen benagelt waren, verhinderten, daß das Griechische Feuer haften blieb. Die gefährliche Mischung tropfte so herab, ohne Schaden anrichten zu können. Für den Fall, daß die Lösung doch an irgendeiner Stelle der Belagerungstürme weiterbrannte, hatten die Kreuzfahrer ihre Geheimwaffe in der Hinterhand. In Schläuchen hatten sie auf den Belagerungstürmen große Mengen Essig bei sich, mit dem allein das Griechische Feuer gelöscht werden konnte.[163] Andere Sicherheitsmaßnahmen waren weniger raffiniert, aber ebenso wirkungsvoll. Außen an den Türmen waren große Bündel Strauchwerk befestigt, die den Anprall der von den Katapulten geschleuderten Steinen dämpften.

Die von den Katapulten ausgehende Gefahr bestand aber nur innerhalb eines nicht allzu großen Zwischenraumes. Dieser mußte also unbedingt überwunden werden. Die Angriffe forderten alles von den Kreuzfahrern. Nur stückweise kamen die Belagerungstürme vorwärts. Und dazu prasselten unaufhörlich Steine, Pfeile und Brandsätze auf jeden herab, der sich vor den Stadtmauern aufzuhalten wagte.

An den harten Kämpfen dieses Vormittags beteiligten sich nicht nur die Männer. Wilhelm von Tyros berichtet, auch die Frauen, die keine Waffen trugen, »... rannten mit ihren Krügen voll Wasser durch das Heer und gaben allen von denen, die vom Kampf ermüdet waren, zu trinken. Und sie ermahnten viele mit guten Worten, es gut zu machen und unserem Herrn kraftvoll zu dienen«.[164]

Im Süden der Stadt hatten die Provençalen ein gewaltiges Katapult aufgestellt, das sie »Caable« nannten. Die Kraft dieser Kriegsmaschine war so groß, daß sie drei große Steine gleichzeitig gegen die Stadt schleudern konnte. Die Reichweite war dabei groß genug, um sie außerhalb der Reichweite der Katapulte der Verteidiger aufzustellen.[165] So war dieses Katapult jeglicher menschenmöglichen Bemühung der Belagerten entzogen, es zu zerstören. Dabei müssen die geschleuderten Steine große Zerstörungen an den Verteidigungswerken Jerusalems angerichtet haben. In ihrer Not, dieser Kriegsmaschine nicht beikommen zu können, suchten die Verteidiger Hilfe beim Übernatürlichen. So wurden zwei Frauen auf die Stadtmauer der »Caable« gegenüber geholt, die der Bedrohung durch Zaubersprüche Herr werden sollten. Sie stellten sich auf den Zinnen in Positur und begannen, unterstützt von drei jungen Mädchen, ihre Beschwörungen. Die angreifenden Kreuzfahrer, selbst nicht völlig frei von abergläubischer Furcht vor solchem Zauberwerk, luden wieder das Katapult. Zum Entsetzen der Muslime und zur großen Freude der Christen trafen die geschleuderten Steine die Hexen. Haltlos stürzten sie von der Mauer.[166] Dieser glückliche Schuß spornte die schon erschöpften Kämpfer wieder zu härteren Anstrengungen an.

Im Norden der Stadt hatten Herzog Gottfried und seine Männer mit der Zeit eine Position erreicht, von der aus sie vom Belagerungsturm herunter die Verteidiger auf der Mauer beschießen konnten. Doch die fünf Katapulte der Verteidiger hatten nun ein klares Ziel. Die geschleuderten Steine prallten ungehindert auf den hölzernen Turm. Nun tat aber die Polsterung der Konstruktion mit Reisig und Flechtwerk gute Dienste. Die Steine konnten zunächst kei-

nen größeren Schaden anrichten, der Belagerungsturm blieb unversehrt. Zum ausgesuchten Ziel ihrer Steine machten die muslimischen Katapultschützen ein goldenes Kreuz, das der Herzog hoch oben auf seinem Belagerungsturm hatte anbringen lassen. Sie trafen es aber nicht.
In dem heftigen Beschuß geriet aber Herzog Gottfried selbst in höchste Gefahr. Ein neben ihm stehender Ritter wurde von einem der Steine getroffen und fiel mit gebrochenem Genick nach hinten. Der Herzog selbst hatte sich vor dem Geschoß nur mit Mühe in Sicherheit bringen können. Kaum wieder auf den Beinen, schoß der Fürst mit seinem Bogen weiter Pfeil auf Pfeil gegen die Verteidiger. Als der Belagerungsturm doch noch schwer getroffen wurde, war es Herzog Gottfried selbst, der mit anpackte und die Bruchstellen mit neuen Balken sicherte.[167]
Für die muslimischen Kämpfer auf der Mauer wurde die Lage immer bedrohlicher. Sie mußten den Belagerungsturm vernichten oder zumindest in einiger Entfernung endgültig zum Stehen bringen. Dazu war nun jedes Mittel recht. Da die Steine versagt hatten, sollte die Kriegsmaschine nun verbrannt werden. Aber wie auch zuvor gelang dies nicht.
Mittlerweile war der Belagerungsturm den Mauern noch näher gekommen, so daß es nun unmöglich wurde, weiter die Katapulte gegen ihn einzusetzen. Bei der primitiven Konstruktion der Katapulte war es unmöglich, die Reichweite beliebig zu verkürzen. Je näher der Belagerungsturm der Mauer gekommen war, desto tiefer mußten die Katapulte in die Stadt zurückgezogen werden. Es kam aber nun der Moment, von dem an ein weiterer Rückzug nicht mehr möglich war. »Und da nun schon die Maschine an die Mauer herangebracht war, und die fünf feindlichen Katapulte weiter zurück keinen Raum mehr fanden, flog der geschleuderte und gewaltsam abgeschossene Stein weit über die nahe stehende Maschine hinaus, oder aber, wenn er bis-

weilen zu schwach geschleudert war, fiel er schon hart an der Mauer nieder und erschlug dabei Sarazenen.«[168] Diese Schilderung der Lage bei Albert von Aachen zeigt deutlich, vor welchen Problemen die Verteidiger zu diesem Zeitpunkt des Kampfes standen. Abhilfe mußte her, und zwar schnell. Noch hatte der schwerfällige Belagerungsturm die Mauer nicht erreicht, da wurde ein neuer Plan in Angriff genommen, ihn zum Stehen zu bringen.

In der Nähe befand sich einer der Türme der Stadtbefestigung. Dieser wurde nun zum Schutz vor den Katapultsteinen der Kreuzfahrer mit einem Polster aus mit Heu gefüllten Säcken versehen, wie dies auch bei der Vormauer geschehen war. Dann stellten sich einige Krieger Ifthikars in diesem Turm auf und nahmen von dort oben die Angriffe gegen Herzog Gottfrieds Belagerungsturm wieder auf. Doch trotz dieses schweren Angriffs konnte der Turm nicht beschädigt werden. Die Handwerker des Herzogs hatten anscheinend sehr gut gearbeitet. Aber noch immer gaben die Verteidiger nicht auf.

Sie bereiteten einen gigantischen Holzklotz vor, mit dem sie den Belagerungsturm in Brand setzen wollten. Albert von Aachen beschreibt diesen Angriff mit eindringlichen Worten: »Sie schleppten nämlich jetzt eine ungeheure und unermeßlich schwere Menge von Holzstämmen herbei, die sie mit eisernen Klammern und Haken zusammenhielten. Und zwischen diese Klammern stopften sie Werg, das mit Pech, Wachs und Öl und allen anderen Arten von brennbaren Stoffen vermischt und durchfettet war. Und mitten um diesen riesigen Holzklotz wickelten sie eine schwere eiserne Kette, damit er nicht von den Pilgern mit ihren eisernen Haken gepackt und weggezogen werden könne, wenn er, um die Maschine in Brand zu stecken, über Mauer und Wall geworfen würde.«[169] Der brennende Klotz flog über die Mauer und schlug direkt vor dem Belagerungsturm auf. Die

Verteidiger hatten gehofft, so die unteren Teile des hölzernen Bauwerks in Brand zu setzen, damit es zusammenbrach. Da der Block mit Griechischem Feuer getränkt war, glaubten sie, die Kreuzfahrer wären nicht in der Lage, den Brand zu löschen. Doch wußten sie nichts von dem Verrat der Christen. Wieder kam der vorrätige Essig zum Einsatz. Das Feuer wurde gelöscht, der Turm war ein weiteres Mal gerettet.[170] Der Kampf setzte sich fort.

Auf der Südseite der Stadt war für Graf Raimund und seine Leute der Kampf nicht so erfolgreich vorangegangen. Der Provençale konnte seinen Belagerungsturm nicht davor bewahren, zerstört zu werden. Immerhin schleuderten neun Katapulte unablässig Steine auf diesen. »Und durch ihre unablässigen und ganz unerträglich starken Würfe wurde schließlich die Maschine schwer erschüttert und beschädigt und ihr ganzes Gefüge aufgelöst. Ja ihre ganze Besatzung, hart bedrängt und ganz bestürzt durch das drohende Verderben, vermochte kaum der Todesgefahr zu entrinnen.«[171] Es half alles nichts, man mußte die schwerbeschädigte Maschine von der Mauer wegschleppen, wollte man sie nicht gänzlich verlieren. Die erschöpften Kämpfer waren nahe daran, den Kampf zumindest für diesen Tag aufzugeben. »Am Mittag waren wir in einem Zustand der Verwirrung, in einem Stadium der Ermüdung und Hoffnungslosigkeit, herbeigeführt von dem hartnäckigen Widerstand der vielen verbliebenen Verteidiger, den hohen und scheinbar undurchdringlichen Mauern und dem überwältigenden Verteidigungsgeschick der Sarazenen.«[172] Ein Rat wurde zusammengerufen, um zu besprechen, ob nicht alle Belagerungsmaschinen zurückgezogen werden sollten. Allzu viele waren schwer beschädigt durch Brand und Steine.

Zu diesem Zeitpunkt geschah etwas, was von den Chronisten als ein Wunder beschrieben wird. Eine Verständigung zwischen den im Norden und Süden angreifenden Truppen der

Kreuzfahrer bestand eigentlich nicht. Und so wußte Graf Raimund bis zum Mittag nichts von den Vorgängen im Norden Jerusalems. Da soll in der größten Not vom Ölberg her ein unbekannter Ritter mit seinem in der Sonne blitzenden Schild signalisiert haben, den Angriff fortzusetzen.[173] Der Belagerungsturm war nun zwar unbrauchbar, aber die von diesem Signal in ihrer Kampfmoral bestärkten Kreuzfahrer stürmten die Mauern nun allein mit ihren Sturmleitern. Wer es gewesen war, der das erlösende Signal gab, ist nicht feststellbar. Möglicherweise war es tatsächlich einer der Ritter, die schon Tage zuvor auf dem Ölberg Stellung bezogen hatten, um es Ifthikar unmöglich zu machen, durch das Goldene Tor Boten aus der Stadt zu schleusen.

Im Norden der Stadt war der Angriff ununterbrochen fortgesetzt worden. Der Belagerungsturm war nun nah genug an der Mauer, um die Mauerkrone zu gewinnen. Doch noch immer tobte der Kampf zwischen Herzog Gottfrieds Männern und den Verteidigern. Es mußte ein Weg gefunden werden, diese von der Mauer zu vertreiben. Dies gelang, als die Kreuzfahrer den Turm in Brand setzten, den die Muslime zum Schutz mit Säcken verkleidet hatten. Ob dies nun dem glücklichen Pfeilschuß eines jugendlichen Bogenschützen zu verdanken war, oder auf den Beschuß durch eines der lothringischen Katapulte, bleibt offen, berichtet wird beides.[174] Als nun auch die hölzernen Teile des Turms in Brand gerieten, entwickelte sich schwerer, schwarzer Rauch. Zum Glück für die Kreuzfahrer wehte der Wind aus Nordost[175] und trieb diesen Rauch von ihnen weg über die Mauer hin. Der Rauch nahm den Verteidigern die Sicht und auch den Atem, der Ruß legte sich in Münder und Augen. So waren sie gezwungen, den betroffenen Mauerabschnitt aufzugeben. Nun konnte Herzog Gottfried vom oberen Stockwerk des Belagerungsturms den Befehl geben, die Mauer zu stürmen.[176]

Der Belagerungsturm verfügte nicht über eine eigene Zugbrücke. Der Historiker John Frances ist der Ansicht, daß ursprünglich kein Brückenschlag zwischen Turm und Mauer geplant war. Die große Belagerungsmaschine sollte nur Deckung bieten und das Anlegen von Sturmleitern an die Mauer ermöglichen.[177] Auch hatte wohl der Verlust des Widders nach dem Breschenschlag eine Änderung der Strategie erforderlich gemacht. Wahrscheinlich waren die Lothringer längst auf einen provisorischen Brückenschlag vorbereitet, wie er ihnen nun bevorstand.

Das zweite Stockwerk des Turms befand sich in Höhe der Mauerkrone. Die Vorderwand dieses Stockwerks war als eigentliche Brücke vorgesehen, doch konnte sie nicht allein das Gewicht der Männer tragen, die alsbald in voller Rüstung über sie stürmen sollten. Es wurden also zwei schon im Verlauf der Kämpfe des Vormittags erbeuteten Holzbalken zur Mauer hinübergeschoben. Dann lösten die Männer die Vorderwand des Belagerungsturms, die im Herabfallen auf den Balken zu liegen kam.[178]

Kaum war der Brückenschlag selbst geglückt, stürmten auch schon die ersten Kreuzfahrer auf den von Feinden freien Mauerabschnitt. Die beiden ersten waren die Ritter Letold und Engelbert von Tournai, zwei Brüder. Als dritter betrat ein gewisser Wicherus, ein Mann, der sich schon zuvor als tapferer Ritter hervorgetan hatte, indem er einen Löwen tötete, die Mauer.[179] Vom weiteren Schicksal dieser Männer ist nichts bekannt. Fielen sie noch an diesem Tag, ihren Vorwitz mit dem Leben bezahlend? Die Chroniken schweigen.

Diesem kleinen Vortrupp folgten alsbald weitere Kreuzfahrer, begierig, sich mit den Muslimen im Kampf zu messen. Und nun sprangen auch Herzog Gottfried und sein Bruder Eustachius vom dritten Stockwerk des Turms auf die Mauer herab. Der Herzog ließ sein Banner aufpflanzen, um den

noch am Fuß der Mauer ausharrenden Kreuzfahrern und den bisherigen Herren der Stadt zu zeigen, daß er auf der Mauer war.[180] Die Gewinnung der Mauerkrone durch den lothringischen Herzog und seine Männer löste großen Jubel im ganzen Heer aus. Albert von Aachen schreibt: »Dies sieht das ganze Volk, und mit ganz unbeschreiblichem Geschrei rufen die Fürsten, die Stadt sei genommen, auf allen Seiten werden Leitern an die Mauern gelegt und alles eilt, sie zu ersteigen und in die Stadt einzudringen.«[181]
Die Muslime gaben die Mauer auf und flohen ins Innere der Stadt, hin zum Davidsturm und zum Tempelplatz. Die Lothringer strömten in die Stadt und verwickelten die Soldaten Ifthikars in Kämpfe in den Straßen. Über den hereinstürmenden Truppen erklangen die Rufe »Deus adjuva!« und »Deus vult!«.[182] Herzog Gottfried gab den Befehl, das St. Stephanus-Tor zu öffnen, um weitere Kreuzfahrer in die Stadt zu lassen.
Die Öffnung der Tore führte zu einem solchen Andrang der draußen wartenden Kreuzfahrer, daß es zu lebensgefährlichen Situationen kam. An einem der Tore gab es zahlreiche Tote: »Und da soll an einem Tor ein solches Drücken und fürchterliches Drängen der Einstürmenden gewesen sein, daß sogar Pferde, gegen den Willen ihrer Reiter und durch das entsetzliche Menschengewühl scheu gemacht, das Maul zum Beißen geöffnet und ganz in unglaublichem Schweiß gebadet, mehrere Pilger mit den Zähnen anfielen. Ja, ungefähr sechzehn Männer wurden dort durch die Hufe der Pferde und Maultiere und die Füße der Menschen zertreten, zerstampft und erdrückt und hauchten ihren Lebensodem aus.«[183]
Währenddessen drang der ungeduldige Tankred mit seinem Gefolge und gefolgt von mehreren Tausend Kreuzfahrern, Männern und Frauen, durch die schon sechs Tage zuvor in die Stadtmauer geschlagene Bresche in Jerusalem ein. Nie-

mand hindert sie daran, eine Verteidigung gab es nicht mehr. Tankred hatte ein klares Ziel vor Augen: den Felsendom, den »Tempel des Herrn«. Zwei gefangene Muslime, die während der Belagerung die Stadt hatten verlassen wollen und in die Gefangenschaft der Kreuzfahrer geraten waren, hatten dem Normannen verraten, welch unermeßliche Schätze sich in diesem Bauwerk befanden. Sie hatten sich mit diesem Verrat das Leben gerettet.[184]

Zum Tempelplatz flohen aber auch schon Tausende der Einwohner Jerusalems. Der von seinen gewaltigen herodianischen Mauern umgebene Platz hoch über der Stadt war noch immer als Festung geeignet. Nur wenige Tore erlaubten den Zugang von der tiefer gelegenen Stadt her, Türme erlaubten eine Verteidigung gegen Angreifer.[185] Daß der Tempelplatz ohne weiteres in eine Festung hätte verwandelt werden können, hatte die Belagerung Jerusalems durch den römischen Feldherrn Titus gezeigt. Mehrere Wochen hatten die Juden gegen vier römische Legionen ausgehalten und waren erst unter Einsatz aufwendigster Militärtechnik besiegt worden. Doch im Gegensatz zu den aufständischen Juden des Jahres 70 n. Chr. hatten die Muslime im Juli des Jahres 1099 keine Gelegenheit, eine Verteidigungslinie aufzubauen. Die Verfolger waren ihnen in einer vieltausendköpfigen Menge auf den Fersen und der Tempelplatz war für eine zu erwartende Belagerung nicht vorbereitet. Und so blieb die Flucht dorthin ein sinnloses Unterfangen. In ihrer Not hasteten die Verfolgten, Männer, Frauen und Kinder zur Moschee al-Aksa. Sie füllten das gewaltige Gebäude und kletterten selbst auf das Dach, um sich vor den mordgierigen Christen zu retten.

Die Kreuzfahrer begannen hier ein grauenvolles Massaker. Die auf das Dach der Moschee geflüchteten Menschen wurden von unten mit Pfeilen beschossen, so daß die Getroffenen kopfüber herunterstürzten.[186] Im Inneren des Gebäudes

wurden die hilflosen Menschen zu Hunderten niedergemacht. Man schlug ihnen einfach die Köpfe ab. Dabei machte keiner der Kreuzfahrer einen Unterschied zwischen Mann und Frau, Kämpfer und Nichtkämper, Greis und Kind. Das Blut floß in Strömen, so daß Raimund von Aguilers behauptet, die Kreuzfahrer seien bis an die Knie und die Zügel ihrer Pferde durch Blut geritten.[187] Auch der Chronist Fulcher von Chartres schreibt, hätte man zu diesem Zeitpunkt den Tempelplatz betreten, wären einem die Füße bis zu den Knöcheln mit Blut bedeckt gewesen.[188] Auf dem Platz hätten unzählige zerhackte Körper gelegen, berichtet Robert der Mönch, die von dem strömenden Blut über den Boden getrieben wurden.[189] Die verzweifelten Muslime suchten nach irgendeiner Möglichkeit, sich zu verstecken. Und so flohen viele zu dem großen Brunnen, el-Kas genannt, der sich vor der Moschee al-Aksa befindet. Hier wurden sie aber erneut von den Christen eingeholt. Man warf sie die zum Brunnen hinabführenden Treppen hinunter oder erschlug sie auf den Stufen. Viele stürzten auch in die Zisterne hinab und ertranken. Unter den Toten waren aber auch viele Christen, die in ihrer wahnsinnigen Mordlust zusammen mit ihren Opfern abstürzten.[190]
Irgendwann sollen Tankred und Gaston von Béarn den noch auf dem Dach der Moschee al-Aksa ausharrenden Muslimen ihre Banner gegeben haben. Diese Geste sollte wohl bezeugen, daß sie sich den fränkischen Rittern ergaben und von nun an unter deren Schutz standen.[191] Daß dieser Schutz sehr zweifelhaft sein sollte, erwies sich am folgenden Tag.
Tankred begab sich schließlich zum Felsendom, wo er sich alle Wünsche nach Beute zu erfüllen hoffte. Als er und seine Leute das prachtvolle Gebäude betreten hatten, ließ er die Tore von innen verrammeln. Erst am nächsten Tag sollten die Männer, schwer mit Schätzen bepackt, wieder heraustre-

ten. Albert von Aachen spricht von einer unvergleichlichen Menge an Gold und Silber, die der Normanne hier raubte. Selbst die Vergoldungen der Mauern, Säulen und Pfeiler wurden heruntergerissen. Auch fanden die Plünderer Edelsteine vor.[192] Der arabische Chronist Ibn al-Jawzi listet die geraubten Schätze auf: »Aus dem Felsendom wurden etwa 40 oder mehr silberne Lampen geraubt, jede von ihnen wog 3600 *dirham*, einen Lichthalter aus Silber, von 40 *ratls shami*, goldene Lampen und unzählbar viele Kleidungsstücke, Gewebe und wertvolle Objekte.«[193] Allein das Gewicht der großen Silbergeräte betrug demnach über 500 kg. Am Ende dieser systematischen Plünderung »...sollen kaum sechs Kamele oder Maultiere imstande gewesen sein, diese Schätze zu schleppen«, berichtet Albert von Aachen anhand der Berichte von Augenzeugen.[194] Den Rest des Tages waren Tankred und seine Helfer mit dem Zusammentragen der Schätze beschäftigt. Unterdessen rasten die Kreuzfahrer im Mordrausch durch die Stadt.

Nach dem erbarmungslosen Gemetzel auf dem Tempelplatz waren die Kreuzfahrer wieder in das Gassengewirr Jerusalems eingetaucht. Die Chronisten berichten, es sei bei der nun folgenden Plünderung der Stadt zu unbeschreiblichen Greueltaten gekommen. Mit gezückten Schwertern rasten die Kreuzfahrer durch die Gassen. Es gab keine Gnade. Kein edler Ritter trat auf, um auch nur die kleinste Gruppe der Stadtbevölkerung unter seinen Schutz zu stellen. »Die Frauen, die in die befestigten Häuser und Paläste geflohen waren, durchbohrten sie mit dem Schwert; Kinder, noch saugend, rissen sie an den Füßen von der Mutterbrust oder aus ihren Wiegen und warfen sie gegen die Wand und auf die Türschwellen und brachen ihnen das Genick; andere machten sie mit den Waffen nieder, wieder andere warfen sie mit Steinen tot. Kein Alter und kein Geschlecht der Heiden war verschont.«[195] Wer geköpft wurde, oder von Pfeilen durchbohrt starb, mußte ärgere Todesqualen nicht erleiden. So wurden einige Muslime auch über längere Zeit schwerstens gefoltert, bevor sie schließlich verbrannt wurden. »Haufen von Köpfen, Händen und Füßen lagen in den Straßen und Gassen der Stadt. Über den offen daliegenden Leichen liefen Männer und Ritter hin und her«, berichtet Raimund von Aguilers, ein Augenzeuge des Gemetzels.[196]

Dieses unglaubliche Massaker wurde begleitet von maßlosen Plünderungen. Jeder raffte zusammen, was er in die Finger bekam. Die Chronisten berichten einhellig davon, daß viele arme Kreuzfahrer an diesem Tag reich wurden. Wichtig für die Plünderer waren in erster Linie Gold und Silber, aber auch wertvolle Stoffe sowie Pferde und Maultiere; darüber hinaus Lebensmittel wie Getreide, Wein und Öl. Dabei gab es unter den Kreuzfahrern die Absprache, daß niemandem etwas wieder weggenommen werden würde, was dieser sich angeeignet hatte. Fulcher von Chartres schreibt: »...wer auch immer als erster ein Haus betrat, sei er arm oder reich gewesen, wurde von keinem anderen in irgendeiner Art bedrängt. Er konnte das Haus oder den Palast, und was auch immer er darin vorfand, für sich behalten.«[197] Die Ritter hängten zur Markierung ihres neuen Besitzes dort ihren Schild auf, die Fußsoldaten eine Waffe, ärmere Leute irgendeinen Gegenstand. So konnte jeder sehen, ob ein Haus schon vergeben war oder nicht.

In der Stadt waren so große Schätze aller Art vorhanden, daß keiner der Plünderer am Abend dieses Tages ärmer war als am Vormittag.

In der Stadt befand sich auch eine Eliteeinheit von 400 fatimidischen Reitern. Diese konnten mit einem Sturmritt durch die Stadt ihren Verfolgern entkommen. Um ihr eigenes Leben zu retten, ließen sie vor dem Tor des Davidsturms ihre Pferde zurück. Die Kreuzfahrer, auf die wert-

volle Beute versessen, dachten nicht daran, in die Festung einzudringen, sondern sicherten sich zunächst die Tiere. So konnten die Muslime das Tor hinter sich schließen, ohne behelligt zu werden.[198]
Der Durchbruch im Norden war längst gelungen und Lothringer, Nordfranzosen und Normannen plünderten die Stadt, als Graf Raimund und die Provençalen noch immer vor der Stadt kämpften. Die südliche Stadtmauer wurde weiterhin von den zäh aushaltenden Männer Ifthikars verteidigt. Erst als schon die ersten vom Norden in die Stadt eingedrungenen Kreuzfahrer auch von der Stadtseite her die Mauern angriffen, erfuhren die Provençalen von Herzog Gottfrieds Erfolg. Immer mehr der muslimischen Krieger suchten ihr Heil in der Flucht und kletterten außen an der Stadtmauer herab. Doch dort fielen sie nur den Kreuzfahrern in die Hände.
Graf Raimund mußte nun für seine Truppen einen Weg in die Stadt finden. Der Belagerungsturm stand nicht mehr zur Verfügung, die Tore der Südmauer waren noch nicht geöffnet. Die Sturmleitern konnten nicht allen seinen Leuten den Zugang verschaffen. Graf Raimund war in einer schwierigen Lage. Er mußte befürchten, seines Anteils an der Beute verlustig zu gehen, sollte er nicht bald in die Stadt hineinkommen. Da alle Belagerungstechnik nichts half, versuchte er es mit Diplomatie. Der letzte noch von den Muslimen verteidigte Punkt der Stadt war der Davidsturm. Hierher waren inzwischen auch die letzten Verteidiger der Südmauer geflohen. Ifthikar wußte zu diesem Zeitpunkt des Tages mit Sicherheit, daß er den Turm nicht würde halten können. Und so ging er auf die Verhandlungen ein, die Graf Raimund mit ihm aufnahm. Zunächst ließ sich der Graf gegen die Zusicherung der Sicherheit der in der Festung Ausharrenden das Jaffa-Tor öffnen.[199] Nun strömten auch die aus Südfrankreich stammenden Kreuzfahrer zu Hun-

derten in die Stadt. Sie trafen dort auf die Plündertrupps der Lothringer und Normannen. Die in Todesfurcht vor den einen fliehenden Einwohner stießen auf andere Kreuzfahrer und wurden niedergehauen.[200]
Während seine Truppen sich an der allgemeinen Plünderung beteiligten, machte sich Graf Raimund daran, auch für sich einen Teil der Beute zu sichern. Seine Begehrlichkeit richtete sich auf den Davidsturm, die bisher unbezwungene Festung Jerusalems. Hier begann wieder der endlose Konkurrenzkampf zwischen ihm und Herzog Gottfried. Dem lothringischen Fürsten war es schon gelungen, als erster in der Stadt zu sein, nun sollte er sich aber nicht des strategisch wichtigsten Bauwerkes bemächtigen können. Nach einer kurzer Notiz bei Wilhelm von Tyros muß auch Herzog Gottfried zunächst beabsichtigt haben, sich zum Herrn des Davidsturms zu machen. Doch offensichtlich kam er zu spät, möglicherweise durch Kämpfe in der Stadt aufgehalten. Er hatte nicht daran gedacht, wie Graf Raimund von außen an die Festung zu gelangen.[201]
In den Davidsturm hatten sich neben Ifthikar ad-Daula und den Resten seiner Truppe auch zahlreiche Einwohner Jerusalems geflüchtet. Die Lage in der kleinen Festung war hoffnungslos. Es muß drangvolle Enge geherrscht haben. Wenn auch umfangreiche Vorräte an Lebensmitteln vorhanden und die Zisternen gut gefüllt waren, bestand keine Aussicht, einer Belagerung standzuhalten. Die Hoffnung auf ein Entsatzheer aus Ägypten hatte der Statthalter mittlerweile aufgegeben. So setzte er die Verhandlungen mit Graf Raimund fort. Nun ging es um die Übergabe der Festung. Der Preis, den der Südfranzose für das Leben der Menschen in der Festung forderte, war hoch: Alles, was sie besaßen. Und sie mußten der Forderung nachgeben. Es war schon Abend, als Ifthikar ad-Daula und die anderen Überlebenden unbehelligt Jerusalem verlassen konnten.

Zurück blieb für Raimund von Toulouse ein ungeheures Lösegeld und sämtliche Waffen, Rüstungen und Lebensmittel, die in der Festung gelagert waren.[202] Die geschlagene Truppe machte sich auf den Weg nach Askalon. Graf Raimund war Herr der Festung, sollte aber an seiner Beute keine rechte Freude haben.

Mit dem Abend kamen die Kämpfe und Plünderungen in der Stadt zum Erliegen. Nun versammelten sich die Kreuzfahrerfürsten, um erste Anordnungen zur Sicherung ihrer Eroberung zu erteilen. Ihnen war deutlich bewußt, daß Jerusalem nur eine kleine, von den Kreuzfahrern kontrollierte Insel im Reich der Fatimiden war. Das gesamte Land ringsum war noch nicht wirklich in der Hand der Christen. Die kleinen Garnisonen in Nazareth und Bethlehem waren strategisch völlig unbedeutend, und der Zugang nach Jaffa war nicht sicher. So mußten Vorkehrungen getroffen werden, um einen nächtlichen Angriff der Muslime zu verhindern. Es wurden von den Fürsten Wachen für die Türme der Stadtmauer bestimmt und auch Hüter für die Stadttore bestellt. Nachdem diese ersten Sicherheitsvorkehrungen getroffen waren, zogen sich die Fürsten in ihre Quartiere zurück. Sie bereiteten sich dort für den Besuch der Heiligen Stätten vor.

In sämtlichen Schilderungen der Ereignisse des 15. Juli 1099 wird mit keinem Wort die Grabeskirche erwähnt. Sie blieb abseits der Schauplätze von Mord und Brand, Plünderung und Folter. Wer als erster den heiligen Ort betrat, in welchem Zustand die Kirche war, sagt keiner der Chronisten. Vom militärischen Standpunkt aus gesehen ist es völlig verständlich, daß das Heilige Grab, ansonsten Zentrum allen Denkens der Kreuzfahrer, zunächst keine Aufmerksamkeit auf sich zog. Als erstes mußten die Mauern gesichert, die Tore geöffnet und Tempelplatz und Davidsturm unter Kontrolle gebracht werden. Es sollte den Muslimen nicht mög-

lich sein, neuen Widerstand innerhalb der Stadt aufzubauen. Für Sentimentalitäten und religiöses Schwärmertum blieb da kein Platz. Die Heilige Grabeskirche war damit für die Stunden des Kampfes zur Nebensache geworden. Bezeichnend für die Geisteshaltung der Kreuzfahrer ist auch, daß selbst die Massen der mitziehenden Pilger nicht bei erster Gelegenheit zum Heiligen Grab strömten. Sie beteiligten sich alle an den Plünderungen. Michael der Syrer beschreibt in seinem Geschichtswerk eine Szene, »...wie der Patriarch durch eine Straße zieht, alle Muslime mordend, wie er dann die Grabeskirche mit völlig blutbefleckten Händen erreicht und sich die Hände wäscht mit dem Psalmwort: Der Gerechte wird sich freuen, wenn er solche Rache sieht, und wird seine Füße baden in des Gottlosen Blut.«[203]
Erst als das Morden gegen Abend mehr und mehr abebbte, wandten sich die siegreichen Kreuzfahrer dem eigentlichen Ziel ihres Feldzuges zu. Nachdem nun das Werk der Soldaten getan war, besannen sich alle, Fürsten, Ritter und einfaches Volk auf den vier Jahre zuvor geleisteten Eid, an den heiligen Stätten zu beten.
Die Fürsten legten in ihren Quartieren zunächst ihre Waffen und Rüstungen ab. Dann wuschen sie sich und legten frische, einfache Kleidung an. Albert von Aachen beschreibt, wie sich Herzog Gottfried von Bouillon in ein Leinenhemd kleidete und in Begleitung seiner Getreuen Balderich, Adelof und Stabelo zur Grabeskirche zog.[204] Dieser Beschreibung ist auch zu entnehmen, welchen Weg die Prozession zur Grabeskirche nahm. Der erste Weg führte die Pilger rings um Jerusalem. Durch das zum Ölberg hin gelegene Tor wurde die Stadt wieder betreten. Der von hier zur Grabeskirche führende Weg entspricht heute der *via dolorosa*, dem Weg den der Tradition nach Jesus unter dem Kreuz nach Golgotha entlangzog. Da es heißt, die Pilger hätten die Orte aufgesucht, an denen Jesus weilte,

ist davon auszugehen, daß die im 11. Jahrhundert schon bekannten Kreuzwegstationen besucht wurden. Schließlich näherten sich die Pilger der Heiligen Grabeskirche.
Hier kamen dem Zug die überlebenden Christen Jerusalems entgegen. Priester und Gläubige hatten anscheinend in der Kirche Zuflucht gesucht, als in der übrigen Stadt der Kampf tobte. Nun zogen sie mit Kreuzen und Reliquien ihren Befreiern entgegen.
Die Pilger demütigten sich, indem sie auf Knien und Ellenbogen zum Grab Christi krochen.[205] In ihrer Ergriffenheit ließen sie ihren Tränen freien Lauf. Auch Herzog Gottfried begab sich zum Heiligen Grab »...und verharrte dort in Tränen, Gebeten und frommer Lobpreisung, Gott Dank sagend, daß er ihn gewürdigt habe zu sehen, was ihm die höchste Sehnsucht des Herzens gewesen war«.[206] Die Prozession endete in der Grabeskirche mit einer Messe. An diesem Tag habe man die Auferstehungsmesse gesungen, berichtet Raimund von Aguilers, weil »...an diesem Tag, der, der durch seine Macht von den Toten auferstand, uns durch seine Gnade wiedererweckt hat«.[207] Ihrer großen Freude über den Sieg gaben die Pilger durch Händeklatschen und Singen Ausdruck. Sie vereinigten ihre Stimmen im Lobe Gottes zu einem Dankgottesdienst. Jerusalem, Ort des Leidens, des Todes und der Auferstehung Jesu Christi, war nach 463 Jahren wieder in christlicher Hand.
Nach dem Gottesdienst machten sich alle auf und besuchten auch die anderen Kirchen Jerusalems.[208] Als die Feiern beendet waren, traf sich erneut die Versammlung der Fürsten. Sie erließen den Befehl, daß die Stadt unverzüglich von den Leichen der erschlagenen Muslime zu säubern sei, ansonsten war bei dem heißen Sommerwetter der baldige Ausbruch von Seuchen zu befürchten. Die wenigen in Gefangenschaft geratenen Muslime sollten dieses traurige Werk vollbringen. Da sich aber herausstellte, daß sie nicht

ausreichten, um die Arbeit allein zu tun, wurden auch arme Pilger dazu herangezogen. Sie wurden für ihre schwere Arbeit allerdings entlohnt.

Das Schicksal der in Jerusalem zur Zeit der Belagerung lebenden Juden ist eng mit diesen Aufräumungsarbeiten verknüpft. Die Chronisten des Ersten Kreuzzuges erwähnen die jüdische Gemeinde Jerusalems mit keinem Wort. Dagegen berichten die arabischen Historiker, die Juden seien während der Kämpfe zunächst in ihre Synagoge geflüchtet. Dann hätten die Christen sie dort eingeschlossen und das Gebäude in Brand gesteckt, so daß keiner entkam.[209] Doch in einer Handschrift der Kreuzzugschronik des Bischofs Balderich von Dol heißt es, daß auch jüdische Gefangene gemacht wurden. Sie wurden nach diesem Bericht ebenfalls gezwungen, beim Wegräumen der Leichen zu helfen. Ihr weiteres Schicksal sei es gewesen, so Balderich weiter, von Tankred als Sklaven verkauft zu werden. Pro Kopf soll er 30 Goldstücke erhalten haben. Später wurden sie nach Apulien verschifft, doch ein Teil kam durch Ertrinken um, der Rest starb durch Enthauptung.[210]

Die Nacht brach herein und überall in der eroberten Stadt wurde in den Häusern gefeiert. Man aß und trank, denn die Vorratsspeicher waren gut gefüllt gewesen.

Die Greuel dieses einen Tages sollten die Beziehungen zu den Moslems nachhaltig vergiften. Waren schon viele Christen über die Massenabschlachtung der Bevölkerung von Jerusalem entsetzt, so erzeugte sie bei den Muslimen einen tiefsitzenden Haß. »Es war dieser blutrünstige Beweis christlichen Fanatismus, der den Fanatismus des Islam neu entfachte.«[211]

Dabei stand das rasende Morden in Jerusalem keinesfalls einzigartig da. Bei jedem Sturm auf eine Stadt während des gesamten Kreuzzuges hatte es immer gräßliche Massaker gegeben. Die Kreuzfahrer hätten nur dann wirklich Staunen erregen können, wenn sie die Bevölkerung von Jerusalem am Leben gelassen hätten. Ihre Abschlachtung war das übliche, grausame Verfahren, keine Ausnahme.

Und noch waren die Greuel nicht beendet. Am Morgen des 16. Juli drang eine Gruppe von Kreuzfahrern in die Moschee al-Aksa ein und erschlug alles, was sich bewegte. »In der al-Aqsa-Moschee töteten die Franken mehr als siebzigtausend Muslims, unter ihnen viele Imame, Religionsgelehrte, Fromme und Asketen, die ihr Land verlassen hatten, um an diesem geheiligten Ort zu beten«, schreibt Ibn al-Atir.[212]

Von der erfolgreichen Erstürmung Jerusalems durch die von ihm ausgesandten Kreuzfahrer erfuhr Papst Urban II. wohl nichts mehr. Er verstarb am 29. Juli 1099 in Rom.

VIII. BUCH

Das Heilige Land: Ein neues Königreich

Wer soll herrschen?

Am 17. Juli 1099 trat in der Grabeskirche der Fürstenrat zum ersten Mal in der Heiligen Stadt zusammen. Dringende Fragen waren zu klären. Die Eroberung war ein Erfolg, doch wie sollte sie gesichert werden? Wie sollte das besetzte Gebiet regiert und verwaltet werden?
Aber neben diesen, die langfristige Politik betreffenden Fragen gab es auch noch die Erfordernisse der kommenden Tage. Wie war dem heranrückenden Fatimidenheer zu begegnen? Wo in der Stadt waren die Soldaten und Pilger unterzubringen? Auch Tankreds Raubzug stand auf der Tagesordnung. Es mußte entschieden werden, ob er die aus dem Felsendom stammenden Schätze behalten dürfe. Schließlich einigte man sich. Tankred erklärte sich bereit, die geraubten Gegenstände in den Felsendom zurückzubringen, oder etwas von gleichem Wert. Einen Teil der Beute mußte er aber an Herzog Gottfried abtreten.[213]
Nun schritt man zu den Beschlüssen über die große Politik. Als wieder der Vorschlag gemacht wurde, es solle ein König gewählt werden, erhob die Geistlichkeit erneut Einspruch. Die Kirchenfürsten bestanden darauf, daß zuerst ein Patri-

arch gewählt werde, der bei der späteren Königswahl den Vorsitz führen solle.

Diese Forderung stellte die Versammlung vor schwerwiegende Probleme. Der bisher amtierende griechisch-orthodoxe Patriarch von Jerusalem, Symeon, war im Exil auf Zypern gestorben. Er wäre sicherlich wieder in seine alten Würden eingesetzt worden. Durch seine großzügige Hilfe hatte er sich große Verdienste um den Kreuzzug erworben. Auch hatte ihn der päpstliche Legat Adhémar von Le Puy anerkannt. Es trat auch kein anderer höherer Geistlicher der griechisch-orthodoxen Hierarchie auf und beanspruchte den Patriarchenthron für sich. Dieser Umstand öffnete die Möglichkeit für die Wahl eines lateinischen Patriarchen.

Doch hier bestand ein akuter Mangel an geeigneten Kandidaten. Adhémar von Le Puy wäre ohne Zweifel einstimmig gewählt worden, aber nach seinem Tod blieb kein hoher Geistlicher mit seinem Einfluß und seiner Beliebtheit. Auch der ähnlich hochgeachtete Bischof Wilhelm von Orange war in Maarat an-Numan gestorben. Da schlug der normannisch-italienische Bischof Arnulf von Marturana seinen Freund Arnulf Malecorne von Rohes vor. Der Feldkaplan Roberts von der Normandie war der Hauslehrer der Tochter Wilhelms des Eroberers, Cäcilia, gewesen. Er hatte sich auf dem Kreuzzug als ausgezeichneter Prediger bewährt und war hoch gebildet. Gegen ihn sprach allerdings sein allzu weltlicher Lebenswandel; weiterhin war er als Feind des Peter Bartholomäus bekannt. Dies ließ die südfranzösische Geistlichkeit, sicher nicht ohne Einfluß des Grafen von Toulouse, von ihm Abstand nehmen. Sie vermutete hinter diesem Kandidaten wohl auch die Normannen als Drahtzieher. Die Verhandlungen über die Besetzung des Patriarchenstuhls wurden also ergebnislos abgebrochen.

Nun sollte doch der weltliche Herrscher Jerusalems zuerst gewählt werden. Während der weiteren Verhandlungstage

entspannen sich die Intrigen, welchem Kandidaten man seine Stimme geben sollte. Unter den in Jerusalem anwesenden Fürsten waren zwei nicht in der Diskussion.
Tankred, der Neffe Boemunds von Tarent, hatte nur wenige Gefolgsleute und galt nur als armer Verwandter seines Onkels; Eustachius von Boulogne war in einer ähnlichen Lage, hatte er doch immer nur im Schatten seines Bruders Gottfried von Bouillon gestanden.
Graf Raimund von Toulouse war unter den verbleibenden vier großen Kreuzzugsführern mit Abstand der aussichtsreichste Anwärter auf den Thron. Er war nicht nur der älteste, erfahrenste und reichste aller Fürsten, er hatte auch als erster weltlicher Fürst das Kreuz genommen. Bis zu dessen Tod hatte er in engster Verbindung mit Adhémar von Le Puy gestanden. Doch hatte er durch sein Verhalten in den letzten drei Jahren seine gute Ausgangsposition bei seinen fürstlichen Gefährten verspielt. Sein Anspruch, der eigentliche weltliche Führer des Kreuzzugs zu sein, war von allen als Anmaßung empfunden worden. Ebenfalls negativ auf die Haltung der anderen Fürsten wirkte sich sein verbohrtes Festhalten an dem Alexios I. geleisteten Eid aus. Auch kam noch hinzu, daß er während seiner kurzen Zeit als unumschränkter Herr des Kreuzzugsheeres keine sonderlichen Erfolge verbuchen konnte. Es gab kein Vertrauen in die Fähigkeiten des Grafen als König.
Als zweiter herausragender Kandidat präsentierte sich Gottfried von Bouillon. Seine Nachteile waren unübersehbar. Zwar hatte er als Herzog von Niederlothringen alle anderen Fürsten des Kreuzzuges in Rang und Stand überragt, aber er war als Herzog nie sehr tüchtig gewesen. Bei den Verhandlungen mit Kaiser Alexios I. hatte er darüber hinaus die »argwöhnische Halsstarrigkeit eines schwachen und unintelligenten Mannes« bewiesen.[214] Bei den Kreuzfahrern waren aber diese Unzulänglichkeiten nicht bekannt. Allein

sein Hang zu frommen Übungen fiel auf. Allgemein galt Gottfried als tapferer und gottesfürchtiger Mann. Die beiden weiteren denkbaren Kandidaten für die Krone, Robert von Flandern und Robert von der Normandie, standen nicht zur Verfügung. Beide wollten nach dem erfolgreichen Feldzug wieder in ihre Heimat zurückkehren.

Das Wahlgremium, dessen Zusammensetzung nicht genau bekannt ist, trug die Krone zunächst Raimund von Toulouse an. Die Ablehnung des Antrags kam sicherlich überraschend, allzusehr hatte der Graf vorher doch immer seinen Führungsanspruch betont. Aber als Realpolitiker muß er sich bewußt gewesen sein, nicht über die aufrichtige Unterstützung durch die Mehrheit der Kreuzfahrer zu verfügen. Seine Standesgenossen hätten sich ihm auf die Dauer sicherlich nicht untergeordnet. Weiterhin erklärten auch seine Truppen, begierig, wieder in die Heimat zu kommen, sie seien gegen die Annahme der Krone. So wählte Raimund von Toulouse einen sehr diplomatischen Weg, um die ehrenvollste Krone der Christenheit abzulehnen. Er wünsche nicht, König in Christi heiliger Stadt zu sein, erklärte er. Damit verband er offensichtlich die Hoffnung, dies würde es auch jedem anderen Kandidaten unmöglich machen, das Herrscheramt zu übernehmen.

Auch Gottfried von Bouillon, dem die Wahlmänner nun die Krone antrugen, zeigte anfangs seinen Unwillen über deren Absicht. Er war der sichere Kandidat, denn für ihn traten auch Robert von Flandern und Robert von der Normandie ein. Als er sich schließlich doch dazu bereiterklärte, das Amt des weltlichen Herrschers von Jerusalem zu übernehmen, verzichtete er auf den Königstitel. Er herrschte als *Advocatus Sancti Sepulchri*, als der »Sachwalter des Heiligen Grabes«.

Graf Raimund von Toulouse fühlte sich betrogen. Aber Gottfried nahm seine Stellung wirklich ernst. »Seine Haupttugend war, daß seine Frömmigkeit mit den gläubigen Vorstellungen des durchschnittlichen Kreuzfahrers in Einklang stand.«[215] Für den neuen Herrscher Jerusalems blieb die Kirche zeitlebens die oberste Herrin im Land.

Graf Raimund stellte sich offen gegen Gottfried. So weigerte er sich, dem neuen Herrscher den Davidsturm zu übereignen. Schließlich ging er auf einen Vorschlag Roberts von Flandern und Roberts von der Normandie ein. Diese überzeugten ihn davon, die umstrittene Festung solange der Obhut des Bischofs von Albara zu übergeben, bis der Streit in einer Ratssitzung der Kreuzfahrer geregelt werde. Aber kaum hatte der Bischof die Festung unter Kontrolle, übergab er sie an Gottfried von Bouillon. Als Entschuldigung gab der Bischof an, er hätte sich nicht verteidigen können. Doch Raimund von Aguilers selbst sah beim Auszug des Kirchenfürsten die Berge von Waffen, die seine Leute zur Verfügung hatten.

Raimund drohte nun zwar, das Heilige Land verlassen zu wollen, tat es letztlich aber nicht. Zusammen mit seinen Getreuen zog er zum Jordan, wo alle, wie Peter Bartholomäus es sie einst geheißen hatte, im Fluß badeten. Dann richtete Graf Raimund sein Feldlager bei Jericho ein.

Der Patriarch

Die geistlichen Würdenträger Jerusalems versammelten sich am 1. August 1099, um endlich einen Patriarchen für die Heilige Stadt zu wählen. Die Provençalen konnten sich nunmehr nicht mehr gegen Arnulf von Rohes durchsetzen. Raimund von Aguilers und sein Kreis wiesen darauf hin, daß die Wahl dieses Kandidaten gegen das kirchliche Recht verstieße. Arnulf war noch nicht einmal zum Subdiakon geweiht worden. Als weiteres Argument führten sie die allzu weltliche Le-

bensart des Kandidaten an, über die im Heer Spottverse umliefen. Doch der Bischof von Marturano, der Arnulf vorgeschlagen hatte, wußte die Lothringer, aber auch die Normannen Frankreichs und Italiens auf seiten des Kandidaten. Arnulf war auch dem Volk als Patriarch willkommen. So stand seiner Ernennung nichts entgegen.
Seine Stellung nutzte der neu ernannte Patriarch allerdings nicht, um Gottfried zu maßregeln. Als Herrscher Jerusalems konnte er nicht auftreten, dazu war sein politisches Gewicht zu gering. So beschränkte Arnulf seine Tätigkeit auf die kirchlichen Angelegenheiten des neuen Staates. Zunächst war es sein Ziel, eine lateinische Kirchenhierarchie aufzubauen. Zwanzig Domherren wurden am Heiligen Grab eingesetzt. Sie hatten die Aufgabe, hier die täglichen Gottesdienste zu halten. Zum ersten Mal erklangen auch wieder Glocken in Jerusalem. Die Muslime hatten deren Gebrauch verboten.
Gegenüber den östlichen Kirchen zeigte sich Arnulf unnachgiebig. Die Ausweisung aller Sekten der östlichen Christenheit aus der Grabeskirche gab Anlaß zur Kritik von seiten der Betroffenen. Neben den Armeniern, den Jakobiten und den Kopten wurden auch die griechisch-orthodoxen und georgischen Priester aus der Kirche gewiesen.
Großen Aufwand trieb Arnulf, um in den Besitz des Wahren Kreuzes Christi zu kommen. Die historischen Berichte über dessen Auffindung sind allerdings sehr widersprüchlich. So schreibt Albert von Aachen, ein christlicher Einwohner der Stadt habe ein Reliquiar mit einem Splitter vom Wahren Kreuz vor den Muslimen versteckt. Dieser Splitter war in ein roh aus Holz gefertigtes Kreuz eingefügt, das mit Gold verkleidet war. In seiner Angst, diese Reliquie könne während der Kämpfe bei der Eroberung der Stadt verlorengehen, hatte der Christ das Reliquiar vergraben. Von dort

holten es die Kreuzfahrer in einer Prozession.²¹⁶ Auch Fulcher von Chartres berichtet von diesem Reliquiar. Seinen Worten zufolge wurde der Fund zuerst zum Heiligen Grab gebracht, dann aber zum Tempel.²¹⁷ Doch hat dieses Reliquiar wohl nichts mit dem eigentlichen Wahren Kreuz zu tun. Das in späterer Zeit eine große Rolle im Königreich Jerusalem spielende Wahre Kreuz wurde nach dem Bericht Raimunds von Aguilers in der Grabeskirche aufgefunden. Die in Jerusalem ansässigen Christen hatten diese Reliquie versteckt. Zunächst hatten sie den Kreuzfahrern nichts über den Aufbewahrungsort mitteilen wollen. Sie beschworen, nichts davon zu wissen. Doch es wurden Wege gefunden, sie dazu zu zwingen, das Versteck preiszugeben. Schließlich führten die Jerusalemer die Kreuzfahrer zu dem Versteck in einem Teil der Grabeskirche und übergaben diesen das Kreuz.²¹⁸

Die Beziehungen zwischen Gottfried von Bouillon und den anderen Fürsten kühlten zwischenzeitlich merklich ab. Robert von der Normandie wurde von ihm gekränkt, Robert von Flandern wandte sich ab. Tankred verließ Jerusalem in Richtung Nablus. Die Bewohner der Stadt hatten sich den Kreuzfahrern ergeben. Auf diesem Zug begleitete ihn auch Eustachius von Boulogne, getrieben von der Sorge, Tankred könne wieder die ganze Beute für sich behalten wollen.

Sieg bei Askalon

Kaum waren Tankred und Eustachius von Boulogne abgerückt, erschienen Boten der Fatimiden in Jerusalem. Sie verlangten nicht weniger, als daß die Kreuzfahrer Palästina wieder räumen sollten. Gleich danach kam die Nachricht, der Wesir al-Afdal rücke mit dem fatimidischen Heer von

Süden her heran. Gottfried handelte schnell und überlegt. Boten wurden ausgesandt, die Tankred und Eustachius einholten. Ihnen wurde aufgetragen, in die palästinische Küstenebene hinabzuziehen und über die feindlichen Bewegungen Auskünfte einzuholen. Schnell machten sich die Fürsten auf den Weg in Richtung auf Caesarea und wandten sich dann in Richtung Ramla. Es gelang ihnen, Späher der Ägypter festzunehmen. Von diesen bekamen sie genaue Auskünfte über die Aufstellung und die zahlenmäßige Stellung der fatimidischen Armee.
Die erlangten Informationen sollten den neuen Herren über Jerusalem den Sieg bringen. Von den Spähern erfuhren Tankred und Eustachius, al-Afdal habe nicht vor, auf die Flotte und weitere Versorgungseinheiten zu warten, da er nicht damit rechnete, von den Kreuzfahrern angegriffen zu werden. Die beiden Fürsten gaben Gottfried nun den dringenden Rat, schnellstens gegen die Ägypter vorzugehen. Noch war ein Überraschungsangriff vielversprechend.
Gottfried handelte unverzüglich. Robert von Flandern kam mit seinen Truppen sofort heran. Die noch im Jordantal weilenden Fürsten Robert von der Normandie und Raimund von Toulouse wollten dagegen erst weitere Bestätigungen der Nachricht abwarten. Sie warteten mit dem Abmarsch, bis ihre eigenen Kundschafter die Lage bestätigten.
Am 9. August 1099 brachen die Truppen Gottfrieds und Roberts von Flandern von Jerusalem auf. Auch Patriarch Arnulf folgte dem Heerzug. In Ramla traf das Heer auf Tankred und Eustachius von Boulogne, die nochmals den Ernst der Lage betonten. Daraufhin kehrte der Bischof von Marturano nach Jerusalem zurück, um von dort noch weitere kampffähige Männer zu holen. Raimund von Toulouse und Robert von der Normandie, nun ebenfalls mit Gottfried einer Meinung über die militärische Lage, brachen am

10. August von Jerusalem auf. Peter von Amiens blieb mit einer kleinen Besatzung in der Stadt zurück. Bittgottesdienste und Prozessionen wurden abgehalten, Griechen und Lateiner beteten ohne Unterlaß für das Gelingen des Feldzuges.

In dem Ort Ibelin, einige Meilen von Ramla entfernt, sammelte sich am Morgen des nächsten Tages das Heer der Kreuzfahrer. Den Tag verbrachte es mit dem Vormarsch in die Ebene von Asdod. Hier stießen die Truppen am späten Abend auf die Viehherden der Ägypter und trieben sie davon.

Nur eine kurze Nachtruhe war dem Heer der Kreuzfahrer gegönnt. Als der 12. August 1099 heraufdämmerte, marschierte das Christenheer hinaus auf die Ebene el-Majdal nördlich von Askalon. Dann ordneten sich die Truppen zur Schlacht. Die rechte Flanke, dem Meer entgegen, bildeten die Scharen Raimunds von Toulouse. Die Mitte der Schlachtreihe nahmen Robert von Flandern, Robert von der Normandie und Tankred ein. Die linke Flanke bildeten die Truppen Gottfrieds.

Das Signal zum Vorrücken wurde gegeben, und das Heer drang auf die Ägypter ein. Der Wesir hatte die Christen nicht so dicht bei sich vermutet. Seine Kundschafter hatten versagt. Und so kam es nicht einmal zu einem geordneten Widerstand. Die ganze Schlacht dauerte keine halbe Stunde. Kopflos wandte sich das fatimidische Heer zur Flucht. Die Kreuzfahrer kämpften ohne Gnade. Einige Ägypter wurden in dem Maulbeerfeigenhain verbrannt, in den sie sich geflüchtet hatten. Raimunds rechte Flanke drängte die muslimischen Scharen ins Meer. Den in der Mitte kämpfenden Fürsten gelang sogar der Durchbruch ins feindliche Lager. »Ein Teil der Ägypter wurde niedergemetzelt, die Waffen, die Reichtümer und alles, was im Lager war, fiel den Siegern in die Hände«, berichtet Ibn al-Atir.[219] Auch das Banner al-

Afdals konnte erbeutet werden. Der Wesir selbst und einige wenige seiner Offiziere flohen nach Askalon. Die Truppen fielen den Kreuzfahrern zum Opfer, und Ibn al-Qalanisi berichtet: »Die ägyptische Armee wurde auf Askalon zurückgeworfen, al-Afdal suchte Zuflucht in der Stadt. Den Schwertern der Franken wurde die Meisterschaft über die Muslime gegeben. Der Tod wurde den Fußleuten zuteil, den Freiwilligen und dem Stadtvolk, etwa zehntausend Seelen. Das Lager wurde geplündert.«[220] Von Askalon aus schifften sich die Überlebenden nach Ägypten ein. Die Kreuzfahrer war die Herren des Tages. Ihr Angriff hatte ihnen den Besitz Jerusalems gesichert.

Ifthikar ad-Daula wollte nach der Niederlage der fatimidischen Armee über eine Übergabe Askalons verhandeln. Doch nur Raimund von Toulouse wollte er als Verhandlungspartner anerkennen. Immerhin hatte ihn dieser schon aus Jerusalem abziehen lassen. Gottfried von Bouillon stellte sich dagegen. Nur ihm, als Herren von Jerusalem, stünde es zu, Askalon in Anspruch zu nehmen. Am Ende des Streits verblieb Askalon den Fatimiden.[221]

Schicksale

Der gewaltigste Feldzug der Weltgeschichte war erfolgreich zu Ende gegangen. Das so hochgesteckte Ziel, die Eroberung Jerusalems, war erreicht. Ein Wunder ohne Frage. Die Opfer dieses vierjährigen Feldzuges gingen in die Zehntausende. Mehr als die Hälfte der Kreuzfahrer war auf dem Marsch zu Tode gekommen; nicht nur durch die häufigen schweren Kämpfe, sondern auch durch Krankheit und Hunger. Die Verluste auf Seiten der Muslime werden nie ermittelt werden können. Zahllos waren die Gefallenen der Schlachten vor Nikaia, in Anatolien, die Niedergemetzelten in den drei großen Schlachten um Antiochia und die bei der Erstürmung Jerusalems Getöteten. Zu diesen Verlustzahlen hinzuzurechnen sind auch die Tausenden von Juden, die im Rheinland bei den Pogromen der Kreuzfahrer den Tod fanden. Auch die Verluste an Menschenleben beim Scheitern des Volkskreuzzuges gingen in die Zehntausende. Überschlägig geschätzt dürften insgesamt etwa 300 000 bis 500 000 Menschen während der Jahre von 1095 bis 1099 ihr Leben verloren haben.

Das unter diesen Opfern erzielte Ergebnis war zwar beeindruckend, aber als Eroberung mager. Das Land, das Gottfried von Bouillon als *Advocatus Sancti Sepulchri* verwaltete, war sehr klein. Auch war der Bestand keinesfalls gesichert. Dazu trug vor allem die schnelle Abwanderung der anderen Fürsten bei.

Im September 1099 verließen Robert von Flandern und Robert von der Normandie das Heilige Land, um in die Heimat zurückzukehren. Auch Graf Raimund verließ Jerusalem und marschierte mit seinen Truppen nach Norden.

Herzog Gottfried und Tankred blieben mit nur 300 Rittern und 2000 Fußsoldaten in der Heiligen Stadt zurück. Der *Advocatus Sancti Sepulchri* beherrschte nur ein kleines Reich. Ihm unterstanden neben Jerusalem nur die Städte Jaffa, Ramla, Bethlehem und Hebron. Dabei blieb das Land unsicher. Die ansässigen Muslime ertrugen die Herrschaft der Franken nur widerwillig. Zu einer Zusammenarbeit waren sie nicht bereit. Unter diesen Umständen fiel es Herzog Gottfried schwer, die nun Jerusalem bevölkernden Pilger als Einwohner in der Stadt zu halten. Noch waren die Mauern der Stadt stark beschädigt und die Sicherheit keinesfalls gewährleistet. So mußte der Herrscher große materielle Anreize bieten, um die Menschen im Land zu halten. Der neu gegründete fränkische Staat im Nahen Osten stützte sich allein auf das hohe Ansehen, das Jerusalem als Stätte des Leidens und der Auferstehung Jesu Christi in der Christenheit genoß.

Tankred zog schließlich nach Norden. In Galiläa, der Heimat Jesu, eroberte er die Städte Tiberias, Nazareth und Baisan. Aus diesen bildete er den Kern seiner eigenen Herrschaft. Endlich hatte er in seinen Bemühungen Erfolg gehabt. Um die Eroberung auch rechtlich abzusichern, ließ er sich das Gebiet als »Herrschaft von Tiberias« von Herzog Gottfried zu Lehen geben. Zusätzlich machte sich Tankred auch noch die an der Ostseite des Sees Genezareth gelegene Provinz Sawad untertan, die er Duqaq von Damaskus abgewann. In späterer Zeit sollte sich aus diesen Eroberungen das Fürstentum Galiläa entwickeln.

Auch Peter von Amiens, der Führer des Volkskreuzzuges und spätere Armenfürsorger des Ritterheeres, kehrte noch im Jahr 1099 in seine Heimat zurück. Er gründete bei Huy in Frankreich eine Kirche zu Ehren des Heiligen Grabes. Bis zu seinem Tod im Jahr 1115 lebte er dort in klösterlicher Abgeschiedenheit mit einer kleinen Mönchsgemeinschaft.

Der Graf von Toulouse blieb verbittert im Heiligen Land. Er hatte nicht König von Jerusalem werden können. Und doch brach er seinen einmal geleisteten Schwur nicht, niemals nach Hause zurückzukehren. So mußte er für sich eine andere Herrschaft im Nahen Osten finden. Aber zunächst verließ auch er die Heilige Stadt. Graf Raimund versuchte zunächst, sich im Südwesten Palästinas eine Herrschaft aufzubauen. Doch dies konnte Herzog Gottfried verhindern. Er wollte seinem ständigen Rivalen keine Herrschaft zugestehen. So wandte sich Graf Raimund nach Norden. Sein Weg führte ihn nach Laodikaia. Diese Stadt wurde inzwischen von Boemund belagert. Er fürchtete die im Besitz der Byzantiner befindliche Stadt als Sprungbrett einer Invasion der Byzantiner im Gebiet seiner Herrschaft Antiochia. Die Belagerung der Stadt wurde von der Seeseite her von einer Flotte unterstützt, die von der Stadt Pisa ausgerüstet worden war. Ihr Befehlshaber war Erzbischof Daimbert von Pisa, der von dem inzwischen verstorbenen Papst Urban II. zum Nachfolger Adhémars von Le Puy berufen worden war. Dieser war auf dem Weg nach Jerusalem, um dort aktiv in die Politik einzugreifen. Als Feind der Byzantiner war es für ihn selbstverständlich gewesen, dem Normannen bei seiner Unternehmung gegen Laodikaia zu helfen.

Als im September 1099 Graf Raimund vor der Stadt eintraf, änderte sich die Lage. Der Graf verlangte die sofortige Aufhebung der Belagerung. Als auch noch Erzbischof Daimbert die Seiten wechselte und Graf Raimund beistand, mußte Boemund aufgeben. Im Triumph zog Graf Raimund in die Stadt ein, die nun in Händen des Byzantiner blieb. Daimbert und Boemund machten sich nun auf den Weg nach Jerusalem.

Für Balduin war es höchste Zeit, denn noch immer hatte er sein Gelübde nicht erfüllt. Zum Weihnachtsfest 1099 traf er, wie auch Daimbert, in Jerusalem ein. Herzog Gottfried mußte sich dieser beiden Männer versichern. Seine Herrschaft benötigte dringend die Unterstützung durch Balduins Truppen und Daimberts Flotte. So gab der *Advocatus Sancti Sepulchri* zunächst in allen Punkten den Forderungen der beiden nach. Arnulf wurde als Patriach von Jerusalem abgelöst und die Leitung der Kirche übernahm Daimbert. Dann ließ sich Herzog Gottfried förmlich von dem neu eingesetzten Patriarchen als Herrscher Jerusalems einsetzen. Auch Boemund von Tarent ließ sich von dem Kirchenfürsten in seiner Herrschaft über Antiochia bestätigen. Boemund mußte sehr interessiert an dieser Bestätigung sein. Nur auf diese Weise war der bisher rechtlose Zustand Antiochias beendet. Beomund war nun zwar Lehnsmann des

Patriarchen geworden, aber Daimbert war durch seine eigenen Verpflichtungen in der Heiligen Stadt so sehr gebunden, daß er in die antiochenische Politik nicht eingreifen konnte. Damit wäre Boemund ungestört bei seinem weiteren Ausbau seiner Herrschaft.
In Jerusalem entstand nun eine schwierige politische Lage. Der neue Patriarch glaubte, nun die Macht allein in Händen zu halten. Er begann Herzog Gottfried zu erpressen. Innerhalb kürzester Zeit bemächtigte er sich erst eines Viertels der Stadt, erhielt dann den Davidsturm und hatte schließlich die ganze Stadt in der Hand. Auch Jaffa brachte Daimbert an sich. Herzog Gottfried sollte seiner Ansicht nach nur der Nießbrauch dieser Herrschaften bleiben. Dieser arbeitete in dieser Zeit allerdings eifrig gegen Daimbert. Als im Juni 1100 eine Flotte aus Venedig in Jaffa einlief, sah er dies als Möglichkeit, seine Ansprüche wieder geltend zu machen. Der Patriarch war zu dieser Zeit auf sich gestellt, da seine Flotte das Heilige Land wieder verlassen hatte. Den Venezianern bot Herzog Gottfried einen ungeheuren Preis für ihre Hilfe. Sie erhielten das Recht zum zollfreien Handel im ganzen Land, dazu das Marktrecht in allen Orten und die Zusage, von allen mit ihrer Hilfe eroberten Städten ein Drittel zu erhalten. Der Vertrag war gerade geschlossen, da starb am 18. Juli 1100 Herzog Gottfried.
Der Eroberer von Jerusalem hatte nicht lange regiert. Er hatte auch nicht stark regiert, er war schon in seiner alten Heimat kein guter Politiker gewesen. Doch sollte sich erweisen, daß er den Samen zu einem wirklichen neuen Königreich gelegt hatte, das über zwei Jahrhunderte Bestand haben sollte.

Anhang

Anmerkungen

Einleitung

[1] Bréhier, S. 99; Setton, 1955, S. 253–354.
[2] Zu Fulcher siehe: McGinty, 1941, S. 3–4; zu Raimund siehe: Setton, 1955, S. 253.
[3] Eidelberg, 1977, S. 15–19 und S. 73–75. Von der Chronik Salomons ist nur eine einzige Kopie aus dem Jahr 1453 erhalten, sie befindet sich heute in der Bibliothek des *Jews College* in London. (Ms. code 28, fol. 151–163). Von dem Werk Eliezers sind dagegen zahlreiche Kopien erhalten, von denen die älteste aus dem Jahr 1325 stammt und heute in der *Bodleian Library* in Oxford aufbewahrt wird. (Ms. No. 2797, fol. 232)

I. BUCH: Vor dem Waffengang

[4] Ranke, 1935, S. 31.
[5] Ranke, 1935, S. 33.

II. BUCH: Clermont

[6] Runciman, 1989, S. 102.
[7] Bernold von St. Blasien, Chronik, 1095.
[8] Theodoros Skutariotes, Synopsis Chronike (ed. Sathas, Bd. VII, 1894, S. 184–185). Anna Komnene, Lib. X, cap. 5, § 5–6 (S. 335), berichtet nichts von der Botschaft des Kaisers an den Papst. Sie behauptet, wie auch Albert von Aachen, die Initiative zum Kreuzzug sei von Peter von Amiens ausgegangen.

[9] Siehe dazu Charanis, 1949, S. 93–94.
[10] Runciman, 1989, S. 103.
[11] Bernold von St. Blasien, Chronik, 1095.
[12] Ruville, 1920, S. 22.
[13] Fulcher von Chartres, Lib. I, cap. II, 1 und cap. III, 1–8. (RHC III, S. 322A und S. 323E–324E).
[14] Gesta, Lib. I, 1 (RHC III, S. 121).
[15] Balderich von Dol, RHC IV, S. 15G–H.
[16] Lehmann, 1976, S. 61.
[17] Hagenmeyer, 1901, S. 136–137.
[18] Mk 3, 6.
[19] Joh 19, 31–34. Zur Todesursache siehe Bulst, 1955, S. 53.
[20] Berthold von Reichenau, Chronik, 1065.

III. BUCH: Der Kreuzzug des Volkes

[21] Fulcher von Chartres, Lib. I, cap. IV (RHC III, S. 324B).
[22] Siehe auch Matth 18, 21; 16, 9; Lk 14, 13; 19, 8 u. ö.
[23] Jk 2, 5.
[24] Bernold von St. Blasien, Chronik, 1077, S. 17.
[25] Bernold von St. Blasien, Chronik, 1085, S. 43.
[26] Wilhelm von Tyrus, Lib. I, cap. XII (RHC I, 1, S. 35).
[27] Salomo bar Simson, n. Eidelberg, S. 101.
[28] Salomo bar Simson, n. Eidelberg, S. 62; Birnbaum/Hermann, S. 42.
[29] Runciman, 1989, S. 120.
[30] Ruville, S. 34, nennt 400, Runciman, 1989, S. 121, 200.
[31] Albert von Aachen, Lib. I, cap. XXVII (RHC IV, S. 292C).
[32] Zit. n. Neubauer/Stern, S. 116; s. a. Eidelberg, 1977, S. 49; Birnbaum/Hermann, 1919, S. 31.
[33] Birnbaum/Hermann, 1919, S. 31.
[34] Zit. n. Neubauer/Stern, S. 160; Birnbaum/Hermann, 1919, S. 32.
[35] Zit. n. Neubauer/Stern, S. 160. Abweichende Übersetzungen bei Birnbaum/Hermann, 1919, S. 32 und bei Eidelberg, 1977, S. 50.
[36] Zit. n. Neubauer/Stern, S. 161; Birnbaum/Hermann, 1919, S. 32; Eidelberg, 1977, S. 51.
[37] Zit. n. Neubauer/Stern, S. 161–162; Birnbaum/Hermann, 1919, S. 32; Eidelberg, 1977, S. 51.
[38] Waas, 1956, S. 120.

39 Salomo bar Simson, n. Eidelberg, S. 67; s. a. Birnbaum/Hermann, S. 47.
40 Albert von Aachen, Lib. I, cap. XXIII–XXIV (RHC IV, S. 289–291).
41 Lehmann, 1976, S. 60.
42 Anna Komnene, Lib. X, cap. 6, § 1 (S. 337).
43 Gesta, Lib. I, cap. III (RHC III, S. 122).
44 Gesta, Lib. I, cap. III (RHC III, S. 122).
45 Gesta, Lib. I, cap. IV (RHC III, S. 122).
46 Raimund von Aguilers, cap. III (RHC III, S. 240B–D).

IV. BUCH: Konstantinopel

47 Grousset, 1951, S. 16.
48 Migne, Patrologia Latina, Bd. CLI, S. 483.
49 Albert von Aachen, Lib. III, cap. XXXVII (RHC IV, S. 365). Annalen von Disibodenberg zum Jahr 1095 (MGH SS XVII, S. 15–16). Nach Deu 5, 22 verboten.
50 Anna Komnene, Lib. X, cap. VII, § 1 (S. 340).
51 Anna Komnene, Lib. X, cap. VII, § 3 (S. 340).
52 Fulcher von Chartres, Lib. I, cap. VI (RHC III, S. 327C).
53 Raimund von Aguilers, cap. I (RHC III, S. 236B).
54 Raimund von Aguilers, cap. I (RHC III, S. 236H).
55 Raimund von Aguilers, cap. II (RHC III, S. 237C–D).
56 Gesta, Lib. I, cap. VII (RHC III, S. 123); s. a. Bréhier, S. 18–19.
57 Gesta, Lib. I., cap. VII (RHC III, S. 123); s. a. Bréhier, S. 18–19.
58 Fulcher von Chartres, Lib. I, cap. VIII (RHC III, S. 330A).
59 S. u. a. Gesta, Lib. I, cap. V (RHC III, S. 123).
60 Raimund von Aguilers, cap. II (RHC III, S. 238C–D).
61 Raimund von Aguilers, cap. II (RHC III, S. 238D).
62 Raimund von Aguilers, cap. II (RHC III, S. 238H).
63 Raimund von Aguilers, cap. II (RHC III, S. 238H).
64 Fulcher von Chartres, Lib. I, cap. IX (RHC III, S. 332B).

V. BUCH: Anatolien

65 Fulcher von Chartres, Lib. I, cap. X (RHC III, S. 332E).
66 Raimund von Aguilers, cap. III (RHC III, S. 239D).
67 Raimund von Aguilers, cap. III (RHC III, S. 239E).
68 Albert von Aachen, Lib. II, cap. XXVII (RHC IV, S. 319–320).
69 Raimund von Aguilers, cap. III (RHC III, S. 239E); Fulcher von Chartres, Lib. I, cap. X (RHC III, S. 333A).
70 Fulcher von Chartres, Lib. I, cap. X (RHC III, S. 333B–C).
71 Fulcher von Chartres, Lib. I, cap. X (RHC III, S. 333D).
72 Anna Komnene, XI, cap. 1, § 6 (S. 363).
73 Fulcher von Chartres, Lib. I, cap. X (RHC III, S. 333F).
74 Anna Komnene, Lib. XI, cap. 2, § 5 (S. 365–366).
75 Gesta, Lib. II, cap. VI (RHC III, S. 127).
76 Albert von Aachen, Lib. II, cap. XXXVII (RHC IV, S. 319F–G).
77 Raimund von Aguilers, cap. III (RHC III, S. 239G–240A).
78 Anna Komnene, Lib. IX, cap. 3, § 1 (S. 369).
79 Anna Komnene, Lib. XI, cap. 3, § 2 (S. 369).
80 Gesta, Lib. III, 1 (RHC III, S. 128).
81 Albert von Aachen, Lib. II, cap. XXXIX (RHC IV, S. 330A–B).
82 Fulcher von Chartres, Lib. I, cap. XI (RHC III, S. 335C).
83 Albert von Aachen, Lib. II, cap. XL & XLIII (RHC IV, S. 330–333).
84 Raimund von Aguilers, cap. IV (RHC III, S. 240G).
85 Albert von Aachen, Lib. III, cap. II (RHC IV, S. 340A).
86 Albert von Aachen, Lib. III, cap. IV (RHC IV, S. 341–342).
87 Raimund von Aguilers, cap. IV (RHC III, S. 241C).
88 Wilhelm von Tyros, RHC I, S. 18.
89 Gesta, Lib. IV, 5 (RHC III, S. 132).
90 Apg 9, 11 bezeichnet Paulus als »einen Mann aus Tarsos«. Nach seiner Bekehrung brachten ihn die Christen wegen drohender Angriffe in seine Heimatstadt (Apg 9, 30). In Apg 21, 39 und Apg 22, 3 leitet Paulus seine Reden jeweils mit dem Hinweis ein, aus Tarsos zu stammen.
91 Raoul von Caen XXXIII und XXXVII (RHC III, S. 630A und S. 633C).
92 Gesta, Lib. IV, 10 (RHC III, S. 131).
93 Raimund von Aguilers, cap. IV (RHC III, S. 241D).
94 Fulcher von Chartres, Lib. I, cap. XIV (RHC III, S. 338D).

95 Albert von Aachen, Lib. III, cap. XXI (RHC IV, S. 353D).
96 Albert von Aachen, Lib. III, cap. XXI–XXIII (RHC IV, S. 353–355).
97 Matthäus von Edessa, Chronik 37–48.

VI. BUCH: Antiochia

98 Apg 11, 19–26.
99 Hist. belli sacri, cap. 35 (RHC III, S. 186).
100 Gesta, Lib. IV, 6 (RHC III, S. 132).
101 Albert von Aachen, Lib. III, cap. XXXVIII (RHC IV, S. 366D).
102 Gesta, Lib. IV, 7 (RHC III, S. 133).
103 Raimund von Aguilers, cap. III (RHC III, S. 242E).
104 Raimund von Aguilers, Lib. III (RHC III, S. 242H).
105 Gesta, Lib. IV, 8 (RHC III, S. 133) nennt den Namen Aregh.
106 Gesta, Lib. IV, 1 (RHC III, S. 133).
107 Albert von Aachen, Lib. III, cap. XLV (RHC IV, S. 370D).
108 Albert von Aachen, Lib. III, cap. L (RHC IV, S. 371B).
109 Albert von Aachen, Lib. III, cap. LI (RHC IV, S. 374E).
110 Raimund von Aguilers, cap. VI (RHC III, S. 244G).
111 Albert von Aachen, Lib. III, cap. LII (RHC IV, S. 375D); Gesta, Lib. IV, 12 (RHC III, S. 135).
112 Raimund von Aguilers, cap. VI (RHC III, S. 245C).
113 Gesta, Lib. IV, 13 (RHC III, S. 135).
114 Albert von Aachen, Lib. III, cap. LXI (RHC IV, S. 381E).
115 Albert von Aachen, Lib. III, cap. LXII (RHC IV, S. 383A–B); Gesta, Lib. IV, 17 (RHC III, S. 137).
116 Albert von Aachen, Lib. III, cap. LIX (RHC IV, S. 380B–C).
117 Raimund von Aguilers, cap. VI (RHC III, S. 245G).
118 Anna Komnene, Lib. XI, cap. 4, § 3 (S. 372–373).
119 Gesta, Lib. IV, 19 (RHC III, S. 138); Albert von Aachen, Lib. III, cap. LXIII (RHC IV, S. 383G).
120 Albert von Aachen, Lib. III, cap. LXIII–LXV (RHC IV, S. 383–386).
121 Gesta, Lib. IV, 22 (RHC III, S. 139).
122 Zit. n. Milger, 1988, S. 88.
123 Albert von Aachen, Lib. IV, cap. XIII (RHC IV, S. 398A);

Gesta, Lib. IV, 37 (RHC III, S. 148); Tudebod (RHC III, S. 74); Raimund von Aguilers, cap. VI (RHC III, S. 258F).

[124] Albert von Aachen, Lib. IV, cap. XVI (RHC IV, S. 400D).
[125] Raimund von Aguilers, cap. VI (RHC III, S. 251D).
[126] Albert von Aachen, Lib. IV, cap. XX (RHC IV, S. 403A–D).
[127] Albert von Aachen, Lib. IV, cap. XXI (RHC IV, S. 404A).
[128] Albert von Aachen, Lib. IV, cap. XXII und XXIII (RHC IV, S. 404–405).
[129] Zit. n. Lehmann, 1976, S. 120.
[130] Runciman, 1989, S. 999.
[131] Anselm von Ribemont, Epistula II, XV, 16, in: Hagenmeyer, 1901, S. 159 (Text auch in: RHC III, S. 893A und Migne, Patrologia Latina, Bd. CLV, S. 474). Der im Juli 1098 in Antiochia geschriebene Brief ist in mehreren Abschriften überliefert, von denen eine aus dem 12. Jahrhundert stammt (Hagenmeyer, 1901, S. 92), und somit die früheste belegte Erwähnung des Wortes *Baphometh* enthält, das erst wieder im Zusammenhang mit dem Prozeß gegen den Templerorden Anfang des 14. Jahrhunderts in den Quellen erscheint. Dem Orden wurde vorgeworfen, ein *Baphometh* genanntes Idol zu verehren. Hagenmeyer, 1901, S. 332, sieht in diesem Wort eine Entstellung von »Mohammed der Prophet« (s. a. Prutz, 1883, S. 406.514.563).
[132] Fulcher von Chartres, Lib. I, cap. XX (RHC III, S. 346C).
[133] Mayer, 1989, S. 40.
[134] Diese genaue Lokalisierung der Fundstelle gibt Anna Komnene, Lib. XI, cap. 6, § 7 (S. 381), an.
[135] Fulcher von Chartres, Lib. I, cap. XXI (RHC III, S. 347A).
[136] Fulcher von Chartres, Lib. I, cap. XXII (RHC III, S. 348B).
[137] Raimund von Aguilers, cap. VIII (S.63) (RHC III, S. 261A); Gesta Lib. IV, 39 (RHC III, S. 150).
[138] 1 Sam 4–6.
[139] Gesta, Lib. IV, 39 (RHC III, S. 151).
[140] Zit. n. Lehmann, 1976, S. 126.
[141] Raimund von Aguilers, cap. VIII (RHC III, S. 260E).
[142] Zit. n. Lehmann, 1976, S. 126.
[143] Zit. n. Milger, 1988, S. 93.
[144] Zit. n. Milger, 1988, S. 93.
[145] Waas, 1956, S. 146; s. a. Hagenmeyer, 1901, S. 161–165.
[146] Raimund von Aguilers, cap. XIV (RHC III, S. 266D–G).

VII. BUCH: Jerusalem

[147] Raimund von Aguilers, cap. XVIII (RHC III, S. 283A).
[148] Raimund von Aguilers, cap. XVIII (RHC III, S. 283F).
[149] Matthäus von Edessa, 99.
[150] Runciman, 1989, S. 264.
[151] Fulcher von Chartres, Lib. I, cap. XXV (RHC III, S. 354E).
[152] Albert von Aachen, Lib. V, cap. XLV (RHC IV, S. 462E).
[153] Albert von Aachen, Lib. V, cap. XLV (RHC IV, S. 463C–D).
[154] Ranke, 1935, S. 30.
[155] Raimund von Aguilers, cap. XX (RHC III, S. 295A).
[156] Chartes de Cluny, Bd. V, S. 51–53.
[157] Raimund von Aguilers, cap. XIV (RHC III, S. 297E).
[158] Raimund von Aguilers, cap. XIV (RHC III, S. 298D–E).
[159] Albert von Aachen, Lib. VI, cap. IX (RHC IV, S. 471F).
[160] Albert von Aachen, Lib. VI, cap. X (RHC IV, S. 472A).
[161] Raimund von Aguilers, cap. XX (RHC III, S. 298G).
[162] Raimund von Aguilers, cap. XX (RHC III, S. 299B).
[163] Wilhelm von Tyros, Lib. VIII, cap. XIII (RHC I, 1, S. 345).
[164] Wilhelm von Tyros, Lib. VIII, cap. XV (RHC I, S. 346).
[165] Wilhelm von Tyros, Lib. VIII, cap. XV (RHC I, 1, S. 347).
[166] Wilhelm von Tyros, Lib. VIII, cap. XV (RHC I, 1, S. 347); Raimund von Aguilers, cap. XX (RHC III, S. 299F).
[167] Albert von Aachen, Lib. VI, cap. XVI (RHC IV, S. 475C–D).
[168] Albert von Aachen, Lib. VI, cap. XVII (RHC IV, S. 476B).
[169] Albert von Aachen, Lib. VI, cap. XVIII (RHC IV, S. 476E).
[170] Albert von Aachen, Lib. VI, cap. XVIII (RHC IV, S. 476F–G).
[171] Albert von Aachen, Lib. VI, cap. XV (RHC IV, S. 475A).
[172] Raimund von Aguilers, cap. XX (RHC III, S. 299F–G).
[173] Raimund von Aguilers, cap. XX (RHC III, S. 299H); Wilhelm von Tyros, Lib. VIII, cap. XVI (RHC I, 1, S. 349).
[174] Raimund von Aguilers, cap. XX (RHC III, S. 299H–J) und Fulcher von Chartres, Lib. I, cap. XXVII (RHC III, S. 358G–359A).
[175] Wilhelm von Tyros, Lib. VIII, cap. XVIII (RHC I, 1, S. 351).
[176] Wilhelm von Tyros, Lib. VIII, cap. XVIII (RHC I, 1, S. 351).
[177] Frances, 1995, S. 352–353.
[178] Nach Raimund von Aguilers, cap. XX (RHC III, S. 300A); Wilhelm von Tyros, Lib. VIII, cap. XVIII (RHC I, 1, S. 351); Albert von Aachen, Lib. VI, cap. XIX (RHC IV, S. 477C).

[179] Robertus Monachus, Lib. IX, cap. VII (RHC III, S. 867B).
[180] Fulcher von Chartres, Lib. I, cap. XXVII, 10 (RHC III, S. 359A; Wilhelm von Tyros, Lib. VIII, cap. XVIII (RHC I, 1, S. 352).
[181] Albert von Aachen, Lib. VI, cap. XIX (RHC IV, S. 477D–E).
[182] »Gott hilf!« und »Gott will es!« (Gesta Francorum expugnantium Iherusalem, cap. XXXV [RHC III, S. 515B]).
[183] Albert von Aachen, Lib. VI, cap. XXI (RHC IV, S. 478C).
[184] Albert von Aachen, Lib. VI, cap. XXIII (RHC IV, S. 479E).
[185] Wilhelm von Tyros, Lib. VIII, cap. XX (RHC I, 1, S. 354).
[186] Fulcher von Chartres, Lib. I, cap. XXVII (RHC III, S. 359D).
[187] Wobei für Raimund von Aguilers, cap. XX (RHC III, S. 300D) sicherlich Off 14, 20 das Vorbild war, wo es heißt: »... und das Blut ging von der Kelter bis an die Zäume der Pferde ...«
[188] Fulcher von Chartres, Lib. I, cap. XXVII (RHC III, S. 359D).
[189] Robertus Monachus, Lib. IX, cap. IX (RHC III, S. 868D).
[190] Albert von Aachen, Lib. VI, cap. XXII (RHC IV, S. 478F–479A).
[191] Gesta, Lib. IV, 50 (RHC III, S. 161).
[192] Albert von Aachen, Lib. VI, cap. XXIII (RHC IV, S. 479E); Fulcher von Chartres, Lib. I, cap. XXVIII (RHC III, S. 359F).
[193] Zit. n. Gil, 1992, S. 828, ins Dt. übertragen von J. Dendl.
[194] Albert von Aachen, Lib. VI, cap. XXIII (RHC IV, S. 479D–F).
[195] Albert von Aachen, Lib. VI, cap. XXIII (RHC IV, S. 479C).
[196] Raimund von Aguilers, cap. XX (RHC III, S. 300C); siehe auch Michael der Syrer (RHC, Doc. armen. I, S. 329); Al Athir (RHC Hist. orient. I, S. 199); Mirat al Zeman, S. 518.
[197] Fulcher von Chartres, Lib. I, cap. XXIX (RHC III, S. 360B).
[198] Albert von Aachen, Lib. VI, cap. XX (RHC IV, S. 478A–B).
[199] Gesta, Lib. III, cap. L (RHC III, S. 160); Robertus Monachus, Lib. IX, cap. VIII (RHC III, S. 867D–E).
[200] Wilhelm von Tyros, Lib. VIII, cap. XIX (RHC I, 1, S. 354).
[201] Wilhelm von Tyros, Lib. VIII, cap. XVIII (RHC I, 1, S. 352).
[202] Albert von Aachen, Lib. VI, cap. XXVIII (RHC IV, S. 483A).
[203] Michael der Syrer, RHC, Doc. armen. I, S. 329; s.a. Waas, 1956, S. 381; Ps 58, 11.
[204] Albert von Aachen, Lib. VI, cap. XXV (RHC IV, S. 481D).
[205] Robertus Monachus, Lib. IX, cap. IX (RHC III, S. 869A).
[206] Albert von Aachen, Lib. VI, cap. XXV (RHC IV, S. 481D).
[207] Raimund von Aguilers, cap. XX (RHC III, S. 300H).

[208] Raimund von Aguilers, cap. XX (RHC III, S. 300E); Wilhelm von Tyros, Lib. VIII, cap. XXIV (RHC I, S. 360).
[209] Auch Anna Komnene, Lib. XI, cap. 6, § 9 (S. 382), berichtet, bei der Eroberung Jerusalems seien auch »Hebräer« getötet worden.
[210] Balderich von Dol, cap. XIV (RHC IV, S. 101, Anm. 7) nach Cod. ms. Parisiensis, Regius, n° 5513, XIIi seculi.
[211] Runciman, 1989, S. 274.
[212] Zit. n. Milger, 1988, S. 117.

VIII. BUCH: Das Heilige Land

[213] Albert von Aachen, Lib. VI, cap. XXIII (RHC IV, S. 479F); Fulcher von Chartres, Lib. I, cap. XXVIII (RHC III, S. 359F).
[214] Runciman, 1989, S. 279.
[215] Runciman, 1989, S. 280.
[216] Albert von Aachen, VI, cap. XXXVIII (RHC IV, S. 488E–489A).
[217] Fulcher von Chartres, Lib. I, cap. XXX (RHC III, S. 361D–E).
[218] Raimund von Aguilers, cap. XXI (RHC III, S. 302D–F).
[219] Zit. n. Milger, 1988, S. 133.
[220] Zit. n. Milger, 1988, S. 133.
[221] Waas, 1956, S. 156.

Literatur

a) Quellenausgaben und Quellensammlungen

Recueil des Historiens des Croisades, Vol. I, Vol. III & Vol. IV: Historiens occidentaux (= *RHC I, III* & *RHC IV*), Paris: Imprimerie Impériale 1866 & 1879 [ND: Farnborough: Gregg Press 1967]

Albert von Aachen, Geschichte des Ersten Kreuzzuges, Erster Teil: Die Eroberung des Heiligen Landes, Herman Hefele (Übers.), Jena: Diederichs 1923

Anna Komnene, Alexias, Diether Roderich Reinsch (Übers.), Köln: Du Mont 1996

Baldi, Donatus, Enchiridion Locorum Sanctorum, Jerusalem: Franciscan Printing Press 1982

Bernold von St. Blasien, Chronik, Eduard Winkelmann (Übers.), Geschichtsschreiber der deutschen Vorzeit, 2. Gesamtausgabe, Bd. XLIII, Leipzig: Dyksche Buchhandlung 1893

Berthold von Reichenau, Bertholds Fortsetzung der Chronik Hermanns von Reichenau, G. Grandauer (Übers.), Die Geschichtsschreiber der deutschen Vorzeit, 11. Jh., 10. Bd., Leipzig: Dyk 1888

Biblia Sacra iuxta Vulgatam Versionem, Stuttgart: Dt. Bibelges. ^{4}1994

Birnbaum, Nathan/Hermann, Hugo (Übers.), Edom – Berichte jüdischer Zeugen und Zeitgenossen über die Judenverfolgungen während der Kreuzzüge, Berlin: Jüdischer Verlag 1919

Die Heilige Schrift (Zürcher Bibel), Berlin: Evang. Haupt-Bibelges. 1951

Fulcher of Chartres, A History of the Expedition to Jerusalem, Frances Rita Ryan (Übers.) Knoxville (Ten.): Univ. of Tennessee Press 1969

Fulcher of Chartres, Chronicle of the First Crusade, Martha Evelyn McGinty (Übers.), Philadelphia: Univ. of Pennsylvania Press 1941

Fulcheri Carnotensis, Historia Hierosolymitana, Heinrich Hagenmeyer (Hrsg.), Heidelberg: Winter 1913

Gabrieli, Francesco, Arab Historians of the Crusades, Berkeley/ Los Angeles: Univ. of Calif Press 1969

Hagenmeyer, Heinrich (Hrsg.), Epistulae et chartae ad historiam primi belli sacri spectantes (Die Kreuzzugsbriefe aus den Jahren 1088–1100), Innsbruck: Wagner 1901 [ND: Hildesheim/New York: Olms 1973]

Histoire Anonyme de la Première Croisade, Louis Bréhier (Hrsg. u. Übers.), Les Classiques de l'Histoire de France au Moyen Age, Fasc. 4, Paris: Champion 1924

Matthew of Edessa, Armenia and the Crusades, Edmond Dostourian (Hrsg.), Lanham/New York/London: Univ. of America 1993

Novum Testamentum Graece, Eberhard Nestle, Stuttgart: Priv. Württemberg. Bibelanstalt 1906

Peter Tudebode, Historia de Hierosolymitano Itinere, John Hugh & Laurita Hill (Übers.), Philadelphia: American Philosophical Society 1974

Raymond d'Aguilers, Historia Francorum qui ceperunt Iherusalem, Philadelphia: American Philosophical Society 1968

Robertus Monachus, Historia Hierosolymitana in deutscher Übersetzung, Barbara Haupt (Hrsg.), Beiträge zur deutschen Literatur des XV. bis XVIII. Jahrhunderts, Bd. III, Wiesbaden: Steiner 1972

Robertus Monachus, Historia Hierosolymitana, in: Migne, Patrologia Latina, Tom. CLV, Sp. 667–758

Sathas, Constantinus N. (Hrsg.), Bibliotheca Graeca Medii Aevi, Bd. VII: Synopsis Chronike, Venedig/Paris: Maisonneuve 1894 [ND Hildesheim/New York: Olms 1972]

William of Tyre, Godeffroy of Bologne or the Siege and Conqueste of Jerusalem, William Coxton (Übers.), Early English Text Society, Extra Series, Vol. LXIV, London: Oxford Univ. Press 1893 [ND: 1926]

b) Forschungsliteratur

Babinger, Franz, Der Islam, in: Die Religionen der Erde, Bd. III, München: Goldmann 1966 [1949], S. 102–150

Bahat, Dan, Jerusalem – 4000 Jahre Geschichte der Heiligen Stadt, Marburg a. d. Lahn: Francke 1985

Barret, Pierre/Gurgand, Jean-Noël, Gott will es! – Die Geschichte des Ersten Kreuzzuges 1095–1099, Herrsching: Pawlak 1987
Benvenisti, Meron, The Crusades in the Holy Land, Jerusalem: Israel Univ. Press 1970
Bulst S.J., Werner, Das Grabtuch von Turin, Frankfurt a. M.: J. Knecht 1955
Charanis, Peter, A greek source on the origin of the First Crusade, in: Speculum, XXIV (1949), S. 93–94
Chazan, Robert, European Jewry and the First Crusade, Berkeley/Los Angeles/London: Univ. of Calif. Press 1987
Eidelberg, Shlomo, The Jews and the Crusaders, Madison (Wis.): Univ. of Wisconsin Press 1977
Elm, Kaspar (Hrsg.), Jerusalem... Forschungsexkursion nach Palästina/Israel, Berlin: Friedrich-Meinecke-Institut 1993
Erbstösser, Martin, Die Kreuzzüge – Eine Kulturgeschichte, Leipzig: Bertelsmann Lexikon-Verlag 1977
Fink, Humbert, Der Weg nach Jerusalem, München: List 1984
Flesch, Stefan, Die Verfolgung und Vernichtung der jüdischen Gemeinde von Köln während des Ersten Kreuzzugs, in: Der Erste Kreuzzug 1096 und seine Folgen, Schriften des Archivs der Evangelischen Kirche im Rheinland, Bd. 9, Düsseldorf: Archiv der Evangelischen Kirche im Rheinland 1996, S. 77–89
France, John, Victory in the East, Cambridge: Cambridge Univ. Press 1994
Frischler, Kurt, Das Abenteuer der Kreuzzüge, München/Berlin: Herbig 1973
Gil, Moshe, A History of Palestine, 634-1099, Cambridge: Cambridge Univ. Press 1992
Goez, Werner, Wandlungen des Kreuzzugsgedankens in Hoch- und Spätmittelalter, in: Das Heilige Land im Mittelalter, Wolfdietrich Fischer/Jürgen Schneider (Hrsg.), Schriften des Zentralinstituts für fränkische Landeskunde und allgemeine Regionalforschung an der Universität Erlangen-Nürnberg, Bd. 22, Neustadt a.d. Aisch: Degener 1982, S. 33–44
Grote, H., Stammtafeln, Leipzig: Hahn 1877
Grousset, René, Das Heldenlied der Kreuzzüge, Stuttgart: Klipper 1951
Hagenmeyer, Heinrich, Chronologie de la première croisade 1094–1100, Paris 1898–1901 [ND: Hildesheim: Olms 1973]

Hambly, Gavin (Hrsg.), Zentralasien, Fischer Weltgeschichte, Bd. 16, Frankfurt a. M.: Fischer 1984 [1966]
Heyer, Friedrich, Kirchengeschichte des Heiligen Landes, Stuttgart/Berlin/Köln/Mainz: Kohlhammer 1984
Keen, Maurice, Das Rittertum, München/Zürich: Artemis 1987
Khattab, Aleya, Das Bild der Franken in der arabischen Literatur des Mittelalters, Göppinger Arbeiten zur Germanistik, Nr. 505, Göppingen: Kümmerle 1989
Lehmann, Johannes, Die Kreuzfahrer – Abenteurer Gottes, München: C. Bertelsmann 1976
Leicht, Hans, Sturmwind über dem Abendland, Regensburg: Pustet 1993
Lewis, Bernard, Der Islam von den Anfängen bis zur Eroberung von Konstantinopel, Bde. I + II (Bibliothek des Morgenlandes), Zürich/München: Artemis 1981 & 1982
Matz, Klaus-Jürgen, Wer regierte wann?, München: dtv 21992
Mayer, Hans-Eberhard, Geschichte der Kreuzzüge, Stuttgart/Berlin/Köln: Kohlhammer 71989
Mentgen, Gerd, Die Juden des Mittelrhein-Mosel-Gebietes im Hochmittelalter unter besonderer Berücksichtigung der Kreuzzugsverfolgungen, in: Der Erste Kreuzzug 1096 und seine Folgen, Schriften des Archivs der Evangelischen Kirche im Rheinland, Bd. 9, Düsseldorf: Archiv der Evangelischen Kirche im Rheinland 1996, S. 37–76.
Milger, Peter, Die Kreuzzüge – Krieg im Namen Gottes, München: C. Bertelsmann 1988
Möhring, Hannes, Byzanz zwischen Sarazenen und Kreuzfahrern, in: Das Heilige Land im Mittelalter, Wolfdietrich Fischer/Jürgen Schneider (Hrsg.), Schriften des Zentralinstituts für fränkische Landeskunde und allgemeine Regionalforschung an der Universität Erlangen-Nürnberg, Bd. 22, Neustadt a. d. Aisch: Degener 1982, S. 45–75
Munro, D.C., Did the emperor Alexius I. ask for aid at the Council of Piacenza, 1095?, in: American History Review, Bd. 27 (1921–1922), S. 731–733
Norwich, John Julius, Byzanz – Auf dem Höhepunkt der Macht 800–1071, Düsseldorf/Wien/New York/Moskau: Econ 1994
Payne, Robert, Die Kreuzzüge, Herrsching: Pawlak 1990

Peters, Richard, Die Geschichte der Türken, Stuttgart: Kohlhammer 1961

Prawer, Joshua, The Jerusalem the Crusaders captured: a Contribution to the Medieval Topography of the City, in: Peter W. Edbury, Crusade and Settlement, Cardiff: Univ. College Cardiff Press 1985, S. 1–16

Prutz, Hans, Kulturgeschichte der Kreuzzüge, Berlin: Mittler & Sohn 1883

Ranke, Leopold von, Das Zeitalter der Kreuzzüge, Berlin: Haude & Spener 1935

Riley-Smith, Louise & Jonathan, The Crusades – Idea and Reality 1095–1274, Documents of Medieval History, Vol. 4, London: Edward Arnold 1981

Riley-Smith, Jonathan, The Crusades – A short History, London: Athlone Press 1987

Riley-Smith, Jonathan, Großer Bildatlas der Kreuzzüge, Freiburg/Basel/Wien: Herder 1992

Runciman, Steven, Geschichte der Kreuzzüge, München: C. H. Beck 1989

Ruville, Albert von, Die Kreuzzüge, Sebastian Hausmann (Hrsg.), Bücherei der Kultur und Geschichte, Bd. 5, Bonn/Leipzig: Schroeder 1920

Setton, Kenneth M. (Hrsg.), A History of the Crusades, Bd. I: The first Hundred Years, Philadelphia: University of Pennsylvania Press 1955

Tate, George, Die Kreuzritter, Ravensburg: Mayer 1993

Teifer, Hermann, Artemis Cicerone Israel, Zürich/München: Artemis 1981

Vincent, Hugues/Abel, F. M., Jérusalem – Recherches de Topographie, d'Archéologie et d'Histoire, Vol. II: Jérusalem nouvelle, Paris: Librairie Victor Lecoffre 1914

Waas, Geschichte der Kreuzzüge, Bd. 1, Freiburg: Herder 1956

Werner, Ernst/Markov, Walter, Geschichte der Türken, Berlin: Akademie-Verlag 1979

Wise, Terence, The Wars of the Crusades, London: Osprey 1978

Abkürzungen

Im Text und in den Anmerkungen wurden folgende Abkürzungen verwendet:

Apg.	Apostelgeschichte
Bd.	Band
Bf.	Bischof
cap.	Capitulum (Kapitel)
Deu.	Deuteronomium
Ebf.	Erzbischof
Gal.	Brief a. d. Galater
Gf.	Graf
h.	heute
Hzg.	Herzog
Jk.	Jakobusbrief
Joh.	Johannes
Kg.	König
Klf.	Kalif
Ks.	Kaiser
Lib.	Liber (Buch)
Matth.	Matthäus
Mk.	Markus
Off.	Offenbarung
Ph.	Pharao
PM	Pontifex Maximus (Papsttitel)
RHC	Recueil des Historiens des Croisades
Sam.	Samuel
Slt.	Sultan
zit. n.	zitiert nach

Danksagung

An dieser Stelle möchte ich allen Menschen Dank sagen, die mir während der Entstehung dieses Buches, das für mich die Erfüllung eines lange gehegten Traumes ist, mit Rat und Tat zur Seite standen.

Als erstem möchte ich *Michael Haase* danken, denn ohne ihn würde es dieses Buch nicht geben. Meiner Frau *Petra Ute Dendl* bin ich ebenfalls zu tiefstem Dank verpflichtet für die vielen intensiven Gespräche, die die Entstehung dieses Buches begleiteten, und die Rückendeckung, wenn es Probleme gab.

Auch habe ich meinen Freunden *Annette Pohlke, Solveig Kratzer, Alexander Eggert* und meinem Hochschullehrer *Prof. emerit. Dr. Kaspar Elm* für Anregungen und Hinweise zu einer Reihe von Themen in diesem Buch zu danken.

Jörg Dendl

Register

Aachen 55
Achard v. Montmerle 217
Achmed ibn Merwan 156, 170, 171
Adana 119
Adele 16, 88, 107, 139, 157
Adelof 244
Adhémar v. Le Puy 37, 38, 80, 83, 84, 96, 100, 111, 133, 135, 136, 140, 155, 158, 160–163, 166, 167, 172, 174, 176
Adria 87, 89
Adrianopel 82
Advocatus Sancti Sepulchri 252, 259, 261
Ägypten/Ägypter 20, 39–41, 145, 207, 219, 227, 242
Akkon 185, 194
Aksungur al-Hajib 129
Albanien 83
Alberich v. Grant-Mesnil 157
Al-Afdal 145, 146, 175, 255–258
Al-Aksa 202, 237, 238
Al-Hakim 203
Al-Mamun 202
Al-Mustali 145
Albara 140, 177, 178, 195
Albert v. Aachen 16, 54, 57, 79, 111, 113, 132, 145, 187, 197, 228, 229, 232, 236, 239, 244, 254
Aldenhoven 64
Aleppo 73, 129–132, 135, 144
Alexander III. 42, 127
Alexandretta 120, 135
Alexios I. 24–27, 29–32, 39, 72, 75, 80, 84, 85, 91–96, 103–106, 119, 12, 126, 147, 171, 172, 178, 188–190, 251
Alfons VI. 77
Almoraviden 78
Alp Arslan 22–24
Altenahr 62, 64
Amalfi 87
Amanos-Gebirge 115, 120
Amarna-Briefe 39
Amouk-Tal 132
Anastasis 49, 203
Anatolien 21, 24, 27, 30, 31, 74, 86, 87, 92, 99, 102, 106–108, 111, 121, 137, 258
Hl. Andreas 158, 159, 164, 174, 175, 191
Ankyra 22
Anna Komnene 147
Anselm v. Ribemont 16, 156
Antiochia 20, 73, 120, 127–181, 183–185, 187, 188, 194, 208, 209, 219, 259, 261
Antiochia in Pisidien 113
Antiochia-See 143
Apulien 86, 87, 246
Arabien/Araber 19, 20, 78, 122, 123, 128, 141, 206, 221
Arda 126
Arme 51, 52, 55, 57
Armenien 21–23, 100
Armenier 120, 122, 124, 125, 170, 254
Armutsbewegung 53
Arnulf v. Marturana 250, 254, 256

Arqa 187, 188, 190, 191, 193
Arsuf 194
Artuk 129, 130, 175, 204
Artukiden 143
Arzan 21
Ascanius-See 100, 102
Asdod 257
Askalon 243, 257, 258
Atsiz 128, 129, 204
Augenzeugen 14, 15, 113, 123
Avignon 33
Azaz 177

Babylon/Babylonier 41
Bagdad 20, 22, 131, 188
Bagora-Gebirge 91
Bagrat 119
Baisan 260
Balderich 244
Balderich v. Dol 14, 37, 38, 246
Balduin Calderun 101
Balduin v. Boulogne 81, 89, 101, 115–126, 150, 183
Balduin v. Hennegau 172, 173
Balduin v. Le Bourq 115, 194, 196
Balduk v. Samosata 124, 126
Balkan 83
Baphometh 156
Bari 80, 86
Basilios II. 21
Batrun 193
Bedr 204
Beirut 176, 194
Belgien 81
Belgrad 68, 69, 71, 72
Bernold v. St. Blasien 29–31, 53
Berry 55
Berthold v. Reichenau 50
Bertrand 83
Bethlehem 195, 197, 198, 218, 259
Bibel 39, 45
Bithynien 25
Blumentor 205
Boemund v. Tarent 79, 85, 87, 88, 94–96, 100, 105, 106, 108–110, 114, 134, 135, 138–143, 147, 148, 150–152, 156, 161, 166, 171, 172, 174, 175, 179–181, 183, 187, 188, 251, 260–262
Bofinat 91
Böhmen 66
Bologna 78
Bordeaux 200
Bosporus 75, 97
Botella 91
Banu Ammar 184, 186
Brief 15, 32, 54, 188, 189
Brindisi 89
Brückentor 135, 138, 140, 147, 149, 168
Bugiden 22
Bulgarien 68, 91
Bundeslade 168
Buqaia-Ebene 186, 188
Buraq 201
Burgund 33
Buzan 129
Byzantinisches Reich 20–27, 29, 35, 68, 70, 87, 91, 92, 119, 125, 145, 146, 178, 190, 250

Caable 230
Cäcilia 250
Caesarea 21, 43, 194, 250
Caesarea in Kappadokien 115
Cassius-Berg 149
Champagne 55
Chamsin 218
China 24, 221
Chosrau I. 128
Christen 50, 58, 61, 96, 112, 114, 115, 128, 130, 131, 137, 142, 145, 146, 153, 155, 163, 178, 196, 200, 203, 204, 245, 246, 255
Christentum 35, 128
Christopolis 91
Christus 48, 124, 158, 167, 219, 260
Chronik 14, 16, 83, 216

Civetot 72–75, 103, 142
Clermont 14, 33, 38, 56, 79, 162, 183
Cluny 33, 217
Conant v. d. Bretagne 207
Coxon 116

Daimbert v. Pisa 78, 261, 262
Dalmatien 83, 93
Damaskus 129–131, 176, 193, 204
Dandanquan 21
Danischmendiden 100, 108
David 39, 201
Davidstor 205, 207
Hl. Demetrius 169
Desertion 157, 165
Deus vult 36, 87, 236
Deutsche 56, 57, 69, 73, 74
Deutsches Reich 56, 67
Diarbekir 143
Dominicus v. Grado 31
Donau 25, 67, 70
Doryläum 108, 111, 112, 174
Drakon 74
Dreifelderwirtschaft 52
Dschabala 188
Dschakak el-Mulk Abu'l Hassan 186
Dschebail 193
Duqaq v. Damaskus 129, 130, 132, 140, 141, 165, 170, 175, 185, 260
Dyrrhachion 80, 84, 89, 91, 93

Echnaton 39
Edessa 14, 121–126, 129, 150, 159, 177, 183
Edgar Atheling 147
Egilbert v. Trier 59, 61
Eiserne Brücke 132, 134, 135, 155
El-Majdal 257
Eliezer b. Nathan 16
El-Kas 238

Elvira 77, 83
Emicho v. Leiningen 57, 59, 60, 63, 66, 67
Emmaus 195–197
Engelbert v. Tournai 235
Epidamus 91
Esel 70, 142, 143
Esra 42
Essig 222, 229, 233
Eudokia Dukaina 22
Euphrat 122, 125
Europa 9, 17, 185, 187, 219, 221
Eusebius 48
Eustachius III. 81, 235, 251, 255, 256

Fastenzeit 220
Fatimiden 20, 21, 128, 145, 164, 165, 175, 187, 190, 203, 217, 219, 255, 258
Felsendom 200–202, 237, 238, 249
Ferto-See 70
Feuerprobe 191, 192
Firuz 151, 154
Flagellum 45
Flamen 107
Flandern 38, 78
Folkmar 57, 66
Frances, John 235
Frankreich 32, 121
Franzosen 73
Frauen 79, 104, 113, 229, 239
Fulcher v. Chartres 14, 15, 80, 89, 91, 102, 110, 122, 123, 157, 165, 192, 196, 238, 240, 255
Fulcher v. Orleans 57, 65

Gabriel 201
Galiläa 21, 45, 260
Gargar 125
Gaston v. Béarn 195, 218, 238
Gaston v. Beziers 197, 198
Geburtsbasilika 196, 218

Geißelung 46
Geldemar Carpinel 215, 216
Geldern 62
Genua 78, 139, 157, 174, 214
Hl. Georg 169
Georgios Palaiologos 106
St. Georgs-Kloster 149
St. Georgs-Tor 149
Gerard v. Quiersch 214
Gesta Francorum 14, 17, 109, 116, 117, 167, 215
Geuksu 107
Ghuzzen 84
Glocken 254
Godvère v. Tosni 81, 82, 116, 121
Goldenes Horn 82, 94
Goldenes Tor 205
Golgotha 46, 49, 244
Gonates-Turm 103, 104
Gott 13, 34, 90, 121, 209
Gottfried Burel 71, 72
Gottfried v. Bouillon 16, 59, 79, 81, 94, 95, 99, 100, 110, 111, 113, 121, 135, 136, 148, 149, 151, 152, 166, 169, 173, 177, 178, 181, 187, 188, 207, 218, 222–225, 230–232, 234–236, 241, 242, 244, 245, 249, 251–260, 262
Gottschalk 57, 65, 66
Grab 47
Grabeskirche 49, 54, 203, 243–245, 249, 254, 255
Gregor VII. 27, 31, 32, 176
Griechisches Feuer 221, 222, 227, 229, 233
Grousset, René 78
Guibert v. Nogent 14
Gunthar v. Bamberg 50
Guynemer v. Boulogne 119, 120, 157

Hadrian 48, 58, 200
Haifa 194
Hama 140, 141, 143, 184–186

Harenc 138, 144
Hasmonäer 42
Hassan 114
Hebräer 39
Hebron 43, 259
Heilige Stadt 50, 145, 175, 197, 199, 207, 227, 228, 249
Heiliger Speer 47, 158, 160, 162–164, 167, 192
Heiliges Grab 51, 74, 126, 142, 146, 203, 243, 254, 255, 260
Heiliges Land 9, 17, 38, 54, 78, 253, 259, 262
Heinrich III. 86
Heinrich IV. 27, 32, 59, 81
Heinrich v. Schwarzenberg 57
Helena 48
Heliopolis 221
Heraclea 91
Herakleia 114, 115
Heraklios 20
Herluin 165
Hermann III. v. Köln 62
Hermann v. Reichenau 50
Herodes Antipas 43–45
Herodes d.Gr. 42, 43, 205
Herzogstor 135
Hexen 230
Homs 130, 132, 165, 170, 184
Hosn el-Akrad 186
Hugh v. St. Pol 207
Hugo v. Tübingen 57, 74
Hugo v. Vermandois 79, 80, 93, 94, 111, 156, 161, 166, 172, 173
Hundefluß 176, 193
Hundetor 135, 136
Hunger 112, 113, 138, 141, 142, 146, 157, 183
Huy 260

Ibelin 257
Ibn al-Atir 150, 154, 168, 170, 247, 257
Ibn al-Jawzi 239

Ibn al-Qalanisi 258
Iftikhar ad-Daula 206–208, 222, 234, 241, 242, 258
Ikonium 112, 114, 115
Ikschiden 20
Ilghazi 175, 176
Imperium Romanum 42, 44, 48, 49, 127, 128, 200
Iran 129
Isaak b. Daniel 60
Isaak Komnenos 25
Isac d. Levit 64
Islam 19, 200, 246
Isoard v. Garp 219
Isphahan 22
Israel 40, 41
Italien 30, 85, 86, 89
Iuppiter Capitolinus 200

Jaffa 214, 217, 219, 243, 259, 262
Jaffa-Tor 241
Jakobiten 254
Janah ad-Daula 130, 132
Jebus 39
Jericho 253
Jerusalem 13, 14, 16, 25, 30, 39–41, 43, 48–50, 53, 64, 78, 81, 92, 96, 102, 106, 129, 130, 146, 165, 167, 170, 175, 176, 178, 185, 189, 190, 195–198, 200–202, 204–247, 252, 255, 257, 259–262
Jesus Barrabas 45
Jesus v. Nazareth 43, 44, 46–48, 196, 200, 220
JHWH (Jahwe) 40–42
Johann I. v. Speyer 59
Johannes d. Täufer 43
Johannes I. 20
Johannes Komnenos 80, 84, 93
Johannes Oxeites 130, 131, 155, 178
St. Johannis-Tag 189
Jordan 219, 253
Josia 41
Juda 39–42

Judäa 42
Juden 42, 46, 55–62, 65, 66, 200, 246, 259
Julian 200
Justinian I. 102, 128, 134

Kafartab 184
Kairo 145, 146, 164, 190
Kalabrien 86, 89
Kalif 20, 22
Kallinikos 221
Kalonymos 60
Kamel 138, 188, 218
Kannibalismus 146
Karlovici 70
Karmel 194
Kerboga v. Mosul 132, 150, 151, 154–157, 164, 166, 168–171, 175, 184
Kerpen 62, 64
Khorassan 21, 73, 74
Kidrontal 204
Kilidsch Arslan 26, 99–101, 108, 109, 111, 112
Kilikien 20, 119, 121
Kilikische Pforte 115
Koblenz 56
Köln 17, 55, 56, 62–64, 69
Koloman 65–68, 70
König der Juden 48
Konstantin I. d. Gr. 48, 203
Konstantin VIII. 203
Konstantin X. 22
Konstantin v. Gargar 125
Konstantinopel 15, 25, 27, 30–32, 48, 66, 69, 72, 75, 79, 80, 85, 88, 91, 93–96, 99, 102, 125, 147, 160, 173, 174, 190
Konzil 14, 32, 33, 36, 79
Kopten 254
Koran 19, 200
St. Kosmidion 82
Kreta 20
Kreuz 46, 47, 254

Kreuzfahrer 68, 77, 90, 95, 97, 101–103, 105–107, 120, 127, 130, 137, 159, 194, 199, 206, 207, 238, 239, 244, 255, 256
Kreuzfahrerstaat 125, 181
Kreuzigung 46
Kreuzzug 9, 13, 37, 50, 54, 69, 82, 85, 87, 92, 99, 115, 126, 127, 146, 161, 172, 183, 189, 199, 209, 219, 250, 251
Kumanen 84
Kyros 42

Lambert v. Clermont 157
Laodikaia 185, 188, 214, 260, 261
Lebunion 26
Le Puy 32, 37
Leiter v. Tyros 194
Leo IX. 86
Letold v. Tournai 235
Libanon 184, 185
Lothringen/Lothringer 55, 78, 81, 82, 107, 123, 166
Lucca 89
Lucretia 91
Lydda 195, 215
Lyon 33, 53

Maarat an-Numan 179, 180, 184, 187, 250
Macra 91
Mahomeria 149
Main 66
Mainz 57, 60–62
Makarius 48
Malik Schah I. 24, 26, 27, 128, 129, 204
Malregard 139
Mamistra 119, 120, 159
Mamre 43
Manasses v. Reims 16, 156
Mantzikert 23, 204
Manuel Butumites 93, 104, 105
Marasch 115, 116, 120, 121, 132

Hl. Maria 160
St. Maria in Monte Zion 218
Mariä Himmelfahrt 77
Mariä Lichtmeß 186
Marqiye 187
Mar Samuel 63
Martyrion 49, 203, 204
Masada 43
Mas'ud v. Ghazni 21
Masyaf 186
Matthäus v. Edessa 125, 192
Mazedonien 26, 91
Mayer, H.-E 162
Medina 200, 201
Megiddo 41
Mehedin 78
Mekka 13, 19, 200, 201
Melfi 85
Melitene 100
Menbidsch 165
Hl. Merkurius 169
Mesopotamien 122
Messe 245
Messias 44, 45, 48
Messinopolis 91
Meteor 53, 162
Metz 56, 63
Meuse 55
Michael VII. 23, 24, 31, 32
Michael der Syrer 244
Micheas 61
Misttor 205
Mittelmeer 24, 86, 119, 127
Moers 62
Mohammed 19, 20, 200, 201
Montjoie 199, 200
Moschee 149, 158, 177, 200, 202, 237
Mosul 131, 132, 150, 170
Mousay 81
Munquidhiten 184
Muslim 13, 50, 58, 141, 156, 189, 195, 200, 201, 220, 230, 236, 237, 245, 258

Nablus 255
Nachtfahrt 201
Naher Osten 19
Nahr el-Awali 194
Naqoura-Berge 194
Natura 91
Naturkatastrophen 52, 53
Nazareth 21, 243, 260
Neapolis 91
Nebukadnezar 41
Nebusaradan 41
Neckar 67
Neues Testament 51, 117
Neusiedler See 66
Neuss 62, 63
Neutra 66
Nikaia 73, 74, 96, 97, 99–101, 103–108, 114, 119, 121, 258
Nikephoros II. 20
Nikephoros III. 24, 25, 32
Nikephoros Bryennios 25
Nikephoros Melissenos 25
Niketas 68, 69, 71, 72
Nikolaus II. 86
Nikomedia 72
Nisch 68, 69, 72, 82
Normannen 78, 79, 85, 86, 88, 107, 118–120, 166, 174, 191, 241, 250, 254
Nosairi-Berge 185, 186

Ödenburg 66
Ölberg 44, 204, 207, 208, 220, 234
Oghusen 21
Omar 199–202
Omar v. Azaz 177
Onopniklesschlucht 139
Orleonais 55
Orontes 115, 127, 132, 134, 136, 144, 177, 184
Orthodoxie 124
Oschin v. Lampron 119
Otranto 87

Otto v. Regensburg 50
Oxus 21

Palästina 20, 31, 39, 47, 128, 129, 145, 165, 175, 189, 255, 260
Pandox 91
Passah-Fest 43, 45, 59
Patriarch 249, 253, 254, 261, 262
St. Pauls-Tor 134, 135, 138, 139
Paulus 117
Pavia 78
Pay de Bouillon 81
Pelecanum 99
Persien/Perser 41, 74
Peter Bartholomäus 158–160, 162–164, 174, 175, 190–192, 253
Peter Desiderius 191, 219
Peter Tudebodus 14
Peter v. Amiens 54, 55–57, 67, 69–72, 91, 142, 143, 165, 220, 257, 260
Peter v. Narbonne 177, 181, 188, 253
Hl. Petrus 161
Petschenegen 25, 26, 71, 84
Pferd 70, 91, 113, 143, 144, 166, 240
Phasaelturm 205, 206
Philipopel 69
Philipp I. 32, 79
Philister 168
St. Phokas 82
Piacenza 29–32
Pikardie 54
Pilger 50, 108, 138, 198, 199, 220, 227, 244–246, 249, 259
Pisa 78, 261
Place Champ-herme 34
Place Delille 33
Plünderung 65, 67, 69, 72, 85, 155, 184, 193, 239, 240, 243, 244
Pogrom 55, 63, 65, 259
Pompeius Magnus, Cn. 42, 128
Pontius Pilatus 44, 46

285

Porta Nigra 61
Praefectus Iudaeae 44
Praetoria 91
Präfekt 44, 45
Prag 65, 66
Predigt 53, 133, 220
Prokurator 43
Propheten 41, 48
Provençalen 33

Quadratischer Turm 209
Quellen 14, 88, 138

Raimbold v. Chartres 212
Raimund Pilet 174, 181, 187, 192, 215, 216
Raimund v. Aguilers 14, 15, 75, 83–85, 96, 101, 105, 114, 121, 142, 147, 152, 163, 167, 168, 189, 191, 192, 215, 220
Raimund v. Toulouse 15, 38, 77, 79, 80, 82–85, 88, 95, 96, 99–101, 103, 110, 111, 113, 114, 121, 135, 140, 144, 147, 148, 156, 158–164, 166, 170, 171, 174, 177–180, 184–193, 207, 214, 215, 218, 220, 225, 226, 233, 234, 241–243, 250–253, 256–261
Raimund v. Turenne 187
Ramla 194, 195, 215, 256, 259
Ranke, Leopold v. 10
Ras Shaqqa 193
Ravendel 122
Regensburg 65
Reinhold 73
Reinhold v. Toul 169
Rfaniya 186
Rhein 67, 207
Richard Principatus 110, 120
Ridwan v. Aleppo 129–132, 143–146, 165, 177
Ritter 36, 37, 50, 51, 55, 69, 70, 92, 101, 106, 109, 110, 113, 123, 124, 133, 140, 141, 143, 144, 151, 196, 199, 212, 215, 216, 220, 221, 223, 234, 238–240
Robert Guiskard 78, 86, 87
Robert v. Ansa 110
Robert II. v. Flandern 79, 88, 89, 96, 111, 139–141, 151, 152, 156, 166, 173, 178, 179, 181, 187, 195, 207, 214, 217, 252, 253, 255–257, 259
Robert v.d. Normandie 79, 88, 89, 96, 102, 110, 132, 133, 156, 166, 169, 178, 181, 184, 188, 191, 207, 214, 250, 252, 253, 255–257, 259
Robert v. Rouen 195
Robertus Monachus 14, 17, 238
Rodosto 85, 91, 95
Roger Borsa 87
Roger v. Sizilien 87
Rom 27, 42, 80, 89
Romanos IV. 22, 23,
Rouen 55
Roussa 84, 85
Roussel de Balieul 24
Rugia 177, 180
Runciman, Steven 155, 195
Ruthard v. Mainz 60

Sachsen 66
Saint-Gilles 33
Salomo 40, 201
Salomo bar Simson 16, 62–65
Salumbria 91
Samaria 91
Samosata 122, 124, 126
Samuel 199
Sardinien 78
Sarout 78
Sarudsch 126
Save 68, 69
Sawad 260
Schaizar 184, 185
Schams ad-Daula 155
Sauvigny 33

Schawuot 61
Schiff 90, 103, 119, 136, 137, 214, 217
Schiffsbrücke 136, 140, 143, 148
Schisma 27
Sclavonia 83
Sedan 81
See Genezareth 260
Selbstmord 60, 64
Seldschuk 21
Seldschuken 21–23, 25, 26, 30, 74, 75, 87, 92, 101, 103, 108, 111, 112, 114, 116, 118, 121–123, 125, 128, 130, 133, 136–138, 140, 144, 146, 148, 153, 175, 176, 183, 187, 195, 204
Seleukiden 42
Seleukos I. 127
Semlin 68, 70, 71
Sidon 194
Sigifrid v. Mainz 50
Silivri 82
Siloa-Quelle 208
Skutari 83
Smyrna 106
Söldner 23, 26, 30, 36, 92
Sophronius 201
Soqman 143, 170, 175, 176
Spanien 77
Speyer 59
St. Symeon 135, 136, 138, 147, 148, 157, 159
Stabelo 244
Standarte Petri 80, 162
Stella 91
Stenay 81
Stephan v. Valence 160–162
St. Stephanus-Tor 135, 136, 138, 147, 148, 157, 159
Stephen v. Blois 15, 79, 88, 96, 102, 107, 122, 139, 151, 157, 172, 183
Stuhlweißenburg 65
Sturmleiter 209, 211, 213, 241

Suleiman 24, 25
Suleiman ibn Kutulmisch 129
Sultan 22, 26
Sultans-Zisterne 207
Symeon v. Jerusalem 204, 250
Synhedrion 44
Synopsis Chronike 29
Syrien 20, 21, 42, 111, 115, 128–130, 139, 145, 164, 183, 186, 188

Tafnuz 126
Tafurs 146
Tankred 88, 105, 106, 109, 110, 115–120, 138, 143, 149, 166, 181, 185, 188, 196, 198, 207, 209, 212, 217, 218, 220, 236, 238, 246, 249, 251, 255–257, 259, 260
Tankred v. Hauteville 85
Tankreds Turm 149, 170
Tarsos 115, 116, 118–120, 157
Tatikios 104, 106, 135, 147, 150, 172
Taufe 60, 61, 64, 65
Taurus 22, 112, 115
Tel Mannas 174, 181
Tempel 40, 41, 200
Theoderich 205
Theodoros Skutariotes 30
Thessaloniki 84, 91
Thoros v. Edessa 121–125
Thugril Bey 21, 22
Tiberias 21, 260
Tigranes 128
Titus 207, 208, 237
Toghtekin 132
Tortosa 187, 214
Toul 56
Traianopolis 91
Trier 55, 56, 59, 62
Tripolis 184–188, 193
Tschagri Bey 21
Tschartschembe 114
Tunis 78

Turbessel   122, 177, 178
Türken   21, 26, 35, 84, 108, 109,
   114, 118, 141, 162
Turm der zwei Schwestern   151
Tutusch   128, 129, 204
Tyana   115
Tyros   185, 194

Ungarn   26, 65, 68, 70, 71
Ukraine   26
Urban II.   9, 16, 27, 30–34, 36–39,
   51, 53, 54, 56, 77, 78, 89, 161, 162,
   176, 183, 199, 247

Valence   32, 160
Vardar   91
Venedig   262
Verdun   82
Via Dolorosa   244
Via Egnatia   84, 88
Victor III.   78
Volkskreuzzug   16, 55, 75, 77, 91,
   100, 146, 259
Volksprediger   53
Waas, Adolf   176
Wahres Kreuz Christi   49, 254
Wallfahrer   13
Wallfahrt   13
Walter Sansavoir   55, 56, 67–71, 74
Walter v. Breteuil   72
Walter v. Domebart   144

Walter v. Poissy   69
Walter v. Teck   74
Wasser   113, 114, 173, 208, 228, 229
Welf   119
Wevelinghofen   62, 63
Wicherus   235
Widder   211, 224, 225, 235
Wieselburg   66
Wilhelm   109
Wilhelm d. Eroberer   88, 89, 250
Wilhelm v. Grant-Mesnil   157
Wilhelm v. Melun   94, 142, 143
Wilhelm v. Monteil   97, 219
Wilhelm v. Montpellier   179
Wilhelm v. Tyros   17, 114, 229,
   242
Wilhelm v. Utrecht   50
Wilhelm Ricou   218
Wilhelm Rufus   218
William v. Malmesbury   83
Worms   59, 60, 62, 67

Xanten   62, 64
Xerigordon   73–75

Yagi Siyan   129–132, 137, 139, 143,
   144, 151, 154, 179

Zion   225
Zions-Tor   205
Zypern   20, 146, 159, 187, 214, 250